W0239357

L'Opéra du monde

Du même auteur aux Editions Grasset & Fasquelle

LES ENFANTS NATURELS, coll. « Libelles ».

Jacques Audiberti

L'Opéra du monde

Bernard Grasset
PARIS

© *1947, Fasquelle Éditeurs.*

A ELISABETH.

Jacques Audiberti/L'Opéra du monde

Jacques Audiberti est né le 25 mars 1899 à Antibes. Après des études secondaires sans éclat particulier, il devient employé de mairie, puis greffier de justice au tribunal antibois. En 1924, à l'invitation d'un camarade de collège, il monte s'établir dans la capitale et commence une carrière de journaliste spécialisé dans les faits divers, au Journal *tout d'abord, puis en 1925 au* Petit Parisien, *dont les pages sont à l'époque les plus lues. Jusqu'en 1940, il se partage entre les chiens écrasés et l'écriture. « Les crimes, les incendies, les tabassages, toute la poésie de la banlieue » ne l'empêchent en effet pas de publier en 1929 son premier recueil de poèmes classiques,* l'Empire et la Trappe, *remarqué par Larbaud et Paulhan. En 1937,* Race des Hommes, *son second recueil, paraît dans la* NRF. *Un an plus tard sort son premier roman,* Abraxas. *Relativement tardive, son œuvre poétique et romanesque n'en est pas moins féconde, baroque, surréaliste, torche braquée sur les mythes, le langage, l'horrible ou merveilleuse réalité. Citons, pour les poèmes,* Des tonnes de semence *(1941),* Toujours *(1944),* Rempart *(1953),* Ange aux entrailles *(1964); et pour les romans,* La Nâ *(1944),*

Monorail *(1946)*, les Jardins et les Fleuves *(1954)*, la Poupée *(1956).*

A la fin des années trente, Audiberti, qui connaît déjà André Breton et Léon-Paul Fargue, devient un habitué de Saint-Germain-des-Prés, de ses bistrots, de ses auteurs. Il occupe une chambre à l'hôtel Taranne, près des Deux-Magots. De 1941 à 1944, il tient une chronique de cinéma à Comoedia. *En 1945, il termine un texte exclusivement composé de répliques,* Quoat-Quoat, *qu'il ne comptait pas destiner au théâtre, mais deux jeunes comédiens veulent le jouer... Audiberti vient, presque par inadvertance, d'écrire sa première pièce. Il ne s'arrêtera plus. En 1947,* Le mal court *est mis en scène par Georges Vitaly au Théâtre de la Huchette : succès public, mais éreintements de la presse. Huit ans plus tard, cette pièce fera un malheur... Entre-temps, Audiberti aura écrit* la Fête noire *(1949),* les Naturels du Bordelais *(1953),* le Cavalier seul *(1955),* la Hobereaute *(1956). En 1959, son vaudeville* l'Effet Glapion *est un triomphe. Mais en 1962,* la Fourmi dans le corps, *jouée à la Comédie-Française, provoque un chahut lors de la première représentation ; la langue fastueuse, syncopée, sonore, polysémique d'Audiberti déroute. Il s'étonne : « Le scandale autour de mon nom ne provient pas d'une excessive originalité de style, mais au contraire de la fidélité de celui-ci à des rythmes et à des normes qui firent leurs preuves. » Deux autres pièces,* Pomme-pomme-pomme *et* la Brigitta, *enfoncent le clou et lui valent la consécration...*

Père d'une nouvelle philosophie qu'il baptisa « l'abhumanisme » (l'homme comme un ciron, comme une question aux réponses toujours fausses...) Audiberti a également laissé des essais et un volume de souvenirs, Dimanche m'attend, *rédigé de 1963 jusqu'aux derniers moments de sa vie. Le 9 juillet 1965, il baissa définitivement le rideau.*

L'Opéra du monde *est paru chez Fasquelle en 1947, au lendemain de la Seconde Guerre mondiale. Il est clair qu'avec ce roman savamment délirant Audiberti a voulu s'affranchir d'une époque barbare et tragique, pour remonter aux origines cosmogoniques, métaphoriques de l'univers... et de l'un de ses plus brillants avatars : l'homme. Alors il se joue un somptueux divertissement en neuf actes, neuf chants épiques où sont conviés, dans un joyeux désordre, Bouddha, Jésus-Christ, Jupiter, comédiens et public d'un monde en train de naître aux forceps d'une écriture étourdissante, que l'on pourrait qualifier, en référence au surréalisme, de* baroque automatique.

A *l'aide d'éléments empruntés à la mythologie, l'histoire, la géographie, la chimie, la zoologie, la botanique, et même à l'infime quotidienneté, Audiberti et sa grande roue verbale font déborder le lit des phrases. C'est un déluge d'images, la crue d'un rêve, un immense poème en prose, sans fond, jubilatoire, où personnages, corps et lieux surgissent sans s'annoncer pour sortir le lecteur d'un « sommeil visqueux » et le convier à ce que l'on s'obstinera, faute de mieux, à appeler : la vie.*

PROLOGUE

Le plus favorable moment, pour parler de l'été qui vient, c'est quand la neige tombe.

Le rotativisme des saisons est un des charmes les plus démoniaques du système. Dans notre monde familier les saisons se suivent régulières à varier avec monotonie la figure du temps, promesse de mourir. Printemps. Automne... Cariatides d'une symbolique sentimentale... Vieilles rosses, mais pimpantes, d'un manège place du Combat...

L'été, nous ne l'apercevons bien qu'à travers la neige. La neige, sous le manteau d'une coutume en forme de loi, nous enseigne que l'hiver cherra comme elle choit pour laisser la place à la petite varice évidente à la guibolle des baigneuses du Mourillon. Pour jouir de l'hiver dans l'hiver et de l'été dans l'été, faudrait être glaçon ou lézard. Nous, nous-qui-sont-l'homme, notre destin, les philosophes s'énervent à nous le seriner, c'est de nous « projeter » sans cesse et de nous attendre, parfois en trépignant, à une courte portée de calendrier. Ainsi n'existons-nous jamais qu'en arrière et en avant.

La neige sur Paris, dans les premiers jours de mars, ne laisse au filet de la façade des églises, non moins qu'au rameau des platanes, d'autre emploi que de souligner de noir la pesanteur de la fiente immaculée. Il n'en faut pas plus pour évoquer le torride azur des Californie toujours à leur poste quelque part derrière le groin des trimotors, les plages, même provençales, où le pli de la jambe des femmes se nourrit de sable, les greniers secs, à Sisteron, à Draguignan, quand vibre l'insecte pierreux qui ne sait rien de l'eau minérale, et le divan déshydraté des résidences de juillet où madame Tolstoï languit dans la plaine.

Ainsi, gobergeons-nous de la manne! Acclamons cette neige, cette fondamentale céruse indispensable à l'élaboration générale de la multicolore gouache des saisons. Saluons-la, Messieurs, grosse qu'elle est, cette vaillante neige, grosse qu'elle est des soleils à venir.

Elle tombe, oblique, entrecroisée, fidèle avec stupidité aux dispositifs météorologiques non moins qu'à la sensibilité de la cafetière trouée. Quelle cafetière? Notre âme donc!...

Parfois, de la cime des arbres, se détache, fruit sans pépins, un paquet trop lourd. Je songe à la rue de Rivoli d'une année entre les autres. Il y avait de la neige, aussi (les stocks s'épuisent lentement...). Mais le dégel survenait. Le bleu lilas se préparait derrière la tour Saint-Jacques. Il convenait que se liquidât cette neige attardée, toute nue et comique. Je me souviens... était-ce jadis ou plus tard?... je me souviens que d'une toiture un dernier blanc cadavre ou gâteau glissa, transatlantique sur les patins du lancement, sans que puisse le retenir mon cœur épris d'amour terrestre toujours par quelque molécule, oui, sans que mon cœur de jouissance et de sécurité parvînt à le clouer, ce corps de dame blanche, sur cette toiture et, de la sorte, polariser une saisonnante immortalité. Il y eut aussi deux petits oiseaux, une autre année (ou la même), qui chahutaient dans la neige sur la terrasse de l'éditeur et cette pateaugeable, hivernale épaisseur, où, en compagnie de Gaston, de Marcel et de Jacqueline, nous allâmes voir *Gulliver*, par Walt Disney. Mais, là-haut, sur la montagne, les neiges superposées réservent, conservent l'éternité de la froidure. Le balai des cantonniers municipaux ne peut rien sur l'effroyable, éblouissante blanche fourrure de l'Himalaya savoyard.

Que nous nous défassions d'une saison, cela veut dire quoi, sinon qu'une autre nous sera donnée? Nous nous accroissons de nos pertes. En retour, ce qui nous enrichit nous appauvrit. La stabilité de la somme exige que, lorsqu'une partie monte, une autre descend.

Les saisons organisent à merveille, réfractées et multipliées dans leur venin de fugacité, notre souffrance du temps qui passe. Cette souffrance, sans doute devrions-nous en agir avec elle comme avec toute autre souffrance, c'est-à-dire l'épouser, s'abstenir de la contrarier. (Mais la contrariété soutient et justifie le mariage.) Et toutes les recettes mentales ne valent pas un clou de girofle quand la fraise du dentiste pique le nerf ou que l'ultime neige du troisième mois se débine, son numéro achevé, sur la pointe de ses pieds sans ongles.

Le temps... Ce temps terrible qui fait mine de s'arrêter dès qu'on le regarde dans les yeux et qui repart de plus belle aussitôt qu'on l'oublie. Ce chef-d'œuvre de l'ingéniosité créative de Dieu. J'aime assez ce que Phèdre (le poète) écrivit, il y a quelques jours, sur lui :

Coureur équilibré sur le rasoir qui vole,
Chevelu par-devant mais l'occiput sans poil
(Afin de n'être en l'air, saisi par la crinière)
Le temps, le nôtre, échappe même au père Dieu.

La neige tombe toujours, mais la lumière, chaque jour, grandit, puisque nous sommes en mars. De blanche, la neige deviendra noire, à la différence des chevelures. Et puis elle ne sera plus. Elle ne sera plus que de l'eau de vaisselle et la mélancolique humeur du chaos. Et puis, de nouveau, elle ressuscitera, qui tombe entrecroisée, oblique et poétisante, la neige, de nouveau, bien des fois encore, ô Manhatan! ô Stravroguine! sur les villages, sur les casquettes, sur le toit des prisons, sur elle-même. Et, puisque m'en voici, semble-t-il, persuadé, pourquoi décidément, unissant pour les abolir, neige future et neige périmée, n'irai-je pas, de mèche avec vous tous, me rencoignant et me dilatant au flocon du présent immobile, inaltérable univers de candeur, navire de minérale douceur, iglou de soyeuse albumine où transpire une clarté d'absinthe, où nous n'aurions rien à faire, que l'amour.

Non... L'été viendra, l'été, dont plus d'un amateur de vocabulaire a noté qu'en notre langue il n'est ni plus ni moins que le participe passé du verbe être et que son nom implique à la fois l'évocation de ses pouvoirs épanouis et le pronostic de sa caducité. L'acacia de Passy mettra toutes ses plumes, vertes, jaunes, cobalt et pailletées, pour voir le fleuve de la vie ciselé de tigres et de présidents. L'on promènera des pancartes. Le fleuve de la vie aura le goût de la bière au gosier des hommes assoiffés par la politique et par la bicyclette. La bicyclette est la bicyclette, mais la politique, bel et bien, est la soif, la soif que ça change, mais qu'est-ce diable qui pourrait changer, si l'homme ne change pas?

L'homme ne change pas. L'homme actuel peut, si ça lui chante, se faire la barbe avec, devant lui, en guise de miroir, son portrait par Clouet. Et la leçon d'anatomie peinte par le Flamand au gros nez demeure exacte au quart de poil. Et que la Bethsabé de Vinci fasse seulement mine de bouger un doigt, nous sommes tous dispos, n'est-ce pas mes amis? à lui bondir dessus pour lui faire un enfant.

A la longue, cette fidélité de l'homme à sa norme incarnée, elle pue un peu. Pour un personnage aussi turbulent, mécanicien et descoubrideur, c'est admirable mais répugnant, que tout son effort, dans les siècles sur lesquels les chroniques et l'iconographie nous donnent un certain contrôle, se soit appliqué à l'aménagement local de sa vie ou à la supputation de son destin posthume sans qu'il semble jamais avoir mis en question, du moins d'une façon efficace et mémorable, la nécessité, la légitimité, la sainteté de sa dimension et de sa constitution.

L'un propose le vers libre, l'autre l'alexandrin rimé. De la liberté, celui-ci ne se fait pas la même idée que celui-là. Mais, dans l'ensemble, tous se cramponnent à l'humanité. Tous y croient.

Le moyen, d'ailleurs, de faire autrement?

Hommes nous nous recevons, au début de notre vie. Hommes nous continuons. Les piqûres mutatives intramédullaires sont, jusqu'à nouvel ordre, réservées aux batraciens.

Hommes nous continuons, dans l'amertume, dans la rogne, dans la loyauté. De vrais grognards. C'est à croire que ça nous plaît. Que ça nous plaît, la plante des pieds, le reniflement morveux, les hypothèques, Gravelotte et la guillotine. Il n'y a pas que Gravelotte et guillotine bien sûr, dans la chose humaine, mais Gravelotte et guillotine il y a, et c'est bien dommage, oui, c'est bien dommage pour les tenants sociologiques ou mystiques de l'humanité, de l'humaniste humanité.

Le progrès ne se discute et ne se conçoit que dans les limites de cette donnée, elle-même hors de question. Tout se passe comme s'il n'y avait aucune chance que l'une des conditions de ce fameux progrès, considéré alors dans l'absolu, fût, précisément, que cette humanité disparaisse, et, avec elle, toute la purulence qu'elle entretient dans le monde (si le monde, toutefois, s'étend au-delà de l'homme).

Bien entendu, nous ne songeons pas à méconnaître la grandeur, la tragique grandeur de l'homme. Personnage mythologique corroboré en même temps que démenti par chacun de nous, l'homme n'a pas, de l'ange, la transparence lucide, l'adéquation immédiate et passive à tous les plans, à tous les états du réel. Mais l'ail de nos drames et le benjoin de nos musées nous incitent à supposer (sans compter le grand signe positif que la croix nous plante dans le nombril) que l'homme se situe, néanmoins, dans la hiérarchie, plus près de Dieu, plus près du centre émotif et régulateur du cosmos. Et c'est, sans doute, en raison de cette proximité glorieuse, dont le sentiment fut toujours présent à notre viscère, que tant de bons types déclarent, sitôt que quelqu'un a manqué à se bien comporter, qu'il a manqué à la dignité de l'homme. Qu'est-ce à dire, au juste? Que ce manquement (se montrer, par exemple, sans courage, ou se dérober à la charité, à la solidarité) vient assimilé au sacrilège, c'est-à-dire à l'attentat perpétré sur un être sacramentel, en l'espèce le coupable lui-même, ce lâche ou cet égoïste coupable d'avoir altéré dans sa propre humaine personne l'identité foncière de l'humanité.

L'humanité constitue, aux yeux de tous les hommes, ne fussent-ils ni catholiques, ni même orthodoxes, la race exceptionnelle, providentielle, la grâce vivante, la fille des cieux. L'intrépidité, la charité, la solidarité appartiendraient à la structure psychique de l'homme normal, au même titre que la glotte ou la rotule. Le méconnaître reviendrait à ébranler cette structure que les vigilants défenseurs de l'humain tiennent pour satisfaisante, belle et définitive.

Pour ma part, bien entendu, je préfère les grandes Américaines, leurs épaules carrées, leur poitrine haute, leurs longs bras, leurs jambes d'ange (si les anges avaient des jambes), aux femmes courtes, noirâtres, et ventrues. Et j'admire, autant que je les envie, les garçons d'un mètre quatre vingt-cinq, s'ils ont le torse large, les hanches strictes, les mains dures, les dentelés apparents. L'une de ces femmes, l'un de ces garçons, dans la bleue lumière d'argent du Pacifique est un chef-d'œuvre à partir duquel on serait tenté de conclure à la réussite de l'entreprise, de l'épopée humaine. Que chacun de ces garçons devienne un dieu chez les pygmées, que chacune de ces donzelles dispose de tout un océan de dollars et de parfums pour y accorder sa voluptueuse et musculeuse longueur, très bien! et, de même, très bien! si la philosophie parvient à nous présenter Richard ou Lucy comme le jalon actuel, et suprême dans l'actuel, d'une évolution biologique outrepassant l'actuel. Mais, dans l'actuel, outre que la maladie les concerne, si grands et si costauds soient-ils, tous ensemble, à quoi servent-ils, les gars et les gonzesses, les men et les women, les hommes?

Une rouge buée d'électrons monte derrière les Babylones apaches.

Les enfants échangent des boules de neige. Pendant ce temps, les couturiers, qui savent que l'été de toute manière viendra, établissent le modèle des petites robes pour aller, dessous, toute nue. Sur les maquettes, dans les ateliers, la popeline bleue et le tulle ectoplasmique guettent les ravissantes épaules et les délicieuses mamelles des jeunes femmes au corps mille fois séculaire. La silhouette de nos femmes et de nos compagnes sera, cette année, d'une corolle.

Les couturiers savent qu'ils ont à faire l'Histoire, tout au moins du costume. A juste titre croient-ils qu'elle dépend de mots d'ordre lancés par les empereurs de la cretonne et les tsars de l'emmanchure dans le cadre de la spéculation financière et qu'ils ont le privilège de peser sur une matière, l'Histoire, qui sans cela, serait une fatalité. L'Histoire s'accomplit par le truchement des hommes. Mais les couturiers, comme les savants à cyclotron et les présidents à téléphone, sont pris dans le déroulement des phénomènes qu'ils provoquent.

Naguère, le couturier, le couturier de hautes trouvailles, Dalton, Newton ou Mendelyeef, était comme un étranger à sa pensée. Elle et lui, maintenant, s'embrouillent dans la même vibration. Le paysage afflue par les portières du wagon-restaurant. Il y a des toits de ferme dans le potage. Et l'atome, qui en ce moment, insiste à tous les azimuts du point de l'homme, personne n'est capable de dire s'il constitue un objet, non pas même pondéreux, mais que l'esprit puisse cerner, ou s'il est le granulé même de l'esprit.

L'été qui vient, comment s'appelle-t-il?

Atome.

Avant l'automne, l'atome.

Le grand été d'une non terrienne brillance et d'une indescriptible bigarrure va s'horizontant, un peu mexicain, un peu uranique, derrière les collines et les docks. Il bourdonne déjà, chant d'un coq sur une crête, mais la crête se disjoint en hauteur comme les portes d'une écluse précéleste.

Certes, le soleil, encore, éclairera des groupes d'éclaireurs à couteau suisse sur le quai des gares, vive les vacances! Et des amoureux, régiment infatigable, se dépêcheront, encore un coup, vers l'ensoleillement traviolesque du bois de Clamart, échauffés de vérifier si elle a toujours quatre pattes, la tortue de nos aïeux. Le bon soleil, à la terrasse des cafés de Concarneau et de Narbonne (et de Besançon, pourquoi pas?) tapera sur la congourde des citoyens renseignés et péremptoires se plaisant à déchiqueter, banyuls en main, le ministre du Ravitaillement.

Mais le soleil accrochera une virgule de gaieté à l'angle amer de la bouche d'un spectateur neutral. Celui-ci, oui, se réjouira de voir que s'apprête à s'accomplir, dans la connaissance, la soudure entre l'ancienne loi et la nouvelle loi – si nous considérons comme l'ancienne loi la loi, non des prophètes et des apôtres, mais de Descartes et de Newton, la loi bachelière et polytechnique, et si nous tenons pour la nouvelle loi celle, bien plus ancienne, des prophètes et des apôtres et de ceux qui, vaille que vaille, les représentent, je veux dire les enfants de Saint-Pol-Roux, les poètes des capitales, les éléphants à cigarettes, rêveurs sous un édredon de manuscrits.

Dans l'été qui vient par les cactus de l'Arizona, le savant newtonien, polytechnique et bachelier, contraint de fignoler toujours davantage son turbin de détective universel, ne peut plus feindre d'ignorer que plus il s'occupe de la matière, sans cesse mesurée et dénombrée par lui par un enfantin scrupule de sécheresse et de probité, plus il s'écarte du centre vivant du problème, dont, cependant, voici qu'il se rapproche, pour autant qu'il en vient à trifouiller une mystérieuse étoffe qui n'est plus la matière du monde, censément objective, mais celle de sa propre énergie mentale (si l'on admet que l'atome la constitue intrinsèquement elle aussi).

Un jour d'été (bocks, feuillages verts, jeunes filles), le soleil, le brave vieux soleil des chevauchées et des automobiles, celui de François Pizarre, de Buffalo Bill et de Guy de Maupassant, pénétrera par les grands vasistas corbusiers d'un collegium scientifique. Il flattera de sa clarté conservatrice le visage d'un chercheur post-cartésien, ultra-newtonien. Celui-ci vient d'établir la formule mathématique de la valeur expérimentale qui préside à la cohésion d'un quelconque agrégat de molécules (un corps d'homme, un platane, un caillou).

Notre chercheur a posé : A (force explosive de l'atome), N (nombre infini), G (gravitation), E (espace). Et puis il est passé dans le bureau voisin pour contrôler, de visu, si les atomes constitutifs des jambes de sa dactylo Rosa-Nancy, fidèles à la poussée agrégative et à l'équilibre cohésif (algébrisés, à l'instant, sur le papier, de main de maître) décrivent toujours entre elles, hors du léger surah de la petite robe imprimée, cet angle rond qui fait bondir le cœur des messieurs. Ou bien alla-t-il donner un coup de pouce au compteur d'électrons, installé dans le vestibule d'honneur, pour l'instruction des visiteurs et la fierté des commanditaires.

De retour à sa table, il jette les yeux sur la formule toute fraîche.

Que lit-il?

ANGE.

Ah! C'était bien la peine! C'était bien la peine d'avoir tenu pour obscurantistes et rétrogrades les aquinistes, les dantesques, les mallarmeux et toute la clique latine. C'était bien la peine d'avoir sué des milliers de locomotives, d'avoir inventé le kilowatt, d'avoir empesté de pétrole et de broadcasting l'atmosphère des villes et des campagnes pour en arriver, au bout de cette colossale fatigue à travers les gares du Nord et les usines de Billancourt, à se trouver nez à nez avec un vocabulaire qui n'était, semblait-il, que des enfants, des vieilles femmes et des décorateurs de gâteaux trop jolis pour qu'on les mange.

L'ange, le djinn et le génie, froufroutant aux grandes salles, bondissant des eaux marbrées, décousant l'écorce des platanes, s'imposent au cartésien qui n'a plus qu'à jeter ses cartes.

Quand l'homme se convaincra, par un beau soir de grands

jardins publics brésiliens, que les événements s'accomplissent au-dedans de sa tête, dans le mystérieux nucléus autour de quoi il voltige, avec ses logarithmes et ses générators, comme le huitième électron coronaire du baryum, et qu'il n'est toutefois pour rien dans ce qui se passe en lui, même si ce qui se passe en lui lui revient sur la figure ou sur la poitrine sous la forme de grandes gifles mortelles ou de légions d'honneur, il se couchera dans un peu de douceur et de fraîcheur encore, délaissant générators et logarithmes, pour sommeiller, les yeux ouverts, dans le parfum impérial et séminal des grands baisers d'espérance et de nouvelle origine.

Parce qu'enfin il pensera qu'il va mourir.

En attendant, nous nous proposons, avec ce livre, en guise de concordance des temps, l'odeur d'un homme, la mienne.

Notre temps d'aujourd'hui, Bevin, Dakota, Truman, déjà nous le sentons passer, nous le sentons passé. Il s'efforce à se rejoindre et, dans cet effort, prend congé. Le temps meurt d'être.

A chaque instant, ce temps farci de signes anxieux, cet élément qu'investit aujourd'hui un dispositif général de rupture attendu et d'apocalypse comme consenti, fait crac. Déjà Grace Moore et le prince de Danemark, daquotés au même trépas, sont devenus une vieille actualité. L'on commence à ne plus parler de *Brève Rencontre* (1946) comme du meilleur film, parce que, depuis *Brève Rencontre*, il y eut *Païsa* (1947) et, si j'étais le moins du monde imaginaire, je supposerais sans tarder, j'annoncerais, je dénoncerais les titres à venir, *Huit Fiancées font une Femme* (1948) (pourquoi pas?), *l'Arbre aux Savants* (1950) (nihil obstat...) Mais à chaque instant le temps se ressoude. Notre vie est une mémoire. Notre corps est un souvenir.

Trépassent Grace Moore et le prince danois. Truman,

bizarre visage d'Indien-atmosphérique, replie les feuillets d'un discours et sourit dans ses lunettes. Le boxeur Cerdan se tamponne la narine droite. Une « faiseuse d'anges » (joli mot, sans exactitude), Mélanie Santavia, déclare, dans un poste de police, à Marseille, que « tous les malheureux qu'elle empêcha de naître, s'ils se tenaient par la main, ils iraient jusqu'en Indochine ». Un Dakota de plus daquote dans la montagne, près de Grenoble, ébranlant aux avalanches des tonnes de neige et de glace.

... Et, comme ça, tout le temps.

Chaque instant brise le monde. Chaque instant le reconstruit.

Ce livre ne peut pas contenir tous les Dakota, tous les fœtus à la marseillaise, tous les Viêt-nam, tous les consommateurs du célèbre bar Pubis, et les remous de l'onde où l'arabesque bleue trace des losanges verts presque à fleur du quai meurtri de Toulon, toutes les gouttes de salive de Truman, toutes les molécules d'une « balle coupée » dans une culasse maquisarde en Palestine ou dans la passe de Khyber.

Déjà la Palestine a changé de mains... Déjà la passe de Khyber s'ouvre à tout crin aux prospecteurs d'ultrapétrole transportés par les camionnettes double vis de l'amiral argentin Jefferson-Mandanilha.

Pour amener l'obligatoire épilogue, où le lecteur doit reconnaître l'immobilité frénétique du destin humain et la plus grande vraisemblance de l'emploi de ce destin, nous choisirons, ou nous subirons, de fixer l'odeur de cet homme à l'époque où les Dakota, et Hitler, et le ravitaillement, et les Juifs, et les Nègres et Truman et Bevin existaient avant d'exister. Ils existaient dans la crasse isabelle du porche de la rue du Trésor, dans un rut de jasmins, soudain, quartier du Temple, dans la mouvementée ténèbre de mon déchirant mariage, dans le chant de l'inévitable futur partout.

Camemberts à trente-cinq sous! Camemberts! Chamberlains! Mil neuf cent trente-cinq, trente-six, trente-sept...

Hier... C'était hier... Depuis, Raimu mourut, Grace Moore et le prince. Bien des vagues se sont écrasées contre les blocs de la jetée. Bien des vagues – toujours, d'ailleurs, la même vague, à l'épaisseur près de quelque salive, trumane, molotove ou bévine. Et les quémaderos, ou crématoires, ont fumé. Lourde fumée...

Mais des cailloux n'ont pas bougé d'un millimètre (sauf que l'univers, en bloc, ait grossi ou rapetissé) dans le mortier du mur de pas mal de maisons. L'avenir est dans l'advenu, l'advenu dans l'avenir.

Il y a dix ans, la rue des Rosiers...

Mars 1947.

ACTE I

Du sensible et du monotone ne te sauvent pas l'écaille qui rutile au dos des crocodiles ni la gentillesse apparente des gouttelettes de rosée. Je me fais suer, voilà la vérité. Et je ne connais pas d'autre vérité. Toutes les entreprises humaines – ah! humaines! – vers la capture et le triomphe de la vérité, si elles aboutissaient, elles aboutiraient à moi, qui ne crois qu'au sel noir de ma sueur d'ennui, altitude sans retour des hypothèses réussies. Pour se faire suer, il n'est nul besoin de porter une croix. Il suffit d'en distribuer. Eh! Créature! Tu te tais? Tu demeures? Prends forme, enfin, fût-ce dans le dessein de te jeter sur moi! Vas-tu longtemps me regarder avec ces yeux de grève et de gourme? Qui donc m'a condamné à ne jamais connaître, et à jamais, que cette motte où mes doigts, quand ils s'y risquent, se couvrent de glu, et qui n'ébauche d'autres aimables aspects, parmi le jeu des ombres à ta surface, que ceux de ta sinistre ressemblance avec ton père, ton père infortuné?

Rien ne m'importe autant que de me mettre dans la peau de quelqu'un qui n'aurait pas assez de minutes pour aller jusqu'au bout de sa tâche. Quand je convoque le temps, grand paysan de soupe grise, et qu'il me fait la grimace (pour rire) et que je me figure ne plus pouvoir tailler des actes et des œuvres dans sa substance directement, mais dans son excrément, sa vapeur ou sa géométrique projection, je redoute moins ma puissance fastidieuse et fausse qui sème sans trêve. Mais, bientôt, mes déguisements me pèsent, mes frontières postiches m'abandonnent. Je rejoins à nouveau ma complétude qui, au cours de mon excursion dans un uniforme de général ou de poète, n'avait, d'ailleurs, pas cessé de fonctionner. Le temps est toujours là, mon serviteur et mon principe, cristallisé sous mes écailles, dissous et vigilant dans mon éparse volute. Il n'existerait pas. Je vieillirais, et sans amertume. Je serais déjà vieux. Je serais déjà mort. Je ne serais pas né, ni rien.

Pour occuper le temps, mon sang, mon adversaire et mon jumeau le temps, inventons une pensée. (En somme, nous ne travaillons, nous ne bourlinguons que pour fournir en divertissements l'indescriptible colosse. Bons ou mauvais, il les accepte tous.)

« Une assez agréable tentative pour intégrer le positivisme dans son contraire, et réciproquement, fut faite par la religion catholique, construction située à l'extrémité de la logique et du réel et les couronnant en plein ciel de gloire sucrée. »

La pensée est là. Elle ne me permit que la perte, et le gain, de quelques minutes, au fil de cet avortement perpétuel et de cette inévitable efficacité que constitue notre temporelle aventure.

Créature, ma fille! n'imagineras-tu rien pour me payer de ma peine et pour la bercer. Tant de cervelle dans tes épaisseurs ingrates n'accoucheront pas d'un plan charitable? O mauvaise! O l'ingrate!

Alors recommence le bruit de tantôt, par quoi tente de

s'exprimer l'âme indistincte et douloureuse de la créature. Ce sont des violons sur un air de moteur, que pénètre, parfois, un gazouillis sifflé, comme d'oiseaux. Il est, naturellement, bien malaisé de comprendre cette musique qui à nul langage articulé ne ressortit. Pourtant, tantôt corpulent, tantôt mince, le principal cheminement de l'élocution mystérieuse dessine, sur les prodigieux tympans du créateur assis, un sens, dont la réception va se peignant, à même la majestueuse effigie, dans un jeu de rayures et de miroitements. Que dit, par le truchement barbare des appareils hybrides où son tapioca s'analyse, la créature hagarde?

– Je suis la créature et – pardon! – je suis belle. Ciseaux! Museaux! Grands réseaux! Je suis belle et je ne me tais pas, puisque tu ne veux pas que je me taise et que tu passes ta vie à me demander de parler. Mais que veux-tu que je te révèle? Je me cherche à travers ta volonté touffue. Quand je serai, enfin, créée par mon empressement s'ajoutant au tien, et grâce aux soins de ce noyau vertical et phénoménal que tu m'as donné, et qui n'est qu'un pou écartelé, plein de poux et nommé Adam, je te vaudrai peut-être les risques et les voluptés d'un commerce. Mais, d'ici là, je n'atteins, couverte de campanules et d'outardes, qu'à te permettre une activité tenace, ardue et solitaire. Elle n'est pas, d'ailleurs, dépourvue de consolation. Allons! Cherche à tirer de moi le fin mot. Cherche! Je suis belle et je dois me taire, subtilement pour te plaire.

– Ah! Pour l'amour de moi, tais-toi! L'ombre est charnelle. Mon nom est Dieu.

– Oui, mais toi, l'es-tu?

– Quoi?

– Toi.

– Moi?

– Oui, Dieu. L'es-tu, eh?

– A la fin, qui parle?

– C'est le chat.

– Le chat?

– Un chat peut représenter toute la créature. Un crayon passé dans le ruban d'un chapeau le pourrait également, et de même un chalumeau carnivore avec une queue en forme de parapluie molesté par le vent.

Entre le chat.

Il transporte, à la rose extrémité de ses babines, le spectre épineux des poissons qu'il aime. Il a des pattes de masseuse, un mufle de romanichelle, la fourrure de l'astrologique porosité. Auguste et faisandée, sa démarche fait s'ébrouer en foule, devant lui, des punaises mâles dont telle ou telle pèse autant que toutes les terres et tous les soleils. Lourd, crispé, du satin à la narine, il ne sourit que d'un côté, à la manière des auteurs dramatiques. A quelques mètres du créateur qui, d'ailleurs, ne le regarde pas, il s'arrête, s'assied, se gratte l'oreille, se met à dévider un vieil air de chez nous.

Créateur, lentement, tourne, vers le chat, sa face qu'il ignorera toujours, faute d'un miroir à la hauteur. D'une main molle, où tous les doigts, plus courts que nature, se ressemblent, il ébauche, pour l'animal de rampement et de rupture, le geste d'une caresse. Puis il rote.

Alors, au loin, l'extrême vapeur des gaz ainsi expulsés engendre un horizon d'où naît une courbe qui, se déroulant sur des fuseaux prévus, brode un arbre de gel à quoi pendent, aubergines ou mandarines, des girations d'astres oblongs. Ayant roté, le créateur dit :

– Ainsi tu insinues, ô chat de mes orteils! que, si mon nom est Dieu, moi, je ne suis pas Dieu. Il y aurait donc toujours, au-dessus de Dieu, un être plus divin encore, plus divin et forcément plus petit. Peut-être séjournerait-il au centre de l'idée que je me fais de moi. Ce que tu dis me trouble. Je sais que je suis seul, au sommet. Et pourtant, à chaque instant, je cesse de me sentir libre et suprême. Cette éclipse perpétuelle, dont je suis la victime et le témoin, ne peut s'expliquer que par la place prépondérante que prend la créature où, comme créateur, je me réalisai. Regarde-la, la créature ! C'est ça. Ce n'est que ça. Cette saloperie. Tu vas voir !...

Créateur se lève et repousse derrière lui son fauteuil de rotin (ou de roteur) qui disparaît dans la coulisse. Même on aperçoit les poings des machinistes qui le happent par le dossier. Légèrement courbé, les bras en avant, le créateur se précipite sur la masse jaunâtre qui le guette avec, dans ses lignes informes, toutes sortes de silencieuses grimaces. Il y a celle du schiste et celle du hibou, celle du goût de vin, celle du chant des sables. Le créateur se jette sur la chose, qui l'esquive. Il crie qu'il s'est foulé un pied et, de nouveau, s'élance vainement. Elle, glissant latéralement, fuit. Les sublimes ailerons ne saisissent rien. Le créateur rugit et elle manque s'étaler. Créature bondit. Vole et, tout autour du front de Dieu vernissé par la sueur, exécute des dérobades. C'est une chasse cruelle seulement pour le chasseur. Bientôt le crépuscule s'instaurera. Le créateur n'aura plus beaucoup de chances, alors, d'atteindre sa proie visqueuse, de la fouiller, de se rejoindre en elle afin de s'extraire d'elle. Avide d'en finir avant que passe le garçon, il emmêle ses jambes, il tournoie. L'évoluante tumeur, qui n'avait point prévu ce mouvement, n'a point le temps de rompre. Elle rentre en contact avec les mains ouvertes, tannées de lignes inimitables, qui méchamment la convoitaient et qui sur elles se referment en préludant avec gaucherie aux contractures de l'étranglement. Par une des fissures boursouflées qui accidentent sa vague surface, la créature tire, vers son ennemi, une prompte langue, rouge et vésicale, et crie avec la voix des poupées. De part et d'autre de la matière surprise le créateur, exaspéré, pousse ses mains l'une vers l'autre. Mais la pernicieuse ordure gicle sans exploser ni mourir et, même quand elle accepte, comprimée à l'extrême en sa région centrale, que les paumes du meurtrier, non sans trépider de lassitude, se rassemblent, elle ne renonce pas pour autant à la conscience de ses mérites et à combattre. Encaustique horrible, elle glisse, elle fuse, en s'éloignant du nœud de la bataille au long des bras du partenaire. Elle projette, vers ses genoux gros et qui tremblent, des massues doucement animées que décorent, sans y toucher, lueurs en forme de croissant. Elle noue au ventre divin une ceinture sans aménité. L'instigateur de ce petit drame ne sait plus s'il entend toujours anéantir la créature, ou s'il se borne à désirer que, mélasse aux habitudes de pieuvre, asphyxiante foison, elle s'écarte de lui. Déjà, derrière les arbres ronds et plats, s'avance l'informulée ténèbre du paradis. Les orangeades s'apprêtent à ressembler aux babarottes de la psychiatrie. Les cordages balnéaires vont se couvrir de ratepignates taillées dans la cagoule des veuves.

Des péninsules de nacre sombre, la pointe tournée vers le bas, occupent le fond du décor. Parfois, à l'extrémité perçante de ces gigantesques dents, goutte une façon de rubis albuminé qui met des siècles à fomenter, au-delà des espaces visibles, son bémol d'écrasement mouillé. De grands rideaux taillés dans l'aile des éponges balaient mollement les piliers de brute cinabre. Des fumées hésitantes noient les contours de la diversité sulfureuse.

Sentant faiblir l'adverse volonté, la créature s'arrondit et se reprend. D'une manière plus ou moins définitive, elle échappe à son persécuteur soulagé. De nouveau galbée au moule immonde de la perpétuité transitoire, elle se place, à côté de la soucoupe et du siphon, sur la table légère, et son gazouillement amédullaire semble, à qui de droit, signifier, avec insolence : « Te voilà bien avancé, eh! l'enflé! »

Les terrestres halles de musique, où la gaze, la paillette, la fausse neige, les éclairages rose mercure ou glaïeul flambé collaborent avec la crème grasse de la hanche des filles et le phénoménal nanisme de Wagner, inspirèrent la machinerie de ce lieu souverain. Les promontoires que nous dîmes, sombres et lourds comme les hindoustans du varicocèle, s'approchent des hypothétiques spectateurs. De ceux-ci les yeux présumés constatent que des losanges cannelés trouent ces pendentifs triangulaires. Mais déjà, d'autres promontoires, la pointe en l'air, montent lentement. Ils se réclament, comme les premiers, de quelque mâchoire simpliste de tigre publicitaire. Est-ce le chat de tout à l'heure qui revient? Entre les deux séries dentaires qui se vont à la rencontre, non sans grandir ensemble vers nous, il fait noir comme dans un four.

Peu à peu, cependant, des lumières, celles du front de mer des casinos râpeux, s'efforcent parmi cette opacité. L'on finit par discerner le désobligeant panache des palmiers décoratifs et, çà et là, le laiteux et déclive triangle d'un décolleté.

La créature et le créateur attirent tous les profils des objets. Ils les abordent goulûment, comme un macaroni d'élite, l'un par tous les fume-cigarettes et tous les goussets, d'ailleurs déchirés, de son attitude solennelle, inquiète, compréhensive, généreuse, rapace, et l'autre parce qu'elle s'en nourrit en les nourrissant, totalitaire et subdivisée, sans limites, sans repos. Alors que le loisir du créateur, quand il considère son œuvre afin de se distraire (il y parvient bien rarement), s'attache plutôt aux menues réussites de l'artisterie visuelle, telles la moustache ténue au coin de la lèvre des Hongroises et des Pyrénéennes, ou la granulation framboisée que la rupture d'une veinule suscite dans un cristallin d'ancien marchand de radis, la créature, elle, se connaît plus volontiers et se flatte dans les compacités et les grouillements, les provisions considérables et les louches odeurs. Entre ces deux prédilections se suspend en se tendant, tranche vibratile d'une membrane colorée, la rage poétique, celle-là même que certaines natures prédestinées, à la surface ou dans le tuf des globes terrestres, y compris le nôtre, exploitent en vue de leur personnelle torture.

Une grande paix, portée sur des roulettes d'améthyste assourdie, déferle et se répand sur la scène de tout. Des éclairs de chaleur et de conformité, se croisant avec ceux de la froidure et du renâclement, ornementent tragiquement le fond du cœur exposé.

Soudain, qui prélude à la vomissure, intervient le malaise que formulent, grossièrement laqués, le dos de crabes énormes et le ventre sursumconvexe des mouches à trente-huit antennes, les plus funestes de tous les diptères, notamment quand elles sont grises de raisonnements élémentaires et de conciliabules laïques.

Des percussions, d'une sonorité croissante, mais lasses et monotones, commencent dans les arrière-boutiques, calamistrées et rachitiques, de la végétation riviérasque qui règne ici et qu'une espèce violette d'aube, maintenant, découvre. On devine que, sous les yuccas, dont la graine, prise à jeun dans du thé mâle et femelle, dissout le cubisme, des mouvements sont entrepris par des armées de jeunes filles nues, ou de barques dressées sur leurs rames blondes ou de planètes qui chaussèrent de transparence soyeuse et caoutchoutée leurs pattes analogues aux poils blêmes des pissenlits. Bientôt, de ces cohortes perverses le volume discipliné, au sein du roulement du tambour enfin proche et tout proche, surgira dans une poussière irrespirable. Le bruit rythmé gonfle et nous presse. Les cœurs se suspendent. Mais où sont les cœurs? Il n'y a d'autres cœurs que les fragments de bauxite élastique autrefois logés, par le doigt imaginatif et neurasthénique du créateur, dans la gélatine de la créature, sage, maintenant, sur son guéridon. Le bruit est tout de suite là. Un délicat tourbillon s'y confond qui, sans brusquerie, s'évanouit pour dévoiler, non pas les régiments supputés, mais un petit enfant dans les quatre ou cinq ans. Sa respiration faisait tout ce chambard.

Seul, dans un paysage de gammes osseuses, rentrés les palmiers et ravalées les azalées, il se hasarde à petits pas. Chacune de ses expirations libère un tendre bouquet de viande de cheval et de poivrade thermogène. Il sourit, farceur et joli. Des mains de femmes (si les femmes existaient) se tendent vers lui. La flexion, à même le sol, des postes successifs où il s'établit ne peut se traduire, dans la conscience des bonzes assis au loin, en rond, que par une menue analogie avec les changements du poids atomique de l'azote quand ce produit, d'une belle couleur de concupiscence réchauffée, se balançant avec des crépitations dans les tubulures en coquille bleue, obéit aux influences saturniennes. Le petit enfant, merdelage d'homme, va, vient et sourit. De ses douces entrailles continue à s'exhaler, fine et victorieuse, l'odeur des pourrissoirs où son sang se promeut. Sera-t-il Bouddha? Jésus? Napoléon? Sera-t-il, de la créature, l'ambassadeur sensible et déterminé, avec un chapeau de plumes, un sabre de bois, une assiette de porc ou de champignons et, derrière lui, par les chemins de la conquête et ensuite de l'exil, une armée de pages vêtus de satin jaune à droite, à gauche de velours noir, et une cohorte cagneuse et bossue de dignitaires rageurs que dilate le crachat retenu?

Petit enfant! Petit enfant! Souviens-toi du figuier que tu n'as pas connu mais que, bientôt, tu connaîtras, translucide et, pour ainsi dire, collé contre une étincelante muraille de rochers, tapissé de ses feuilles semblables à des mains et ne frémissant pas sous le vrombissement gazeux et pailleté des reflets du silex frappé par le jour. A l'arbre odorant et qui tourne, toi, grand et souple sous les pagnes d'or, un fil de moustache à la lèvre, les yeux étirés et minces comme la cicatrice des jeunes filles, un lourd bracelet au poignet gauche, fait d'une tige de lotus imbibée d'ondes pestilentielles, tu confies, tu délègues ta rêverie démesurée. De ce figuier au jardin lumineux et désert, tu prétends qu'il devienne le père de ton destin nouveau, avec ses échelons retors, l'effort blanchâtre et cylindrique de la substance de ses branches sous le vêtement manuel et, devant les terrasses riantes, tout ce symbole de départ ramené. Agile et droit comme la gazelle, comme le diamètre de l'âme et des fruits à travers les stades obscurs de la croissance et de la formalité, tu vas vers l'arbre, ô mon Bouddha, pénètres l'arbre, en soufflant pour chasser le hérisson duveteux que les brises du sentiment philosophique portent devant tes lèvres. Ta face est, maintenant, celle, à la fois, d'une table brune et d'un serpent vert. Tu salues, d'un pied tortueux, l'excrément de la vache où tu puises l'abîme et, dans la nodosité de ton écorce poudrée, le masque des génies du néant. Tu étends les bras, sachant que c'est en vain. Tu démarres dans un feuillage de moucherons qui, du jeu des heures, tirent, alternativement, leur qualité sèche et blessante ou bien fraîche et stellaire, et tu supportes tout, sauf que l'on t'idolâtre, si ce n'est au nom de ton intelligence et de ta végétale et caustique sûreté.

Petit enfant! Petit enfant! Souviens-toi, Jésus mon gars! du fiel de l'étoupe, et du paquet de feuilles de maïs qui couvrent des ronces pareilles au harpon à pêcher le thon, tout ce matériel de ta légende politique et, pourtant, touchante et sacrée où, sur une terre embrasée, coulent et se coupent, avec une grande expression de charité, les ondes venues du vase renflé que les saintes femmes – oui! saintes, les femmes! – adaptaient au besoin de la cuisine et de l'hygiène. L'Arimathique, ensuite, le déposa sous tes blessures afin qu'elles y suintassent et qu'il pût téter la rancissure rubescente où s'abreuvera le passionné amateurisme de l'église romaine. Souviens-toi des rides brusquement profondes dans cette espèce de photo voilée que tu voulus pour ta face, et de tes côtes friables sous la chair tendue où le fer pointu tâtonne et, poliment, frappe avant que d'entrer, un peu surpris lui-même par la bonne grâce de l'ironique débilité. Souviens-toi de l'innocence et de l'impuissance des bourreaux cuirassés, des meurtriers ligotés par l'épaisseur de leur peau rugueuse, des méchants de nature qui, pour se séparer d'eux-mêmes afin de briguer l'odieuse gloire des orphelines et des esclaves qui possèdent une attestation héréditaire, une croix de mon père cachée dans leur agile cœur comme dans un portefeuille, voudraient tant faire sauter leur lourde et sauvage cosse de crasse et de poils.

Et toi, petit enfant! le plus petit de tous, ô juriste aquilin, ô carnaval de souriceaux humains qui puent le détective gras et le marchand d'olives, souviens-toi, Napoléon! de l'épée et des arceaux de Saint-Jean-d'Acre. Souviens-toi des pestiférés dont ton doigt touche la mamelle ou dont la mamelle touche ton doigt, de l'épée toujours plus lourde à ceux qui la brandissent qu'à ceux qui la reçoivent, des îles diverses où tu passes à gué le détroit de notre vie, de la blancheur de tant de murs promus à supporter la fresque de ton ombre, à construire, dans l'aurore d'un déplacement frénétique, le bazar un peu colonial d'une vulgarisation militaire et policière du divin.

Petit enfant! Petits enfants! Petits enfants de la jeunesse de l'humain, laissez venir, au petit enfant, les petits enfants afin qu'ils les réunissent et, puisqu'on ne peut réunir qu'en dévorant, qu'il les dévore...

Les cardinaux Lavamacchina, Cagarelli, Cagarella, Sistematizzazione et Buffarel défilent au loin, traînant des croupes haletantes sous la pourpre. La chaise d'or où tremble la papale gelée, entre les éventails en plumes de fin renard, vogue au-dessus d'une taupinière de mantilles inclinées. Ailleurs, coiffés d'un bonnet pointu, au son des trompettes et des tambourins, dans les monastères où l'ombre des toits dessine des continents magiques sur la poussière ou le pavé des cours, les prêtres de l'un et de l'autre véhicule, et de cet autre encore, et de cet autre, font parler et crier la branche dont ils sortent. Aparagoum! Barouchina! Petit à petit, tout le personnel se rassemble. Et les maréchaux de l'Empire, les maréchales de l'aïoli raté, les apôtres, ou ce qu'il en reste, et les lamas boutonnés de vermine, chantent ensemble. Se tenant par la main, ils dansent autour des cadavres et, petit à petit, dessus.

Aparagoum! Barouchina! Le pape, sur son siège, au fil du ruisseau des Nations, disparaît dans une rafale de papier collant venu des imprimeries organisées dans les étables. Du côté des lyres, en farandolant, s'évanouissent les notoires danseurs, tout cliquetants de sabres heurtés contre les bâtons pastoraux, du côté des lyres et des cabinets. Trépignant au seuil de sa tente sablonneuse, Bonaparte, le foie dans l'œil, l'estomac remonté jusque sous le hausse-col, exige, travaillé par les Pyramides :

« Une jeune fille! Qu'on m'amène une jeune fille! Le pubis de la jeune fille ressemble au cheval de l'oiseau! »

Tout de suite, tandis que les aspirateurs s'affairent au parquet et que l'on improvise hâtivement, à l'aide de tasses de lait versées de plein fouet et de punaises écrasées contre le vieux décor des « Noces de Jeannette », un fond de prunes et de lis, la jeune fille, achevant en scène un bondissement entrepris dans l'éther insexué, retombe sur un pied, cambrée et malhabile. Elle exhale l'odeur de son cassoulet froissé et s'emperluche d'invisibles linons. Rusés, efficaces, libidineux, ils renforcent d'un rien, mais utile au possible, la caressante opacité des ambres et des ombres sans, pourtant, s'abstenir de mettre un accent de mystification sorbettiste à la courbe des molles et fermes clés du corps. On ne sait si la physique et saltatoire respiration, et tout ce que celle-ci comporte de prolongements et d'aboutissements dans la membrure d'un témoin et jusque dans ses filets nerveux, publie avec prestesse une stricte chorégraphie, ou bien si la danseuse qui nous enchante, nous parfume et nous empoisonne n'est pas la vivante formule, et la plus authentique, de l'aspect théâtral du système où nous sommes. Elle s'épanouit, se reprend, se diffuse et joue avec ses aptitudes aussi bien qu'avec nos emblèmes. Parfois, elle tournoie et se penche et, à la naissance de la vallée de son cul tendre, une place infime est couleur de neige. Enfin la nuque triomphale se redresse, et l'idole griffue, armée d'un sourire infâme, fait face à la généralité de notre désir. Notre désir dans la mesure où le désir est en état de considérer, considère qu'ils n'étaient pas si maladroits, les rimailleurs jadis décrivant nos compagnes à grand renfort de métaphores minérales, herbacées, zoologiques. On ne saurait valablement reprocher à ces poètes que la timidité dans leur tentative d'universelle naturalisation de la porteuse de seins et, aussi, une insupportable indifférence à l'égard de l'obsession fécale qu'amplement engendre ce ventre si mince, surtout quand il se pare de ceintures de crêpe de Chine ou de manteaux élaborés par un simulacre de spiritualité. Jamais ils ne chantèrent les selles de la femme. Chantons donc ces fumées discrètes, non pour ce qu'elles renferment de beauté picturale ou statuaire, mais en raison de leur noble mission de fumure interne des grandes, vivantes roses aussi bien que de leur côté humiliant et punitif et, en outre, parce que, sombres ou fauves, toujours soigneusement dissimulées par leurs fautrices, elles donnent l'échelle, l'échelle de gel, d'ivoire et de cygne où nous montons. Les femmes, en effet, seraient-elles aussi harmonieuses, pures et comestibles, sans la sinistre noirceur qu'elles promènent sous leur assiette fardée?

La jeune fille, à l'endroit où l'enfant opéra, fait des grâces. Le meilleur de sa puissance réside, peut-être, dans ces quelques poils blonds sur son cou de brunette, mal reliés à la touffe de ses cheveux noués, assez haut, en chignon chaud, essoré et tel qu'elle semble porter, précisément, comme un diadème roussi aux gentilles forges de l'enfer, sur sa tête sa délicieuse chiure. Sur un dernier entrechat, elle nous abandonne, en traînant des voiles que la vitesse fait horizontaux et pareils aux brouillards dans la forêt druidique. Tout comme à l'incendie survit l'odeur de la brûlure, une odeur de jasmins poivrés demeure, qui ne cédera qu'au bon coup de queue du dragon des mers hautes et tristes.

Des gongs retentissent. Des airelles, prises dans le vent des fanfares, frissonnent et s'agitent. Soporifique et déchirant, le bruit des équinoxes fortifie une Traviata métissée de grégorien. Les bœufs apprivoisés, dans la logette des ouvreuses, accompagnent en entrechoquant mutuellement le métal de leurs paires de cornes. A intervalles réguliers, plus haut que tout instrument, s'élève le barrissement du coq. Le brouhaha devient assourdissant. Il semble que le personnage, ou le ministère, ou le congrès, dont la besogne est de ménager les transitions naturelles, tente de dissimuler, sous une exubérance orchestrale, la pauvreté de ses entregents. Il ne s'agit plus de musique, mais de vacarme et de conflit. Goudimel carambole Guillaume de Machaut, et les bugles les heptacordes. Le chœur des nourrissons exulte, et son accent, bien connu, de guerre civile. C'est au berceau que l'homme commence d'être un loup, de l'espèce hurlante, qui plante ses terribles fantômes de canines dans la chair du pauvre parent. (Vivent les Chinois puisque dans le puits ils précipitent les mères futures!) Bref, la partition menace de finir dans les concassages tympanisés et, par les voies de l'unanimité tonitruante, le collectif dans l'insane.

Où donc le créateur est-il passé avec sa créature, maudite soit-elle! Un long trille de désespoir, fait de couroucous embrochés et qui crient avec leur minutie suppliciée et leurs bottines déchirées bien plus qu'avec leur voix modulée, se tire hors du chaos. Puisqu'on les sonne, le compère et la commère reviennent, l'un portant l'autre comme on fait une livre de beurre achetée sur les marchés de la dépression. Ils exhibent, maintenant, des costumes extravagants, car ils passent leur temps, chacun, à se changer afin, peut-être, de se cacher, ou de s'enfuir. Mais ils reviennent toujours, empressés de savoir si, ce coup-ci, l'explication leur plaira, où l'on tentera de les noyer.

Le fauteuil de rotin a disparu, et la table, et l'orangeade. C'est sur un monceau de glandes à venir que le créateur s'assied. Créature, chienne sans pattes, flaire et gambade autour de lui. Les lambeaux d'une nuit opiniâtre, mais dépourvue de doctrine, traversent l'air. Des coups de sonde, venus des habitants de la terre pouilleuse, visitent, parfois, la pensée du créateur. Irrité, il contracte la peau de sa face qui se couvre, alors, d'étranges dessins en forme de tics. Ne demeure de clair et de solide que son front. Quelque part, sur des étagères dans des celliers, se refroidissent les armées qui, un jour, ou l'autre, se crurent victorieuses. Comme le cœur de brebis traversé d'herbes lancinantes ou par les épingles de l'envoûtement, elles craquent doucement. Quoique n'y voyant plus, vous distinguez sans peine le détail des gorgerins gravés et le nombre de sous, généralement cinq, dans la profonde des briffetons non moins que l'entrelacement du fil d'or et du fil pourpre au galon des lansquenets rengagés. Vous distinguez aussi, rose et bleue, de lard et de cristal, la forte notion que les hommes, armés ou non, ont de leur anatomique intégrité, celle, surtout, de ceux de leurs organes qu'ils appellent les objets d'art, qu'ils chérissent et manipulent sous les familières, sous les indécentes, sous les analogiques espèces de leur mousqueton et de leur calumet et (pour ne pas sortir de l'image en train) du souvenir de leur fiancée verticale, orificielle, fessue.

La clarté du front unique va baissant. Elle ne décrit plus qu'une menue étoile de calvitie qui tremble dans l'azur de l'ombre. De tous les recoins de graisse et de sanie de la créature oubliée, et du fond même de son âme informe et qui pue, surgissent des mains lépreuses, en forme de mangeoire, des griffes, des cornes en torsade, d'aveugles museaux où manque la fente buccale. Ce vaste hérissement désigne et sollicite le point lumineux et ténébreusement scandé. L'angoisse et la sérénité de tous l'emportent l'une sur l'autre selon que passe ou non devant le clignotant hublot l'aile immense de ce qui précéda Jéovah ou, va savoir! d'une petite chauve-souris qui ne volète pas plus loin que la ruelle déclive d'un village de la Corrèze, à l'heure de minuit, en 1834, dans le mois de janvier, contre la vitre d'un sabotier à l'agonie.

L'ultime étincelle va-t-elle s'éteindre? La créature va-t-elle rester seule et misérable au milieu de l'indépendance? Une grande détresse se met en marche. Des casseroles de cuivre, effleurées par l'exacte queue des sapajous, résonnent sur quatorze notes que sépare avec régularité une douche vomie, quelque part, par une carotide tranchée. Cette douloureuse musique s'achève dedans un beuglement. D'un seul coup, pendant que les anémones commencent à crisser, des rideaux passementés de mille humaines figures se déchirent. De la poussière humide épaissit l'atmosphère. Une incandescente perspective s'établit entre des blocs de glace dont on devine le suintement acéré. De la pulpe du saumon ils ont la savoureuse couleur. Ce chemin hivernal et gynécologique porte vers nous, comme tressée par le rayonnement des berges éclatantes, pareille à chaque pas, et, pourtant, grandissante, une forme verticale et féminine, bonbon sucé par les orages, douce laine autour d'une blessure. Auréolée, les yeux clos, le nez droit, vêtue de robes pis que blanches, à longs plis, toute rassemblée à l'ovale, sans épaisseur, de ses mains jointes, elle ne laisse, de son physique le plus bas et le seul véritable, transparaître, sous le pli travaillé des soutanes laiteuses, qu'un soupir, un soupçon, une larme de gros orteil.

Cette Jeanne d'Arc de notre rêve, cette douce bannière des crimes, colline des orgies de l'esprit sentimental, s'érige-t-elle loin encore ou, déjà, sur notre visage cupide, sentons-nous le souffle guerrier de ses poumons, fleurs héraldiques peintes au-dedans de sa boîte abstraite et musicale? Elle est sur nous, contre nous. Elle va nous féconder avec le sexe invraisemblable du faisceau de ses charmes essorés. Dans la projection de l'allée qui nous la transmit, une langueur épouvantable nous saisit. Nous sentons que nous fuit le sol battu par les hordes lyriques. Nous percevons, introduits dans notre masse désossée, ses genoux de pervenche, ses paumes de pêcher, tout l'attirail de son printemps pur et secrètement mouillé. Nos paupières se rabattent sous le poids de la conviction, nourrie par l'apparition, que le baiser mérite l'admiration et se réclame de la profondeur, profonde chose. Nos mains brassent la contrée. Une galère d'androgynes pétrit le flot de la rivière de nos moelles. Nous tournons tout entier rivière, et rose rivière de nuit. Et nous coulons vers notre source en chantant notre honneur ténébreux.

Holà! Qu'est-ce à dire! Qui parle en vers blancs? Je me doute qu'il y a ici quelque misérable inventeur et assembleur, non pas même d'images, mais de mots, de cailloux repeints. Qu'on m'amène le coupable. Je suis Dieu, à la fin du monde, puis! Voici longtemps qu'on aurait dû le comprendre. Qu'on m'amène le coupable!

Entre le coupable.

Il a des vêtements de location, une barbe de séminariste, des mains en forme d'écrasement et ses souliers balbutient les mots d'impasse. Son chapeau fabuleux, qui tient mal sur sa tête, démontre que sa volonté le cède à celle de n'importe quel courtaud de boutique qui lui impose les effets les plus incommodes, les plus étroits. Il porte au visage l'acné des mauvais rasoirs et le psoriasis des caresses déteintes. Ses oreilles débordent de la larve jaunâtre du miel de Platon puisé dans la corolle des bruits. Écartelé par son suspensoir, il fait sans cesse passer de l'une à l'autre de ses mains son ventre, tonneau qui l'encombre. Il trempe ses doigts dans une de ses dents creuses et se signe. Sur sa chemise, il s'est dessiné une cravate et, pour avoir l'air très viril, il se colla des poils de chien noir sur les poignets. Il frictionne sa grosse tête bourrue et l'on entend exploser, sous ses ongles mous et brefs, les pezouils surpris. Béant, à la fin, sur son bassin il s'écroule, entassement de mètres et de rimes que double et parfois supplante, mais avalise et concrète, la compacité tangible des muscles et des tripes. Il laisse pendre ses bras courts et cela, soudain saisissant, compose une lyre, la cage à deux montants d'un orchestre comme un orage dans la soupente de la nuit.

Du fond de ses entrailles prédestinées, où se tasse la référence aruspicine, monte un récital ponctué de drames vocaux, de filatures asthmatiques, une harmonie de coups de trafalgar pleins de sirop de groseille et de lignes analogues à celles d'une fluide académie de catin jetée en écharpe sur des mamelles de cuirassier.

Dieu, devant ce chant qui le réconforte et l'installe, se sent devenir la proie des bonnes violences de l'amour.

Moi, qui suis Dieu, qui sais faire le mort et la mort, les chefs du peuple et l'idiot, je vais vers le poète et lui touche l'épaule. Lui, soudain, les yeux fous, bondit sur ses pieds sales et tire de sa poche un couteau que, les muscles raides, il tient, la pointe en bas, contre mon ventre.

Dieu dit : « Tout beau! Tout beau! Quelle fureur! Pourquoi me menaces-tu?

– Parce que c'est par toi que je souffre. Tu te décharges sur moi de tes embêtements. Je suis le bouc émissaire. Je te hais. Je t'aime.

– Allons! Allons! Calme-toi! Que pourrai-je te donner pour t'apaiser et pour te satisfaire?

– Donne-moi la rude moustache de ceux qui n'ont rien, rien dans le cœur, rien dans la tête, tout dans les mains.

– Non. Je peux te remplacer par un autre. Je ne peux

t'entremêler avec une personnalité différente. Comprends-moi. Tu m'es trop précieux pour que je t'adultère. Tu me ressembles trop. Ah ! Un démiurge plus séparé de son œuvre permettrait que tu sois en même temps toi et un autre. Moi, je ne veux pas commettre une telle imprudence. Au fond, je tiens à ma situation. Trop bien servi par d'inépuisables provisions de matière, tenu d'exercer mon pouvoir afin de l'entretenir, je dois sans cesse inventer des individus distincts dans des initiatives distinctes. Si j'abandonne aux minéralogistes et laryngologistes de Madame Créature le soin d'engendrer mes reflets les plus chéris et d'organiser leur terrestre destin, elle les voudra à la fois vulgaires et fracassants, irrésistibles et grotesques. Elle multipliera leurs aptitudes gymnasiarques et, les bourrant de je ne sais quel phosphore, les affligera d'une intelligence excessive pour, elle et eux, mieux m'honorer et mieux me narguer à la fois. Je t'ai achevé et tu ne changeras plus. Tu m'es. Tu ressembles à la créature par la rondeur et la vermine, mais tu as mon nez, le nez de mon ingénuité, tu as ma bouche, la bouche de ma solitude, tu as mon front, le front de mon gémissement. Cependant, ne va pas te prendre pour le Christ. Lui, c'est mon pistolet que je prends, avec moi, pour, la nuit, aller dans vos villes. C'est le filet de vice dans mon sang. Que dis-tu du catholicisme ?

– Je le trouve deux fois divin et, d'abord, parce que peut-être, en dépit des apparences, il l'est. Il l'est ensuite parce que, même ne l'étant pas, ou ne l'étant pas dans la mesure et sur le plan où il le prétend, il témoigne, de la part des hommes, d'une invention si fantastique, d'un tel sens du fricotage sublime, que seule une progéniture incomparable peut l'avoir mis en train. J'ajoute que je ne décapiterai jamais un crucifix avec mon godillot projeté.

– Et que penses-tu de l'école des Chartes?

– Moi? Mais... Je n'en pense rien.

– Et de la Caisse des dépôts et consignations eh? Là, je te tiens.

– Mais, Monsieur...

– Appelle-moi Majesté.

– Je... Je ne sais pas.

– Tu as peur. Tu bafouilles. Je n'ai jamais rien vu de plus froussard que toi devant l'autorité. C'est sur un rocher que tu habites?

– Non, au cinquième, boulevard Charcutier.

– Retournes-y. Embrasse ta femme et tes enfants. L'un sera fou, l'autre mourra fusillé, l'autre finira aux galères, l'autre... Ainsi, déçu par ta descendance, tu te connaîtras pour génial. Pour toi, je ne peux rien faire de mieux. Débarrasse-moi le plancher! »

Dieu, fatigué par tant d'efforts, finit son orangeade, miraculeusement rentrée en scène en compagnie des meubles de rotin. Il suffit, naturellement, qu'il désire encore un peu d'orangeade au fond du verre pour que le verre s'emplisse de la liqueur voulue. Il peut, sans trêve, doser sa soif à la mesure des breuvages dont il dispose à l'infini et dont la fraîche draperie se calque sur le désir qu'il nourrit d'eux. Parfois, cependant, il prise d'une poudre qui accélère en lui les échanges et combat le sentiment de la satiété. (Dès qu'il l'absorbe, des légions de soldats ou de bêtes arrivent dans des déserts salés, ou bien des artistes peintres perdent la vue... Les agréables souffrances de la sécheresse et une précieuse, tendre et plaisante réceptivité des matières colorées s'épanouissent alors chez lui. Il participe, en effet, dans quelque mesure, à la vie et aux intimes démarches de ses sujets.)

Il cligne de l'œil vers le culot diapré du verre. Il salue le merveilleux nuançage des lignes et des teintes à quoi il consacre son loisir pharamineux de joaillier, de sonnettiste. Il bée d'admiration pour lui-même devant tant d'objets dont il doit sans cesse se poser, pour le résoudre avec élégance, le problème et qui, quelle que soit leur finalité utilitaire dans un univers qui ne saurait lui-même en avoir aucune, portent l'inoubliable trace d'une intention dramatique non limitée aux seules urgences matérielles ou géométriques, mais signifiant la satisfaction d'un besoin expansif, la mise au point d'un rêve trouble et angoissant qui ne peut s'exprimer que dans le jeu d'un quadrillage compliqué à la surface d'une coquille des mers, dans le souple travail d'une vague allongée et canonnante au littoral du Pacifique.

La décorative peine du créateur s'imprime à toute chose. Toutes choses, elles, comme nous le vîmes, collent au créateur, restreignent sa liberté de mouvement.

De grands géraniums couleur d'incertitude balancent leur tête navrée. Au fil des océans que le silence exsude flottent des rivières pourprées. La trajectoire d'or des arbres innombrables trace le cycle merveilleux du secret révolu qui fait gémir les crabes sans mains, sans histoire et sans yeux. Tout se sait, tout se tient, se refuse et se noie au chant des luths et de ces purs tambours que noue au col des anges de la joie une tresse de... De quoi? Qu'est-ce que c'est? Ah! par exemple! Qu'on me l'amène!

Entre deux archanges rigoleurs armés du ciseau de leurs jambes parfaites comparaît le poète qui s'exerçait sous les buissons. Bourré de coups de pied, une noire mèche sur l'œil, son cœur lui battant dans la gorge, il écarquille contre son gilet maculé ses doigts pareils à ceux des lézards des sables. Un peu de bave lui coule de la lèvre. Derrière lui, l'œil égrillard et les gestes saccadés, bondissent alternativement d'un pied sur l'autre, le chat, l'enfant, la jeune fille et les trois fils, celui du ventre, celui de la croix et celui du petit chapeau. En avant de la haie saltatoire par ces monstres composée, le poète, que chatouille à l'échine le souffle des témoins rythmés, balbutie. Le créateur lève la main. Mais la gifle avorte. Cerné par le grand chat, par le Corse aux poils simples, par Jésus doucereux et par Bouddha femelle, et par la jeune fille aux râpes de muqueuse, et par l'enfant où se débat la mouche noire et satanique, le troubadour, faisant un énorme bond, cingle à travers les airs et s'abat dans sa chambre entre le radiateur et le lit défait, sous l'œil de sa femme, en pleine sonorité maçonnée. Puis, plantant là son wigwam de tuiles et de briques, il part, d'un pied leste, vers la roue des camions. Il croise en chemin les escadres de la schizophrénie et les rauques plumages de la religion. Aigus et pénétrables, il salue les charmes des donzelles, îles dérivantes où flamboie la coupole des monastères imprécis. Sur leurs plages fauves fume le feu de l'appel sauvage. Des poissons gigantesques percent autour d'elles la vague de l'air. Elles ont souliers de chevreuil, mantelet d'hermine, petit sac de peau cramoisie. Une bouée de langueur les tient à l'abdomen et leur habile main, pâle d'alopécie, se noie aux flots de leur vêture opiacée. Alors, fou, pour porter plus loin, toujours, cette montagne d'abcès que, de son cœur à sa prostate, l'homme inlassable statufie il va, Rothon (il s'appelle Rothon), vers la ville au cœur de la ville, du côté de ces rues fermées, nouées sur elles-mêmes avec un ravissement sordide, où l'on accède par le chemin des bijoux et des peaux de lapin, surpeuplées par la persécution exotique et dépeuplées par la tuberculose.

Le couloir étroit de la rue du Trésor, un véritable canal de l'urètre, le conduit à cette urbaine exquisité. Il se plante, comme il le voit faire aux aborigènes, au bord d'un trottoir, en face d'une fabrique *(sic)* de carpes grasses. Il veut qu'on le prenne pour un qui attend, qui espère, qui a le temps, et toutes sortes d'envies et de regrets le saisissent, lui qui n'est pas de cette ville, ni d'aucune, quand il goûte, de l'œil et du nez, l'ombre profonde des cavernes sionistes, le familial sortilège des boucheries consacrées, où les rates et les saucisses étalées ont l'air, qui ravit et qui répugne, d'avoir été prélevées sur le corps des humanités locales... Quand il goûte la silhouette bénie d'un épicier en chapeau de feutre et col cassé qui sert, à l'étalage, du beurre, *avec un livre sous le bras!*

Des enfants sortent de l'école ornée de têtes de bœuf. Dans des courettes chèrement vendues par les héritiers de Mme de Sévigné, des piles de chapeaux melons, invendables et surannés, exhalent un parfum rentré, abotanique, surhumain. C'est ici que, dressés debout, l'égout et la Palestine forniquent. Coiffé de velours, un gaillard botté, portant à gauche, et barbu de boucles colossales, descend, parfois, la rue...

A l'entour de ce quartier, où le rachitisme et la sénilité jouent dans le ruisseau et bavardent sur le seuil des portes, la capitale s'affaire et se délabre au loin et se laisse oublier, pauvre désert de bitume, mélancolique herbage de pavés. Le poète, transporté, ne songe même pas au lupanar voisin, établi dans un immeuble si penché, si ventru, que les apidistras, au rebord de ses fenêtres fermées, frôlent en face les pâquerettes d'une honnête maison où des petites filles, dans les soirs d'été, chantent d'une voix pure les rondes de David.

Il regrette de n'avoir pas l'audace d'aller se faire raser et toucher la peau par un coiffeur qui a une pure tête de bouc, ou de caresser, au passage, ces passantes pourries dans des manteaux d'un mauve abject et boursier. Il porte au peuple juif un respect maladif. Lui, qui fréquente Dieu, il sait combien, par moments, Dieu, par quelque angle du visage, évoque les fils de ce peuple. Si la morale et les réflexes de Dieu ressemblaient à ceux des hommes, il ne donnerait pas cher de la peau, dans cette vie ou dans une autre, des pogromistes... Mais Dieu saurait-il se venger, qui se plaît à se faire battre sous les espèces de gens qui ne représentent qu'une passagère approximation de l'aspect physique qu'il endosse parfois, ou qui, bien plutôt, ressemblent à ce que Dieu serait s'il était leur Dieu, et non pas le Dieu de tous que positivement il est?

Rothon se sent piqué au talon par la puce Sulamis. Hors de cette cité d'aïeules faites comme l'oiseau Tantale et du suintement biblique des venelles de rite portugais, il constate qu'un pas, soudain, quelconque mais prépondérant, le dépose sur le trottoir de la rue de Rivoli. Il se borne à traverser cette chaussée somnambulique au flanc des demeures de la vigilance éternelle.

Il pénètre tout de suite dans un autre village, mais d'ombre et d'accroupissements. Là, de l'ordure tchèque ou musulmane tapisse les soubassements. La piste du ver infligea des rails humides au rinceau des portails historiques. Les maisons, prostates moroses, se gonflent d'une population baignée d'urine et de vodka. La bouffée des fosses d'aisance manque encore de catholicisme. Sous la vitre des fripiers, des tableaux ironiques proposent des caravanes et des myosotis.

Les murs se resserrent sur le marin perdu dans les rivières de pierre. Sa propre espèce lui souffle au visage une haleine de condamné.

Et le voici qui met tout son espoir dans une bande d'air et de liquide bleu. Il la devine, il l'aperçoit au bout de ses peines. Il court. Il aboutit aux marges de la nymphe, à deux pas de quatre platanes monstrueux en haut du quai que violace une poudre de copeaux de fer (ah! toucher du fer! ah!

creuser la terre ! quelle joie quand on est du Bélier !). Les bâtonnets du tétanos courent visiblement dans la pourpre de ce sable métallique, et ceux de la lyrique gestation.

Stupide et fier, lui qui resta si longtemps dans la capitale, de ne connaître qu'aujourd'hui cet immense bout de paysage, il dévale vers le quai et sent se former en lui l'immonde aura d'un poème. Laissant se chevaucher et s'entremêler un visqueux et coupant dessin intérieur, et les vocables du type explosif que lui fournit sa fibre, et les données, imprévues autant que fatales, du décor, il accueille, pour commencer, dans le champ de sa conscience, les pppplatânes du ppppont Marie... Saisi d'un rugueux appétit de densités transposées, il dévale vers le bas-port (le docteur Belette, de Lyon, lui apprit que cela s'appelait un bas-port). Il avale par le regard, à la croupe d'une péniche, le chandail sang de bœuf d'une pucelle. Il songe que cette péniche, traitée dans les ensorcelées cuisines de l'économie syllabique, cessera de s'appeler *Strasbourg* ou *Anvers* (impossible de me souvenir du nom exact. De toute façon, il faut que je mente). Elle passera à la postérité sous le nom, par exemple, de *Mornéthune*.

Des brins de paille aux semelles, il écoute, dans le secret de ses sinus, les abeilles de la circulation idéogrammatique composer les longs et durs rayons de la poésie. Mais, pas plutôt l'un d'eux atteint l'existence, lui, Rothon, intervient, et le démolit. Il change un mot. Un vers tout nouveau en résulte, qui lui-même ne tiendra pas longtemps. Convenable dans un certain moment de la durée, dans un certain canton des choses, il cessera bientôt de l'être et Rothon, ouvrier des perfections successives de cette individualité mémorable, y touchera derechef. Il remplacera le mot pur par le mot beau, et, un jour, par le mot blanc, et, une nuit, par le mot doux. Les ourses, en janvier, deviendront des chiennes ; les chiennes, à la

Pentecôte, des chameaux; les chameaux, pendant les vacances, des rentiers; les rentiers, des pourceaux; les pourceaux, des chardons. Dans chaque version, pourtant, le dynamisme et la pertinence de l'un de ces vocables ne laisse rien à désirer à l'oreille interne qui les pesa, les choisit et les intronisa. Tour à tour supprimés, ils demeurent pourtant, spectres de l'ébauche grave, monarques déposés sous leur casque de consonnes. Leur rumeur escortera le vers définitif auquel, plus ou moins longtemps, chacun d'eux aura participé – le vers qui, coupant le fil des déductions, refusera d'évoluer encore, clamera qu'il conquit enfin sa formule, son calibre, son odeur et sa vertu et crachera du feu par tous les pores si Rothon qui le fit (ou, mieux, lui donna de se faire) tente même de l'approcher.

Admirant qu'il pratiquât une sorte de création à tempérament, il fixe et pend sa rêverie, un instant, à un énorme anneau de fer fixé au mur épais. Puis, en lui, se ralentissent les démarches et les péripéties de la divine domification. Les objets cessent, pour le quart d'heure, de retentir verbalement à l'infini chez le promoteur déjà las de chercher et de travailler.

Sous l'une des arches du pont, dont l'axe, légèrement, s'infléchit, comme celui d'un corps crucifié, le lit des clochards se compose de bouteilles rompues et de sanieuses charpies. De métalliques grues attendent de faire leur truc. Un homme passe, vêtu de velours comme ceux que, pendant sa guerre, Joffre appelait des auxiliaires. Ses mains, rejointes sur ses reins, tremblent avec le geste de demander des sous. Tous les trois mètres, il crache des bulles roses.

Noirs comme des initiales, durs comme des sexes debout qui emprunteraient beaucoup à la grâce des jeunes filles, d'autres arbres que les platanes disposent, sur la haute berge, pour velouter leur vaste et froide ramure, d'une tendre toison de feuilles, lumineuse salade qui appelle l'huile des rapins.

Devant la cabriole des langues de verdâtres morues qui, au fil des bouchons et des papiers appelés ailleurs par des épisodes urgents et mystérieux, tricotent l'onde sans cesse, le poète se demande comment se nomment ces arbres.

Chacun d'eux campe, vertical, un fleuve et ses affluents et tend en l'air, à l'extrémité d'un chandelier, un royaume avec son profil, ses chemins et, bleuâtres, ses lacs. Quelque chose d'humain, et non pas seulement de virilement torturé ou de tendrement féminin, habite leur structure. Organisés et hasardeux, incapables de se soustraire, ou n'y tenant pas, au gabarit pour eux prévu, ils épuisent, cependant, dans la fantaisie formelle de leur branchage, la liberté, combien mesurée! que leur consentent les directions biologiques. A qui demander le nom de ces arbres? Jouir d'eux sans savoir leur nom est une preuve sans pareille. D'un violet caviste, frottés de vert pomme, bâtis comme des hymnes, frères du feu qui jaillit et de l'eau qui coule, se répand et s'arrête, ils échappent par l'anonymat, à la possession, puisqu'il n'est pas possible de les emporter, non pas sous la forme d'une image tout de suite mêlée au sang et qui, peut-être, s'en ira avec les humeurs, mais bien serrés dans un vocable à consigner sur une languette de parchemin dactylographique.

– Monsieur le bouquiniste, connaissez-vous le nom, le nom de ces arbres?

– Ah! Comment le connaîtrais-je? Je viens ici depuis quarante ans. Ces arbres sont les fleurs du papier de ma chambre. Connaissez-vous les fleurs du papier de la vôtre? Alors!

– Et vous, Madame la concierge, me le direz-vous, le nom de ces arbres?

– Moi? J'ai plus de cent ans. Je suis la mère Motus. Je

leur connais quatre prénoms, car j'ai changé quatre fois d'époux.

– Et vous, jeune fille?

– Si on vous le demande, vous direz que vous n'en savez rien. Je ne suis pas celle que vous croyez. Passez votre chemin et chassez votre main.

– Et vous, gardien vêtu de vert, me renseignerez-vous?

– Ces arbres? Mais ce sont des *otages!* Ça se voit assez.

– Allons! Vous badinez.

Parmi la nymphe éparse et douce, les enseignes des restaurants que nul ne fréquente en ces heures dînatoires ni soupatoires font songer de jouissance à la fois solide et abstraite, de paradis sans intestins, sans maladie, sans tuyaux de descente, tout orné de petites nappes à carreaux, de bosquets fluviaux qui se consacrassent à l'hébergement de repas de noces idéales. Au fond du bleu panorama, les clochers carrés des églises chrétiennes, qui datent de bien avant la guerre Bazaine, ramènent la pensée vers le cas Jéovah.

La carie dentaire des rabbins regarde avec indifférence prospérer et se débattre l'église catholique. Dieu est Dieu. L'exaltation prophétique de Jésus aux blondes tignasses, jointe à la ruse de papauté couturée de rides et qui frissonne dans les courants d'air de son prodigieux culot n'y changera rien, sauf que, sans cesse résolue, la question demeure toujours entière, tout comme la Trinité. Le tout, en effet, est de savoir si Dieu qui, d'ailleurs, peut fort bien ne pas exister (sinon sous une forme épithéliale, stellaire, charbonneuse, harnachée de diverticules ovoïdes, coussinée de kystes et de madrépores au sein d'une perpétuelle fumigation que traverse le vol obèse des chlorions et des hétéronotes) a, ou n'a pas, à une minute quelconque de l'histoire contemporaine et, par exemple, au début de l'ère présente, résolu de conférer l'honorariat suprême, avec effet rétroactif, à l'un de ses fils circoncis ainsi qu'à sa propre et volatile intelligence.

Soudain – et quelle joie accueille ce qui me tire de ces méditations qui, ne fussent-elles point superflues, sont sacrilèges, et inversement, et, de toute façon, pénibles à suivre et assommantes à fixer – un chant frappe, du dedans, les oreilles de Rothon.

Dans le cadre naïf d'une fenêtre règne un bouquet de quatre marguerites géantes, trois coquelicots, deux jonquilles. L'une, blanche, chante. Cette voix, longue, se termine par des ongles couleurs de framboise, analogues au dard des streptocoques de septembre.

Goûtes-tu, goûtes-tu les quenelles,
les quenelles au gratin
lourdes de lard et de thym ?

Goûtes-tu, goûtes-tu les venelles,
les venelles des tréseaux
où l'on tremble jusqu'aux eaux ?

Goûtes-tu, goûtes-tu les rivières,
les rivières de tessons
où l'on crie entre poissons ?

Goûtes-tu, goûtes-tu les bréviaires,
les bréviaires de messieurs
les poites qui sont aux cieux ?

Non ! Non ! Non et non !
Je n'aime que le canon !

Goethe ! Goethe. Mon beau Goethe,
que fais-tu, que fais-tu
que fais-tu de cette meute

sans vertu, sans vertu,
de cette meute de cagnes
qui te sent, qui te ceint,
qui te suit dans tes campagnes,
petit saint, petit saint

Oueïl, oueïl, oueï et oueïl !
Je n'aime que le sommeil !

Là-dessus, une petite pluie se donna carrière. Le monde suspendu semblait attendre. Une perruche bâilla. Un peuplier se gratta sous l'aisselle. Une feuille de livre s'envola. Quelqu'un, au fond des hospices, toussa. Le chant reprit...

Goûtes-tu, goûtes-tu les visages,
qui ne sont pas de bois,
où tu manges et bois ?

Goûtes-tu, goûtes-tu les usages
du Nord et du Midi
que l'Équateur maudit ?

Goûtes-tu, goûtes-tu les caresses
qu'aux Japonaises font
les bouches du typhon ?

Goûtes-tu, goûtes-tu de mes tresses
les sinistres goudrons
par où nous te mordrons ?
Non ! Non ! Non et non !
Je n'aime que le canon.

Le canon arrive. De fer-blanc, il marche à quatre pattes. Il meut en avant, à grand-peine, ses membres antérieurs. Il rabat derrière lui, comme des avirons, les autres, et ne progresse que de quelques centimètres par minute. Le termine, à l'arrière, une sorte d'anus étiré d'où suinte un filet d'huile animale. Cet anus, d'instant en instant se gonflant et se distendant, laisse choir un couple de sphères qui se heurtent pour lâcher les blanches et dansantes théories des porteurs de couronnes. Parfois, avec sa tête en forme de brouillard, il parle. Le puissant écho de son discours renverse au loin les maisons pleines de punaises et les musées où, sans cesse, rôde un espoir d'incendie. Il porte, sur son flanc, deux anneaux. Le chef de pièce coule, dans l'un, son parapluie et, à l'autre, attache sa mule aux sabots dorés. Parfois, le canon gazouille. C'est qu'une portée de rossignols s'introduisit dans son âme. Il se les tire et puis les crache, mais les oisillons se changent en aigles et voilà le ciel obscurci.

Le canon a des yeux, une bouche, un poumon, des reins et des genoux et, comme la verge de Louis XVI, un frein. Il aime d'être flatté.

Qu'on le délaisse, il sanglote. C'est la bête à bon Dieu dans toute sa grandeur. Les hommes l'adorent d'une aile tendre. Ils donneraient, pour lui, la croix, la bannière, la littérature et leur sœur. Ils lui préparent des guirlandes avec la ligne des collines. Ils lui sacrifient des lapins étoilés de fleurettes bleues. Ils l'encensent à l'aide du sang des laboureurs. Ils le font chauffer à blanc afin de l'introduire dans les mammouths et les gigantesques bisons et que cuise vive la carne. Ils enroulent à son tube sacré la lande et le ciel. Ils se grisent d'obscurité dans sa caverne cylindrique. Ils l'enduisent de couleurs chatoyantes et taillent dans son métal des colliers pour Jeannine.

Ferme sur ses pattes de devant, le canon, allègre, rue. Il se livre à des galipettes. Il manque de tomber. S'esclaffe. Son rire a le grelot des vieilles porcelaines et disperse au vent les lettres royales que l'attentif ciseau grava dans ses courbes pensives. Ensuite, escorté du ronronnement des machines volantes, de la reptation des torpilleurs, du branle des trajectoires qui, comme les cigognes, n'ont qu'un pied rougeoyant, de toute une mouvante bouillie de projectiles et d'engins, il file, ironique, roudouillard, astrologue le plus célèbre, apothicaire le plus sollicité.

Lui succède, sur le plateau que Rothon présente au populaire, un grand bateau qui, puant le vernis, glisse à toute vitesse sur sa quille et emporte avec lui la frange de carton, au profil ondulatoire, figurant l'océan. Tous les animaux de la terre grouillent dans les cavernes de ce bateau. Rangés le long de ses bastingues, des singes, rigoureux et parallèles, tiennent des hallebardes, sur la toile de fond de notre bienveillance, évocatrices de l'averse. L'ours qui se dandine en rêvant d'une paire de boutons de manchettes, le chien qui renversa Rousseau devant une marchande d'hamamélis, le cheval que tourmente le staphylocoque de la peinture murale, le lion nourri des charognes de la contribution indirecte et l'hippopotame, mâtiné de concierge, que l'infanterie légère mitrailla dans les entresols de la rue Transnonain, sans compter le tragule médiamnique et le kangourou des théâtres subventionnés, galopent, sous le fouet d'un vieillard lubrique, vers la trappe centrale. Y tomber vous procure un sentiment bizarre. D'abord la chute est atroce et normale. Le cœur vous manquant, vous poussez le cri. Et vous dites, l'espace d'un éclair : « Qui est-ce qui le finira, mon reportage? » Puis, la seconde que vous pensez toucher le sol dans la cale et vous y rompre, une sorte de matelas atmosphérique vous reçoit et la descente ralentit. Vous atterrissez sans secousse, le mufle dans le blanc du ventre et, comme le dieu germanique, votre queue de crins sur l'œil gauche. Là, sans comprendre, ni toutefois vous tromper, vous gagnez votre stalle où la bonne épluchure ou bien la gousse fraîche attendent vos mâchoires diverses. La tigresse Vénus et la baleine Ruth se font la révérence. Le chat de la beauté se glisse entre toutes les jambes. L'écureuil saute, au cervidé, de branche en branche par le platane évolutif et le polype, seul dans un coin, bien visible, éternue avec force pour montrer que, de sa présence odieuse, il délivra l'épaisseur de notre fécule. C'est un épique brouhaha. Cependant, l'une après l'autre, s'abîment les espèces. Bientôt, sur le pont, le vieillard au fouet, nu sous une serviette crasseuse, ne demeure en présence que de son ombre, aussi barbue que lui et non moins déjetée.

– Va! lui dit-il. Va rejoindre les autres bêtes. De toutes, certes, c'est toi la plus dangereuse. Va, mon ombre, fille du mal!

– Je n'irai pas, fils de Lamech!

– Je te dis de marcher, casserole! marmite! Ma femme, mes fils et mes petites m'ont obéi. Seras-tu plus coriace que ma famille? J'ai six cents ans aujourd'hui.

– Et moi aussi, tiens!

– Tu réponds... Tu réponds... Toi, ce que l'univers connaît de plus plat, plus plat que la mousseline salivaire et l'amphibie stégocéphale, tu oserais te mettre à ma traverse! L'exemple de tant d'espèces farouches ou saugrenues qui m'obéirent sans discuter, il serait pour toi comme un présent de nul prix, ainsi que dira, je ne sais pourquoi, Bossuet?

– Tellement, tellement plate je suis, mon ami, que je ne peux m'aplatir davantage.

– Barrabas! Barrabas! Toi, la compagne noire et continuelle de mon corps, toi! C'est toi qui me causes un tel ennui, à l'aube du jour le plus beau de ma carrière noachique. Écoute... Je te ferai des lits de sacs superposés dont chacun renfermera de l'or ou des opales. Je te donnerai des servantes à la peau bleue recrutées parmi les gorilles qui sont presque de race noble. Mais obéis-moi. Que dira-t-on de moi si, de la ménagerie du monde tout entier, tu refuses seule de connaître ma loi? On dira que je les paie, les autres, pour me faire entendre d'eux. Un amiral qui paie ses gens... On ne voit ça que chez les Anglais. On dira encore que je ne dispose d'aucune autorité personnelle, que je n'agis que par délégation de pouvoir. Mon ombre, ma petite ombre, si douce, si froide, si berrichonne, si vieille, ne me fais pas ça. Va rejoindre les autres. On est si bien en bas. Il faut que je sois seul, seul, seul, quinze fois seul. J'ai à faire avec Dieu. Il n'aime pas les femmes.

– Dispose-toi de sorte que je colle au grand mât. Dieu me prendra pour un homme maigre et cylindrique.

– Pour commencer, il n'y a pas de grand mât. Ce que tu prends pour le grand mât, c'est une pile exacte de camemberts gyroscopiques. Ensuite, comment oses-tu croire que Dieu se laissera jamais berner par toi?

– Oh! tu sais... Il n'est pas si fort que cela. Quand il voulut donner à ton père adamique la faculté des humeurs tristes, il ne sut que lui barbouiller de suie la moitié de la bile. Il baptisa mélancolie cette moitié. La mélancolie engendrant la métaphore, quel beau panneau mural pour le futur palais de l'école d'hydrographie dans Babylone restaurée!

– Silence! Dieu va m'apparaître. Je le sens à mes rotules. Et tu te démènes. On dirait que tu veux attirer son attention. Tiens! Attrape! Tiens! Attrape! Vas-tu partir, maintenant?

– On ne décide pas les ombres avec du chanvre tressé, vînt-il de ton pubis patient et chimérique, ô Noé!

– Quoi! Moi, le second père de la race, moi qu'entre Job et Daniel les peuples béniront et dont le nom veut dire que je suis résistant, il faut que je subisse tes brocards, moi, l'homme juste...

– L'homme juste? Tous les rabbins ne seront pas de cet avis. Puisque te voilà presque un ange, tu sais déjà ce qui se passera sous la tente, dans le vignoble. Veux-tu que je te le dise? L'ombre élucide.

– Assez! Nous discutons. Nous nous échauffons. Là, calmement, gentiment, ne veux-tu pas t'en aller? Dès que ce sera fini, je sifflerai.

– Non.

– Et elle me dit non! Garce! Salope!

– Mais, à la fin, pourquoi veux-tu que je m'en aille? Dieu connaît bien mon existence. Une ombre, la petite ombre d'un centenaire six fois poudreux dont certains diront qu'il fut un bel abruti et que Dieu ne le sauva de la destruction totale que parce qu'une âme sauvée, la plus quelconque, et peut-être la plus abjecte, sauve, du même coup, le monde tout entier, la petite ombre d'un bonhomme dont l'impuissance fit faire des gorges chaudes pendant des siècles à toute la contrée entre Apellatax et Jérimadeth, jusqu'à ce qu'au dernier moment, en vue du repeuplement postdiluvien, Dieu lui enjoignît de prendre femme et lui donnât de la féconder, cette ombre troublerait le maître innombrable? Allons donc! Tu me fais rigoler. Je reste.

– Dieu, qui m'a choisi, doute de moi. Je vais te révéler un secret. Quand je suis né, mes cheveux avaient la couleur de la moelle du sureau.

– Tu veux dire qu'ils étaient blancs? Dis qu'ils l'étaient! Sacré Noé, va!

– Si tu veux. Mes cheveux étaient blancs et mes yeux roses. Mon corps présentait la teinte et l'éclat de la neige dans un pays où neige on n'avait jamais vu. Je faisais, sur la robe noire de l'accoucheuse, une si singulière tache que l'on cria d'abord au lépreux, et puis au sale chien. Ma mère tremblait pour sa peau et pour la mienne. Les journaux ont raconté cette vieille histoire, et comment Lamech, que ma vue faisait frissonner de froid cependant que l'éblouissait mon miroitement, se tapissait de couvertures de laine et mettait devant ses yeux des lunettes de lin fendu. Il s'adressa à Enoch, lequel avait déjà chez les anges un pied. Enoch lui dit que je serais quelque chose dans les légendes. Ce n'était pas très clair, mais mon père fut rassuré. Quand, à l'âge de cinquante ans, je fis mes premiers pas, je lui causai un nouvel étonnement. Je ne possédais pas d'ombre. J'étais pur. On n'avait jamais vu rien de tel. Enoch, consulté, prit un air entendu. Tout allait bien. Ah! Bouc! Bouc et gymnote! Bouc, gymnote et chlore suri! Quand j'atteignis ma cent quarantième année, un soir de lune rousse où le vent décornait les vipères, je...

– Tu?

– Je... Enfin... Déjà... L'histoire de la tente... Une anticipation. L'horrible démence de la solitude... L'herbe tendre de ma propre jeunesse... Ivre dans l'odeur du phosphore, horriblement content d'avoir, par le truchement de cette main exécrée, réconcilié le paternel Adam avec la reptilienne allégorie qui décore l'organisme des mâles, mais sûr, au fond de moi-même, sûr et certain d'avoir péché, d'avoir tenté de rétablir dans sa primauté virginale la circulaire Isis que Bouddha répandra, je connus que mon épanchement, confondu à l'opacité de la nuit et faisant le pont entre la ténèbre de mes glandes et celle du mal éternel, me vaudrait de traîner désormais la nuit à la juste mesure du vaisseau de mon corps. Les yeux de Dieu te discerneront contre ce parquet que tu souilles. Ils suivront avec une amère avidité le contour étalé de ma vergogne ancienne et future. Peut-être, se souvenant tout à coup de ce que ma vigoureuse innocence tenta pour l'ébranlement de sa puissance, me retirera-t-il le commandement de ce rafiau et m'enverra-t-il rejoindre, au cœur d'un saignement de nez, le crachat des machinistes.

– Je ne te comprends pas. Le péché que tu commis ne te désole tant que parce que les signes d'une riche pureté, dont s'accompagnait ta naissance, te promettaient à une illustration que tu trembles de n'atteindre point en raison de la marque infâme que tu traînes. C'est toi qui, te comportant comme un galopin, déterminas celui qui nous régit à submerger le coupable univers. Comment peux-tu te flatter que, même si cette ombre spéciale, minuscule, vénielle que je suis consentait à disparaître momentanément, il ne distinguerait pas ton ombre véritable, celle qui porte cette nef et qui précipite ses flots crépitants sur les empires, sur les campagnes – elle, l'essence du déluge. Enfant! Petit enfant sous la casquette galonnée! Blanc, en effet, si blanc! vieux farceur de colombes!

– Moi, je ne me vois pas blanc.

– Tu trembles toujours et toujours tu tentes. Tu n'as pas dormi une heure depuis que, fier comme un juge de paix, tu te mis à construire cette arche. Tu as du Seigneur une peur terrible et, cependant, dans ta caboche fripée, tu te félicites de l'excès de cette soumission craintive, tout disposé que tu te sens à tirer, de nouvelles incartades et transgressions aussitôt recensées et redoutées par ta pieuse docilité, une fiévreuse volupté. Tu te fais bien jouir avec ta conscience. Chrétien! Chrétien avant la croix! Allons! Dieu est là. Baise-moi!

– Que je... que je t'embrasse?

– Dépêchons-nous!

Noé, vers son ombre, tombe à genoux. Il a tout à fait l'air d'un moine. Ses épaules frissonnent. Sur son crâne chauve, calottes de crasse. Le vent agite la dentelle aiguë de ses cheveux blanchâtres. La voix de Dieu retentit. Et le dialogue historique s'engage entre le nuage sublime et le kroumir, à plat ventre maitnenant, et dont la bouche épouse celle de son ombre.

– Tu vas bourlinguer sur ce rafiau (comme tu dis) pendant cent cinquante jours, étant bien entendu que chaque jour vaut cent mille jours. Tes coudes saigneront. La rage, contractant tes muscles, t'interdira de boire, et tu grimaceras de soif au sein de la grande marée. L'humidité décollera la peau de ton ventre et l'amaurose insomniaque sèmera sur le dessous de tes paupières des constellations qui te rendront fou. Tes bêtes se battront. Ta femme t'injuriera. Tu te feras fondre de la brique dans les oreilles afin d'échapper au mal de mer. Puis la paralysie te dominera. Tu ne parleras plus qu'avec le côté droit de ta bouche. Tu traîneras ta jambe comme une poutre. Ton fils Cham te jouera des tours. Frappant sur un tambour fait d'une épave séchée, il fera danser dans leurs bauges les animaux frénétiques dont les sabots martèleront dangereusement ta sale camelote nautique. Paralytique, enragé, tu inventeras l'agriculture, les courses de chevaux, l'analphabétisme, l'esclavage et les sociétés anonymes. Un étranger, un soir, t'offrira ses services, et toi, qui le reconnais sous son turban marqué de l'émeraude, tu les accepteras. Lui, le bandit, le très ingénieux bandit, il irriguera tes coteaux avec le sang régulier des servantes et tu trinqueras avec lui au vin épais de ta vigne.

– Seigneur! Seigneur! J'ai peur! Tu me déchires. Moi que tu aimes tant, se peut-il que tu prennes plaisir à me désespérer. Ce n'est pas vrai que tout cela va m'arriver? C'est surtout de la rage que j'ai peur. N'y a-t-il rien à faire contre elle? La tête du hérisson, si je la broyais et que je la mange, j'ai idée que cela pourrait me guérir. A quoi cela sert-il, un hérisson, à quoi? Est-ce que tu me permets de supprimer le hérisson? Ah! pitié! Aie pitié!

– Pitié... Moi?... Tu boiras jusqu'au bout le calice de la pluie, et du vin, et des honneurs responsables. Chacun de tes fils te manquera de respect. Tes enfants seront scrofuleux et tes petits-enfants atteints de goitre exophtalmique.

– Il n'y a que toi, Seigneur, pour forger des mots semblables. Mais le hérisson?

– En effet, le hérisson... Je ne dis pas non. Tu fonderas Jérusalem et l'on t'appellera Melchisedec. Tu fonderas Rome et l'on t'adorera sous le nom de Janus. A la fin, tu ne sauras plus si l'histoire du déluge advint au vigneron roublard qui la raconte sous sa treille ou bien à Enoch, qui fut un autre type que toi! Tu commettras des faux pour prouver que le héros c'est toi, Noé, c'est bien toi. Je te vois déjà soudoyant avec succès des interpolateurs. Sacrifie-moi des œufs et des chèvres puisque de tels sacrifices sont encore à la mode. Surtout, conserve ton ombre. Elle te servira beaucoup. Désormais, pour moi, tu t'appelles Saint-Pierre. Va.

L'arche disparaît.

Rothon tournoie.

Il se heurte aux murs de la ville ressuscitée.

Et voici que grandit dans le ciel de cinq heures la formidable obscurité des mains colossales qui s'ouvrent. Le temps d'un paquet d'éclairs, on distingue le détail chiromancique des lignes de chance, d'amour, de justice et de cruauté.

Rothon voit, partout, des pendus qui se balancent, qui se balancent, aussi à leur aise que s'ils siégeaient sur des escarpolettes. Ces pendus pendent aux maisons, aux marronniers, aux réverbères, à la gargouille des nuages. Chacun d'eux porte une ample robe d'un bleu lourd. Terrifié, Rothon meurt de peur avant de mourir de mort. Les anges en robe bleue (car ces pendus n'étaient autres que des anges) le hissent et l'emportent.

Deux oiseaux, cependant, dont l'un est comme un ours gracieux et tout rond, officient maintenant à l'endroit où périt le rimeur écrasé. Pendant des années, les deux chers animaux vont grandir côte à côte, entremêlant leurs sourcils et leurs jeux. L'un est mince, et toujours au moment d'étouffer. Sa statuette de laitage subtilement doré danse avec la rude grâce de toute absence de sexe. Ses yeux sont verts. Quand la colère, reine des trépignements, ne les durcit pas, ils rient avec une aimable malice sous le front bombé. Caneton aux chandails de poupée, le cœur très gros et une trace de rachitisme à l'angle trop sec de l'épaule, il pourrait s'appeler Catherine, comme la Médicis et celle de Russie, en raison de ses mains plutôt carrées, d'on ne sait quoi de trapu vers le corset, de soudé du côté des blondeurs de la nuque, et de l'autoritaire mouvement d'une ébauche de cotillon sous le minuscule derrière sans plumes. Comme Bonaparte, il a les cheveux en mèches. L'autre, l'ours donc, s'esclaffe. Ainsi un ballon crève, une fontaine coule. Tous les trois pas il s'écroule sous le poids de sa chevelure en grappes. Ses détentes lui échappent, cavaleries. Veut-on l'étreindre ou l'embrasser, il vous décroche, dans l'excès de sa jovialité, des coups de talon au bon endroit.

Pour jouer, ils disposent de deux grandes aires, côte à côte qui, parfois, se mettent debout, qu'ils grignotent de leurs petites dents de riz, qu'ils piétinent avec le manche des tenailles du néflier de l'avenir.

Chante, Cheveux-en-Mèches !

Chante, Cheveux-en-Grappes !

Là-haut, là-haut, derrière les sept creux, les quatorze

murailles d'anis, les huit rivières parallèles dont chacune berce une jonque à la voile taillée dans un cahier de rites, et derrière, encore, les treize haies d'immenses corolles de granit rouge, favorables à l'aptitude musicienne de qui les contemple, les soixante-treize horizons béatifiques et la myriade des systèmes accomplis, et derrière, finalement, la fantastique pouillerie des cimetières de dieux et l'amygdale éparse, et bientôt phallique, des vierges sacrées dont chacune, dans le dernier recoin de son sang nébuleux, dix mille fois héberge un empire solaire, plus haut même que l'almémar de la synagogue de Padoue et que le clou hérissant la flèche de Notre-Dame pour ensanglanter les martinets tournoyants, l'âme de Tothon décédé atteint la mosaïque infernale où reposent les énormes sandales du père que nous adorons.

L'âme vole, comme le derrière d'un lièvre, sur les duretés grisâtres de l'orteil de la Première Personne. Elle se noue à la laine pelucheuse de la robe. Elle fréquente, elle épaissit la buée du souffle homicide. Elle se pend, telle la taie des cataractes, devant les yeux et, diffuse blancheur où transparaît la ride, tapisse le front du Seigneur. Soudain, alors qu'explose, pour se répercuter de montagne en montagne à travers la matière première, la colère de Dieu, et que les anges pectoraux sursautent au loin devant les troupeaux de licornes salées et de taureaux frisés au petit fer, l'âme de Rothon, la vilaine! s'épaissit, obture la personne épiphénoménale, la cerne, la force. Sur le fauteuil d'apparat, que l'anthropomorphisme forgea dans ses mansardes, siège maintenant une nuée vocabulaire et prosodique. Comme le dos des cétacés la pellicule des mers l'accidente le détail d'une broderie manichéenne ou d'un tortillon de barbe.

Aïe! Aïe! Aïe! ma mère Aïe! Aïe! Aïe! ma dent! Pourri par les pluies, par les urinages nocturnes des figurants pressés, le plancher du théâtre s'infléchit. Il cède. L'âme, le trône et l'espace céleste fichent le camp. Sur le rivage de la brèche, un rat, qui traîne, collée à sa queue, une couronne de carton doré, galope follement. Le canon, perdant ses tripes, survient en hurlant après le directeur.

Avec un air expert, une rosée de plaisir solitaire, une pipe continue à fumer toute seule. Et le rideau tombe sur le premier acte, dans un fracas de cuivre orné, à la syncope, par un tintement de ressource au fond des bois où siffle l'oiseau du Bantou... où siffle l'oiseau du Bantou... où siffle l'oiseau du Bantou... l'oiseau du Bantou... l'oiseau du Bantou...

ACTE II

Le tam-tam bourdonne. Le tam-tam bourdonne au loin sourdement. Le tam-tam bourdonne. Le tam-tam bourdonne au loin sourdement. Le tam-tam fredonne le chant de la guerre et de l'amant. Le tam-tam résonne sous le bois épais et dormant. Le tam-tam n'appartient à personne. Il arrive de la patrie du dément. Le tam-tam a la figure de l'anémone.

Je marchai longtemps. Je marchai sur la route héroïque du pont des paquebots et du couloir des trains, sur la route exigeante et coûteuse de la neige flexible et des plages connues. Parfois je faisais un pas dans le pâle terreau des livres. A d'autres moments, j'aventurais mon quarante-quatre fillette parmi le rude chaume des affaires. Les mollets un peu tremblants, je progressais sur la corniche du comptoir des restaurants de souteneurs et dans la connaissance du cœur des ballerines à Barcelone et à Kobé. M'éventant, désinvolte, avec le sac en papier où vomir, j'allais de nuage en nuage, afin, quand ceux-ci me crachaient ou me pétaient dessus, de situer sur terre le paradis. Je marchai, surhomme qui part pour l'Amérique comme d'autres pour Bourg-la-Reine, mais, aussi, goinfre qui chipe des paysages dans toutes les assiettes, richard démuni qui, par la portière, tend sa sébille aux villes coudoyées, aux forêts entrevues. Je marchai dans tous les azurs de l'affichage touristique. Tandis que je marchai, le globe tournait dans le sens opposé à celui de ma marche, si bien que je n'avançais guère. Mais je marchais.

Après avoir passé bien des nuits dans des cases de toutes les façons, où les notables, dont le nez ressemble au canon d'un fusil de chasse, m'apportaient le poulet, les œufs de gazelle, la galette de manioc tavelée de rites primitifs et un lot de jeunes filles au choix, j'arrivai, un matin, vers les cinq heures, au chef-lieu du cercle de Damana. L'administrateur, un jeune motocycliste, me précisa que plus rien n'était à voir, que les grandes routes avaient tout gâté, que les petits crocodiles en fer qu'on me vendait venaient de Lons-le-Saulnier (Jura) et que toutes les femmes se grattaient. Cependant, il s'empressa de me faire conduire, par un des concierges de son palais, à la limite du cercle, lequel, entre parenthèses, décrivait sur la carte un des plus beaux rectangles que j'eusse jamais vus.

Dans les régions où ce cercle à quatre coins confinait au cercle voisin, l'administrateur exerçait une surveillance moins étroite et une bonne part des anciennes coutumes subsistait, notamment le troc, l'animisme, la lévitation et la lycanthropie. D'un village à l'autre, au fil de ma promenade, croissait l'étrangeté barbare des visages et des ajustements. Nulle part, pourtant, ne manquaient, contre le tronc du baobab des sortilèges, l'officielle boîte à lettres, peinte en bleu, et, à l'angle du rustique magasin de bois d'escoube et de peaux de zébie, la rouge carotte des débitants de tabacs. En outre, *Paris-Six-Heures* arrivait dans cette brousse, quoique avec quelques jours de retard (mais quel que soit le jour, six heures du soir reviennent toujours).

Seul dans ma brouette, les semelles raclant parfois le sol, je finissais par trouver bien fatigant ce voyage et d'une monotonie sans recours les hymnes en mon honneur improvisés par mes porteurs.

Qu'il est gros ! Qu'il est grand !
Quand je le vois, je ne sais pas où me cacher.
Il a des fèves et des oignons plein sa poche.
Il n'entend même pas glapir les lions
Dont il a marché sur la queue.
Pour peu qu'il lâche un vent
Les forêts tremblent sur leurs pattes de derrière
Et la Grande Ourse se met à barrir
Dans le phalénopsis de notre gratitude.
Ayam ! Ba ! Ayam ! Ba !

A la fin de chaque strophe de ce vers ibrisme de stricte observance, ces exclamations, proférées sur un ténor aigu que concluait une sorte d'éternuement guttural, me faisaient sursauter désagréablement. Je mesurais, à mon inaptitude à comprendre la valeur ou la vertu de ce refrain dont l'articulation sauvegardait prodigieusement mes bonshommes de la faim, de la soif et de la lassitude, toute la distance séparant des nôtres leurs habitudes profondes. Je redoutais que l'apparent accord de ces peuples et de moi-même sur certaines évidences euclidiennes et cartésiennes (donner, prendre, marcher, s'arrêter) ne constituât de leur part qu'un provisoire et méprisant hommage à ma vanité, ou un effort vers mon imbécillité. Justement, un pli du muscle, une étrange fossette, du genre de ces belles fossettes de joue ou de menton qui excitent en moi, qui en suis dépourvu, une bizarre jalousie quand elles m'apparaissent sur quelque visage, se creuse, à chaque pas, sous l'omoplate, dans l'échine du laptot qui me précède. Elle me nargue. Dans le cuir sombre de cette échine, elle sourit en me narguant. Je me répète qu'on est mal venu à faire le malin quand on se laissa dompter par une poignée de lascars de l'infanterie de marine coiffés d'une moitié de meringue crayeuse. La fossette dorsale descend, muettes montagnes vaincues que surmonte le gibus des roitelets et qui entoure d'une auréole doucereuse le vol des mouches tsé-tsé. La fossette du dos noir me regarde et sourit, comme un œil indulgent et supérieur. J'essaye de me rattraper à l'idée que nous, les blancs, nous n'avons rien à craindre de je ne sais quelle politique ou militaire cohérence de la race nègre, détentrice supposée de connaissances magiques dont la possession vaudrait, pour elle, beaucoup plus que nos arsenaux et que les empires qui sont de ce monde. Mais je ne parviens pas à distraire mon regard de cette échine bantoue d'insolence et de moquerie.

Mon devoir est clair. Je passe mon doigt sur l'horrible distance de bêtise nordique entre mon nez et ma bouche. Je m'attarde complaisamment à l'odieuse brosse de mes moustaches taillées à la mère Caïne. Mon grand corps roussâtre à l'aise dans sa chemise exacte, dans ses culottes de cheval (de cheval et pourquoi pas d'âne?), je saisis mon Smithson. Lui faisant épouser, par la crosse, ma main dont les crins roux sont la mâle parure, je vise, à peine empêché par les cahots de la brouette, la facétieuse fossette.

Nous progressions à ce moment, mes chers amis, sur un ruban de sol dégagé où personne n'avait jamais passé mais qui, en raison des obscures finalités d'un urbanisme cosmique, était un sentier aussi parfaitement qu'une plage est une plage, à savoir une arène propre aux divertissements balnéaires, même si, pendant des siècles et des siècles, elle ne reçut pas un seul crétin vêtu d'un maillot et avide d'en épater d'autres!

La détonation de mon Smithson ne fit guère plus de bruit qu'un anthrax qui se débouche. La chair que j'avais voulu meurtrir demeurait, devant moi, saine, paisible et chocolat. Mes porteurs, cependant s'arrêtèrent, le pied droit en avant. Tous, d'un seul coup, laissèrent tomber les caisses pleines de lampes pour la tempête, de flanelles de rechange, d'ampoules de sérum. D'un jet de lanière, mon Smithson me fut arraché. Et je me trouvai, hors de ma brouette, collé à un arbre à moutarde, devant ces salopards, qui riaient en ouvrant des bouches plus vastes que le mot *canamaré*. Ils me montraient du doigt et puis ils échangeaient des bourrades joviales. Ils étaient trente, et même soixante, vu que chacun d'eux comportait un appareil reproducteur aussi gros qu'un enfant de chœur. Moi je tremblais. Mes genoux s'entrechoquaient en sonnant creux. Ruisselant de toute la hauteur de ma stature le long de mon arbre à moutarde, je finis par m'accumuler sur le sol. Alors, sans me faire de mal, mes porteurs me remirent dans la brouette et nous continuâmes notre route. Par dérision, ils feignaient de soutenir des fardeaux sur leur tête à l'aide de leurs bras relevés. Nous nous enfonçâmes dans la secrète splendeur des forêts.

Quoique mon état d'esprit fût celui d'un monsieur bientôt embroché, au-dessus d'un feu doux, sur une tringle perçante, ou préparé entre deux lits de galets brûlants, je ne pouvais me retenir d'admirer au passage cette pullulante provision de figues végétales où s'épanouit le fortuit dans une formule qui, pour chaque champignon et chaque dragonnier, se proclame achevée, satisfaisante, irrémédiable.

De ces naturelles destinées je comparais, non sans amertume, le libre déroulement avec la contrainte et la perversion où nous soumettons les nôtres, nous qui, sous certaines perspectives, nous amputons ou nous développons abusivement, et finissons par considérer comme d'authentiques organes les faux nez dont nous nous hérissons et qui acquièrent, en effet, la faculté de saigner.

Bien entendu, je n'entendais pas établir, entre l'artifice humain et la bonne franquette inhumaine une comparaison au bénéfice de celle-ci, qu'illustrent nos seigneurs les arbres, et au détriment de celle-là dont j'étais, dans la circonstance, le représentant le plus autorisé. Je crois que, sûr de mourir, sous peu, d'une manière atroce, je regrettais, dans l'ultime canton de ma cervelle qui ne fût pas envahi par les moas de la peur, que l'éducation ait fait, de la brute légumineuse, une exquise, une délicate chose à claviers... Et puis, non! Je songe aux signes évidents de détresse et de terreur donnés par les animaux sous le couteau. Je ne peux contester que, dans la notion qu'ils ont de leur propre importance, les animaux et les hommes blancs se valent exactement.

Nous parvînmes sous une vaste cloche à fromage aux parois de feuilles transparentes ensemble cimentées par la colle de toutes les teintes vertes. Certaines branches, plus droites, plus nues que des bigues et vernies par les pieds, les mains et les queues des cynocéphales perçaient, çà et là, les arides vitrages de la végétation. On ne discernait pas une barbe de ciel. Les bruits, dans ce lieu circulaire et recouvert, subissaient un régime extraordinaire. Chacun d'eux faisait le tour de la cloche à fromage, grimpait au sommet intérieur où il se brisait en quatre bâtons vermeils dans la pulvérulance cendrée. J'essayais de reconquérir ma liberté et mon prestige en proposant, d'une voix sans timbre pareille à une lettre refusée, de signer des chèques, de téléphoner à mon oncle, pour la rançon, du plus proche poste français. On me répondit par des gestes éloquents qui suspendaient dans l'air, à la hauteur des visages, le profil, habilement dessiné, d'un

« nas » avec son panache. Mes sauvages m'attribuèrent cependant la dernière ration alimentaire dont nous disposions, eux-mêmes se contentant d'appuyer fortement leur index entre les deux tendons de leur nuque, manœuvre qui apaise la faim et, selon les modalités et nuances de la pression, confère au repas substitutif le goût de tel ou tel plat, porcelet aux pousses de manioc ou rognons de lion aux pépins de banane. Mammifère ignoble, je mangeai.

Par une porte de feuillage triangulaire et qui s'ouvrit en s'abattant sur le sol, pénétra dans notre cloître un singulier personnage. La hure peinte de fromage blanc, il endossait un manteau emprunté à la peau des chatpards et, subsidiairement, à quelque cantine de voyageuse dépouillée. Le chaussaient de grandes bottes de carabinier du tsar terminées, en haut, en avant, par un fleuron de cuir bilobé. Il portait un casque de poils et de plumes, sinistre omelette. Ses mains, agiles et minuscules, suggéraient l'idée du simiesque, du foncé, mais, en somme, elles étaient claires, vraisemblablement délavées dans le bain des treize aromates, si bien que la saillie de leurs veines y peignait une ombre soigneuse et visible.

Se mettant face à l'ouverture restée béante, il étendit en avant ses bras parallèles et se mit en marche. Tous, à la file indienne, l'imitèrent, levant le genou avec cérémonie. L'ouverture épousait exactement le hautain polygone des corps athlétiques. Traîné et poussé, j'entrai à mon tour dans le triangle. Je déplorais, maintenant, de ne pas faire, tout bonnement, partie de cette équipe, de n'y figurer qu'en qualité d'étranger bon à bouffer.

Nous accueillit une obscurité qu'accidentaient des traînées brillantes. Je ne pus établir si elles dessinaient, au fil des serpentins translucides, la distribution enchevêtrée des diverses sèves ou la mensuration des températures et des résistances à l'intérieur de ce léviathan de chlorophylle, ou si elles encadraient, çà et là, d'un coup de pinceau phosphorescent, certaines masses florales, une feuille exceptionnelle, une rose du grand Équateur assise dans l'immobilité. Sur un tapis de sèche douceur, nous allions. Défilions-nous entre des arbres et des arbres ou dans la matité d'un seul tronc d'arbre, de préférence vertical ? Les cris de l'olibrius botté nous guidaient. Nègre dans le tunnel, chaînon de la chaîne, article de l'animal, je sentais à chacun de mes pas retentir en moi le jeu des tendons et des tissus de notre troupe et je souhaitais terriblement que cette procession ne s'achevât point. Mais des tulles bleuâtres se mirent à pendre aux cornes et aux poings des arbres peu à peu modelés dans la pâte du jour imminent. Des chandeliers de clarté diurne apparurent au loin, aussitôt enlevés, mais revenant aussitôt plus nombreux. Sur deux modes, la forêt s'éclaircissait. Elle était donc en bon chemin pour se résoudre et s'épuiser. Ainsi en advint-il. Les derniers pelotons de matière verte, fort aérés maintenant, étendaient entre eux de minces prolongements aux maigres toisons. Mais, de plus en plus vidés de conviction, ils se courbèrent à ras du sol, coururent un instant comme des phacochères blessés et, finalement, se résolurent dans l'infime épaisseur d'un gazon teigneux d'où émanèrent, libres et glabres, des pentes froides. Çà et là, un cactus rose et cannelé, rasé de près, tendait vers le haut deux appendices inégaux et recourbés. Au loin, parfois, trottait la silhouette vaporeuse d'un gorille blond. Je compris que nous étions parvenus sur les hauts plateaux d'Assabouïam. Cette opération mentale attestait la persistance de mon intelligence et de ma culture. Elle me porta désagréablement à me souvenir de moi-même et de ce qui m'attendait. Mais comment diable avions-nous fait pour atteindre si vite le quarante-troisième degré de longitude? Il n'y avait pas de doute, pourtant. Je reconnaissais la flore et la faune si magistralement décrites par Maurizius. Le gorille blond ne trompe pas. L'air, en outre, était glacial. De petits tapis de neige parlaient, à mon imagination, de banquets, de fraîche literie, d'aménagements idylliques dans une Europe pleine de fiancées et de fraises des bois. Un instant, je me crus retourné, dans mon département natal, par le canal de la frondaison, à travers la terre. La terre se rit de nous, minuscules acrobates, mais, quelquefois, peut-être, elle consent que la terre possède un lingot d'homme marchant au pas, au pas, camarade! au pas...

Un coup de poing dans le dos me réveilla. La peur, de nouveau, m'inonda. Dans mes inguinales vallées, elle coulait avec le bruit des cataractes.

Nous nous trouvions au sommet de la convexité d'une corbeille de terreau, loupe grasse et noire à même la blancheur polaire. Autour de moi, les tam-tams reprenaient leur musique. Elle reposait sur trois frappements successifs que sépare un intervalle de deux secondes. Du premier au troisième frappement, ils doublaient, puis triplaient d'intensité. Entre chaque groupe de chocs grésillait au fond du ciel un hennissement métallique et assourdi. Cet impitoyable procédé eût rendu folle n'importe quelle marchande de journaux, pourtant rompue au boucan des avenues. Mes yeux, où que je les jetasse, se heurtaient à une muraille de colosses vêtus de peignoirs crème ou lilas. Des paquets de papillons paissaient la sueur de leurs occiputs, pareils aux accessoires d'un jeu terrible. Leurs infatigables paumes scandaient le chant sauvage des tambours invisibles. Ils semblaient aussi conscients de la décorativité de leurs attitudes qu'un voyou marseillais, ou napolitain, ou londonien, de la pittoresque efficacité que comporte son accent. Ils marquaient prodigieusement le pas. Serviteurs d'une discipline rigide, ils s'attachaient à ne progresser vers moi que d'une manière presque imperceptible, propre à faire durer, mûrir, juteux, l'épouvante, mais favorable aussi à la production d'un état d'abrutissement aux vertus apaisantes.

Le front circulaire de l'orchestre manuel finit par délimiter un espace de la valeur d'un mètre carré, mon misérable domaine. Presque à bout portant, le relief des visages, des broderies et des bijoux me violentait la conscience. Ma gélatine enregistrait positivement le toron des lainages et l'ourlet grumeleux des cicatrices. Parfois, comprimé par les images trop voisines, je regardais le ciel, où évoluaient des nuages. Iris que le vent effiloche, flocons cuisiniers avec une exsudation plombée, ils s'amenaient, à toute vitesse, hors des réservoirs de la nature, pour passer au-dessus de nos têtes juste à l'heure de ma captivité et de mon supplice. Et moi, à travers les intimes démarches de mon émotion, je saluai la vieille organisation de ce monde et ce fantastique travail de régie qui, autour de n'importe quel incident, distribue – glaciers ambulants, nuages, chiens perdus, moineaux du Luxembourg – les figurants convenables. Soudain, les gaillards me cernant laissèrent jaillir vers le ciel leur bras droit. Clochers musculeux, poteaux charbonneux, ces bras, fermés de poings puissants comme des têtes, élevaient, chacun, une de ces lames d'acier que le dictionnaire appelle claymores. Je me mis à japper comme un chien sous la fulgurante couronne. Mais, pour l'instant, les détenteurs de moi ne cherchaient qu'à m'intimider.

Entre les porteurs de claymore, soudain, une brèche s'instaure, verticale et mince, découvrant une perspective inoccupée que bordent les indigènes par milliers. Une étincelle, élaborée par le meilleur des races, y descend, blanche, en grossissant, comme dans un tube ampoulé qui serait aussi un chemin à plat. De si loin qu'elle se lance, elle est tout de suite là, mais rien ne m'échappe de la séculaire grandeur des étendues qu'elle couvrit. Elle brille à la main d'un quinquagénaire agile et pesant. Pour aller plus vite, il trousse sa soutanelle où germent, s'épanouissent et se flétrissent des bretzels de cordelettes d'or et des grappes de crustacés de pleine campagne qui se cramponnent à l'étoffe avec leurs dents. Un casque de fer en forme de coupole coiffe ce notable. Une écharpe en soie d'un bleu laiteux décore en diagonale son torse puissant et nu. Un collier pinéal de glandes desséchées fréquente son sternum. Celui de ses tétons que l'écharpe ne dissimule prospère sous une ventouse en verre doré.

A six pas de moi, il s'arrête. Les tambours, cependant, avaient précipité leur action jusqu'à réduire à un murmurant élément de confusion pulsatile les battements simple, double et triple. Dans la frénétique rapidité de leur présente rumeur, mon oreille initiée discernait la survivance du rythme ancien et cette aptitude, que je partageais avec la horde locale me surexcitait fraternellement.

Le visage du dignitaire respirait une intelligence odieuse à force d'élévation, mais dont je ne tardai pas à subir la contagion pénétrante. Mû par un vieil instinct, j'allai vers la rayonnante pierre et la baisai. Le quinquagénaire se mit à rire et me frappa l'épaule. Les tambours se turent. Alors, il cria : « Katimhgo ! » Aussitôt, tous ceux qui étaient là, sauf lui et moi, portèrent la main droite à leur face, mirent le pouce dans une oreille et l'annulaire dans une narine, et, d'un seul coup, firent sauter leur masque, leur noir masque de peau, leur masque de nègres vivants. Leurs mains, tenant la défroque charnelle, retomba dans le rang. Tous, maintenant, en haut de leur cou, présentaient un pétale ovoïde et jaunâtre, assez semblable à l'empreinte huileuse d'un doigt. Regarder ces physionomies taciturnes et libérées me fatiguait la rétine. Si le notable à la ventouse s'était, lui aussi, démasqué, j'aurais eu certainement les yeux brûlés. Pour l'instant, je fixais, sur sa noire figure, le rassurant détail des pores et des rides. J'implorais, du regard, la gerçure de ses lèvres, la mousse grisonnante de ses tempes. Du doigt, soudain, il désigna ma propre figure et dit : « Katimhgo ! » Maladroitement, je portais les mains à mon nez, à mes oreilles. J'introduisis, je pinçai, je tirai. Rien ne vint. Ah ma sale peau tenait bien à mes os. Je devais avoir l'air d'un remarquable idiot ! Partout, au bas bout des longs bras, les visages amovibles riaient : « Rhabillez-vous ! » cria mon espèce d'évêque. Tous les assistants fixèrent, à l'emplacement accoutumé, les charnelles cagoules faciales devinrent des indigènes cirage noir.

L'évêque me dit : « Je m'appelle Anabulas. Mon père était un ange, ma mère une association logique d'idées. Je règne sur l'Assabouïam, où les songes ne poussent pas. Tu ne trouverais pas, sur toute l'étendue de mes États, pour un dé à coudre de duperie... »

Sa petite main dessina dans l'air le profil parallèle de deux béliers debout. Chacun, à l'entour, répéta ce geste. Une sourde rumeur, ensuite, m'annonça que la foule, au loin, s'écoulait. De petites croix de givre flottaient dans l'air. Ne demeurèrent, sur la corbeille de terreau, qu'une cinquantaine d'individus qui, en l'honneur de moi-même et de mon ami Anabulas, exécutèrent, avec une indolence pleine de conciliation, une danse sommaire. Ils avançaient d'un pas, reculaient vivement de deux, avançaient de nouveau d'un pas, mais compendieusement, et puis soufflaient, et puis recommençaient.

A l'improviste, ils s'immobilisèrent tout de suite après le premier temps d'un mouvement saltatoire et firent face à un certain côté des choses. De là nous arriva, d'abord, un groupe d'ombres volantes, voiliers chargés de poètes et de mathématiciens, cigognes que chevauche une allégorie. Puis, du sein d'une rotative défalcation de polyèdres, naquit une femme aux seins élevés. Sa tunique d'herbes savantes s'ouvrait à l'effort de ses cuisses cuirassées par l'impérieuse chasteté de leur érotique convexité. Son crâne poli se tendait en arrière. Les lèvres de son sourire légèrement asymétrique se réclamaient d'un pétunia sans analogie. Le cou confirmait une pure érection. Sur l'épaule droite, cette déesse, monstrueuse pâtissière, singulière infanterie, portait un pilon à mil, sculpté comme l'ivoire d'un porte-plume de Lourdes, de Challes-les-Eaux.

Elle posa l'arme à terre et la terre, longuement, trembla et gronda. Alors commença un piétinement émouvant, que ponctuaient les chocs du pilon ouvragé où l'entrelacement des dures arabesques simulait, ou inventait, la retorse épousaille de la veine divine et de la veine marine. Au même instant, dans les bibliothèques des capitales, quels que fussent le régime politique et le bulletin météorologique, des types se croyaient utiles et considérables parce qu'ils avaient découvert une nouvelle relation entre l'inclinaison de deux fumées dialectales.

Heppoum! faisait le lourd cylindre. Et la terre tremblait. Le sexe de l'officiante embaumait la montagne. Toujours au même endroit de la terre s'abattait le lourd cylindre travaillé de grappes et de serpents, de buffles et de mystères. Le lourd cylindre s'abattait sur la terre qui grondait. La terre s'infligeait une bastonnade debout. La terre, reine de toutes les terres, se fécondait devant moi. Du fond de la terre, du fond de toutes les terres, montait le bourdonnement de la tristesse et du plaisir. Quelque part, dans le chancre de mon corps, dans la passagère identité de mon âme avec la mélancolique et frénétique pilonneuse, brillait, puis se voilait, et puis brillait encore l'insaisissable perle de la communauté entre l'objet et le sujet. Insaisissable et toujours sur le point d'être saisie, cette perle de la jouissance féminine par excellence me rappelait, sans que je distinguasse commodément pourquoi, la fiole de verre que les architectes andins disposent au sommet des cités bâties en spirale.

La tornade, là-bas, se précipite contre les murs ronds et fugaces. Reçue de front, sa puissance hurlante déferait n'importe quel édifice, mais déviée et subtilisée par le tournoiement solide où sa mauvaise fortune l'achemina, elle accourt plus lasse et plus morne à chaque circuit, vers l'ampoule de verre, là-haut, elle qui pensait tout briser! et, après avoir enroulé son ultime écharpe à la fragile babiole qu'un zéphir bien dirigé jetterait bas, elle se dissipe en hauteur. Elle ne reviendra que dans trois mois sans avoir pris même une tuile à l'astucieuse cité. Ainsi la perle intime où la terre se rue ne se brise jamais dans une douce écume. Maintenant, à la crête de la sédimenteuse spirale des âges, je la vois, je la vois, rouge et qui se dérobe, amère larme jamais versée. Les coups de pilon que j'écoute et que j'absorbe par la plante des pieds et par la peau bien tendue de l'épigastre forgent mes sens et les façonnent. J'aperçois la perle incréée au centre du désir que la nature nourrit à son propre endroit. Vers cette perle se suscite une frénésie désespérée qui passe bien des fois, en puissance, le vent lointain de toutes les Andes. Mais, émanés de l'amoureuse haletante, quand les mouvements de la sentimentale révulsion atteignent presque le point ineffable et perlier qui, volant en éclats, engendrerait les nappes de la détente et nous permettrait d'aller pour de bon nous coucher, la poussée ralentit, bifurque, abandonne. Dans l'eau de la perle toujours intacte, nos misérables dieux, tenant des drapeaux et des fifres, continuent à s'entreregarder en siégeant.

« Vous avez l'oreille de l'administration, m'affirma soudain Anabulas. Si, si. Ne vous en défendez pas. Nous ne comptons que sur vous pour obtenir le téléphone rural. » Un peu plus tard, autant qu'il m'en souvienne, il appela la femme au pilon : « Tiens, Marie-Rose, voilà dix francs », lui dit-il. « Tu ne les as pas volés. »

Je ne m'étendrai pas longuement sur les circonstances de mon retour en France. Je consacrai une partie de l'argent que me procura la vente du pilon travaillé, don d'Anabulas, à l'achat et à l'entretien d'un certain nombre de monastères que les amateurs de christianisme pouvaient louer à l'année, au mois ou à la semaine, afin de les décorer de décalcomanie, et d'y suivre, servis par un valet de chambre, la règle monastique sur le plan de la solitude démonstrative. Je fis en outre la connaissance d'un homme qui, à première vue, ne se signalait par quoi que ce fût de bizarre, de fort ou de simplement génial. Tout ce qu'on pourrait dire en sa faveur c'est que, parmi mes amis, il faisait tache.

ACTE III

Plusieurs de mes amis étaient peintres. Ils vivaient dans un univers de couleur.

La couleur se veut, tout d'abord, liquide et d'elle-même inséparable. Jaune de Naples, avec limpidité, elle jaillit, cimeterre doré, bassement du ventre urinaire de notre maîtresse. Rouge et lourde comme le plomb, un coup maladroit de rasoir la suscite sur notre joue. Solide, elle épouse et nourrit le sel et le sucre, et nous la mangeons blanche en les mangeant. Aérienne, quand elle s'appelle la nuit ou l'azur, elle farde les planches de l'universelle bicoque et la pommette des montagnes éloignées. Pharmacie et tapisserie, elle est la référence du rouge que les femmes étendent sur leurs lèvres. Délicate menterie, elle adhère, plumes, à la chair des oiseaux; pelure, à la pulpe des cerises. Poudre de soleil ou bien la neige, elle couvre le dos patient des gares de campagne et les lieux-dits.

Comme tous les hommes, mes peintres étaient lourds de couleur (le laitage viril, le marron du foie, l'abricot de l'os). Ils portaient, en plus, les macules tinctoriales qu'ils recevaient au cours de leur travail dans les ateliers trop petits et qu'ils tentaient parfois de faire passer pour l'illustration naturelle de leur chemise.

D'autres, parmi mes amis, construisaient des ponts et des gares. Leur chef-d'œuvre, renouvelé de la cathédrale de Strasbourg, laquelle défaille pour peu que, du bout du doigt, quelqu'un la touche là qu'il faut, ou ne faut pas, était un édifice immense. Il ne reposait pas sur la terre. A l'aide de filins de platine concentré, il pendait à un unique arceau, qui lui-même s'accrochait à certaine barre horizontale par un unique petit câble qu'une couturière trancherait avec ses ciseaux. Alors, d'un seul coup, s'écroulerait la baraque pleine de perspectives métalliques et de coups de téléphone brusquement avortés dans le central des demoiselles.

D'autres faisaient de la médecine. Saisissant à deux doigts la peau de mon ventre, quand venait de me graffigner, dans les caves de la Bièvre ou de la Dhuys, le fantôme des révolutions oubliées, ils m'injectaient le sérum antitétanique. Parfois, pour que le spectacle d'une affection majeure me consolât de mes misérables misères, ils me dispensaient la jouissance d'une lucarne habilement ménagée dans la cloison de leur cabinet de consultations. Je voyais, alors, correctement équipées de pervenches brodées et de plis verticaux, le petit parapluie en travers des cuisses et la mûre au cœur de la lèvre, des dames qui, à la guerre (la guerre Joffre), avaient eu les testicules et le pénis rasés par un projectile soigneux. De ces vétérans, maintenant, aux mamelles enflées, aux bacchantes enfuies, la voix, lourde et grave de sacrifice autrefois, atteignait à la minceté du bec des hirondelles nidulantes. Répudiés par leurs épouses, ils servaient de mère à leurs propres enfants. Plus figues que raisins, ils époussetaient, chaque matin, sur la cheminée de leur salon modique, une photographie, la leur, de fantassin, et l'embrassaient.

L'homme dont je veux parler n'était, lui, ni peintre, ni bâtisseur, ni médecin, ni castrat. Il possédait pourtant sa petite spécialité. Il connaissait quelqu'un qui s'appelait Viscère. Pour tout dire, il avait perdu de vue ce Viscère depuis pas mal d'années, mais il savait que le porteur d'un nom si peu commun vivait encore et qu'au prix de quelques démarches on aurait pu le retrouver. Il devait être, ce Viscère, quelque chose dans les chemins de fer, du côté de La Ferté-sous-Jouarre. Et c'est bien Viscère que cela s'écrivait. Viscère comme un cœur, Viscère comme un foie, et non pas, ainsi que certains mal informés ou secrètement envieux le croyaient, Wisser, ou Vicaire, ou Vichère. Ah ! non ! Viscère ! Tu parles d'une rigolade, d'un phénomène ! A-t-on jamais rien vu de si fort ! Un type qui s'appelle Viscère ! Pour ma part, pendant de longues semaines, être celui qui connaît quelqu'un qui s'appelle Viscère me parut un état désirable et prodigieux. J'étais sur le point de lâcher mon affaire de monastères afin de me consacrer à cette surprenante carrière d'homme qui connaît quelqu'un qui ne s'appelle pas autrement que Viscère. Je considérai, toutefois, que, bien que peu encombrée, elle ne pouvait convenir qu'à un seul individu dans le cercle, somme toute assez restreint, des gens de goût capables de se passionner pour les originalités véritables – celle, par exemple, de quelqu'un qui connaît quelqu'un qui s'appelle Viscère. Celui qui, le premier, s'était fait, bien que par ailleurs incolore et falot, une certaine réputation, en sa qualité d'homme qui connaît quelqu'un qui s'appelle Viscère, disposait déjà d'une clientèle que je ne pouvais songer sérieusement à lui disputer, moi qui, somme toute, me bornais à connaître quelqu'un qui connaît quelqu'un qui s'appelle Viscère. Nous étions quelques-uns à connaître celui qui connaît quelqu'un qui s'appelle Viscère. Il eût donc fallu, pour exploiter cette situation d'homme qui connaît quelqu'un qui connaît quelqu'un qui s'appelle Viscère, que je m'expatriasse, que je m'introduisisse dans des parties de la population où de Viscère et de celui qui le connaît, et de ceux qui connaissent celui qui le connaît, on n'eût jamais entendu parler.

J'avoue que je reculai devant les troubles et les dépenses d'un nouveau déménagement. Mais l'inaction me pesait. Pour obéir à cet instinct avaricieux qui pousse l'espèce humaine à engendrer des gniarres et des bougres spécialement chargés de sauver quelque chose de la masse d'images et de rythmes qu'elle absorbe ou qu'elle sécrète, je pris la plume et je m'efforçai de retracer les fresques et les actes que mes voyages me donnèrent d'admirer ou d'attester.

Assis à ma somptueuse table de travail, faite d'un bloc de chêne antérieurement soumis à un jet de sable (et, lui aussi, privé de ses parties molles), quand j'essayai de décrire le satin rose de la mer autour des Marquises poudrées de fémurs bleuâtres, ou bien les cannelures orangées de la spécificité balinaise pendue en grappes au sexe des jeunes filles, je me demandai en quoi cela peut bien toucher la mer et la lèpre, les Marquises et les pucelles, que, moi, je les portraicture au gré du trottinement des mouches grammaticales. Il ne m'échappait pas non plus à quel point mes impressions perdaient, en passant de ma moelle dans la littérature, en efficace, en rayonnement.

Longtemps, cependant, je m'acharnai à me persuader que la restitution méticuleuse des beautés naturelles, que leur équivalence écrite, fignolée, melliflue, exercerait sur les lecteurs une salubre domination. Je me flattais que mon œuvre aurait sur la marche des âmes et du monde les plus heureuses influences. Aberration ! Démence ! Les crabes, les pygmées, les sergents de police, les pirogues, les canonnières, tout ce qui de néfaste et d'armé se dissimule, rampe, rôde ou s'enlève avec un atroce relief parmi le pittoresque des rivages doucereux ou des lointaines Caracas, tout cela n'est pas incliné vers la résipiscence et la mansuétude par les formules où le transforme et le ligote la poésie écrite, ni vers le sublime et le pardon. Je compris bien vite que la splendeur ou la rareté foncières des terroirs et des personnages que je prétendais rapporter importent beaucoup moins que la cadence intrinsèque des mots. Je résolus de diriger mes efforts, non plus exactement vers une utilisation poétique de la machine verbale, mais dans le sens, plus prosaïque et plus rémunérateur, de l'art de gagner aux courses.

Fort observateur, j'avais remarqué que, chaque jour, les journaux, à Paris, publient la liste des chevaux devant se mesurer au cours de l'après-midi. Ces bêtes portent des noms d'une étrangeté, d'une sonorité admirables. Chaque jour, encore, ces mêmes journaux sous une rubrique qui mentionne et rappelle la date, le titre de la course, les conditions de l'épreuve, donnent le nom du vainqueur de la veille. Pour quelqu'un qui manque de relations dans les milieux équestres, il est très difficile, et même impossible, d'annoncer à l'avance le vainqueur. Ce que l'on peut, par contre, prédire avec une certitude pratiquement absolue, c'est que, par exemple, tel journal publiera, demain, ceci : « *Résultat du 14 octobre 1938. Saint-Cloud. Prix de Magnitogorsk, 4 000 mètres. Première course, gagnant...* » Comme vous voyez, seul le nom du gagnant fait défaut, mais on sait déjà beaucoup de choses. Moi, malin, j'apprenais par cœur cette phrase, ou telle autre du même genre, et je la récitais automatiquement, pendant des heures, jusqu'à ce que, dans mon esprit, au bout de ma langue, elle se complétât musicalement, prosodiquement, par un groupe de consonnes, un bariolage de voyelles, quelque urgent, quelque indispensable élément phonétique. Tantôt c'était un *i* redoublé, tantôt un *r*, suivi d'un *k*, suivi d'un *d*, tantôt... Bref, imaginez tout ce que vous voudrez. Quand j'étais bien sûr de la convenance de tel ou tel schéma vocabulaire plus ou moins précis, je consultais la liste des chevaux engagés et je tombais généralement sur un nom qui évoquait, qui avalisait, d'une manière troublante et flagrante, ce schéma hasardeux. Dans la phrase citée plus haut *(Prix de Magnitogorsk)*, je me souviens qu'à la scansion, j'avais obtenu : *Ramini*. Or, la liste des chevaux engagés comportait un *Rimini* et un *Raminou*. Que faire? Je les jouai tous les deux. La course fut enlevée par un certain *Artichaut*. Mais, dans la plupart des cas, je réussissais. Je suis persuadé qu'une généralisation de cette méthode (que j'appellerai volontiers dévanagariscopique) permettrait de connaître avant terme l'issue des élections.

Je gagnais, sur le turc (je n'ai jamais bien compris pourquoi un champ de courses s'appelle un turc) environ soixante fois sur cent et cette favorable proportion donne la mesure de ma grandiose accointance avec le génie du maître des astres et des adverbes, Allah pour ne pas le nommer.

Pourtant, je n'ai pas de veine. Les mêmes jours qu'il m'arrivait de me faire cinquante ou cent billets sur le dos d'un canasson intitulé *Tibère* ou *Myosotis*, j'allais à la Foire de la Nation ou de la République et – vous me croirez si vous voulez – je ne parvenais pas même à gagner une salière, qui n'est qu'une salière, dans les loteries que leurs larges roues apparentent à des montres rectangulaires, béantes et pour rire.

Les forains, d'ordinaire, vivent dans les catacombes, en compagnie de gynécologies cireuses, d'ogresses boudinées, de bateaux en verre filé, de vaches de bois pétulant et de la peinture hystérique de leurs théâtres démontables.

Quand ils plantent la foire dans la capitale, comme la troisième des villes authentiques de la capitale (les deux autres étant la zone et le ghetto), j'y conduis par la main Mézigue, mon enfant. Il admire volontiers, ce petit, dans les rues de la foire, l'envers, la caricature et le symbolisme de la passion parisienne. Il y contemple des boîtes de Pandore fabriquées avec la malle à Gouffé. Il s'y régale de suggestions baroques et perverses, de satanisme popularisé, de merveilleux que soutache un fil de vérole caillé. Lui et moi, quand nous entrons dans un des petits palais de carton, nous n'en sortons pas de sitôt. Par les secrètes portes de toile bise qui les commandent ensemble intérieurement, je les parcours tous, madame Aïcha inclusivement et les lions. C'est un périlleux voyage. Le souffle des démons m'embrasse le front. Je me prends les pieds dans la chevelure des somnambules amaigries. La rivière postiche, où flotte le cadavre de faits divers classés et de romans qui ne le furent pas, me promène dans une basse odeur d'arcane tératologique et de rose-croix. (Brouhaha de gammes, parmi la cire encore malléable des fioritures du cierge. Tout d'un coup, le cierge s'élève...)

A Vaugirard, c'était la fête, l'autre jour. J'y fus avec le club. Au jeu de massacre, je ne manque pas de bonheur. On lance une balle de cuir sur une pyramide de bidons cylindriques. Chacun d'eux propose le visage peint (où la célébrité va-t-elle se nicher!) de l'un des membres du club. Quand les trois bidons sont tombés, le club pousse le cri.

Nous allons vers d'autres amusements. Nous perdons, à chaque instant, le docteur Lavosge. Il reparaît, d'ailleurs, toujours, à point nommé, avec ses lorgnons et sa coxalgie. Quant au compositeur, il est atteint depuis hier d'une maladie singulière. Le pauvre a vu, sur un bouquin, le dessin d'un orang-outang avec des mains énormes et pourtant admissibles, des doigts recourbés pareils aux bras des belles ancres. Lui, qui est grand, il s'imagine qu'il a de telles mains. Il y pense si fort, et si douloureusement, qu'il n'ose plus les regarder, ni celles des autres, de nous, des passants. Dans ses poches, elles pèsent ainsi que des erreurs. Il les tient pour les véritables attributs de sa jeunesse, de sa force et de sa virilité, et il s'engagerait dans la musique comme triangle plutôt que de les exhiber. Il en a la même honte que de ses mamelles une jeune fille bien élevée et corpulente. Elles lui font mal. La douleur lui navigue par toutes les veines des humerus, ou humeri. Il croit maintenant que chacun de ses doigts s'appelle Filasse ou Babaraud. Demain, en poussant de petits cris de circonstance, il s'éveillera avec des mains colossales et griffues, noires comme le quiqui d'une brunette.

Heureusement que, montagne de certitude et pétrification de souriant équilibre, l'inspecteur des forêts nous accompagne. Nourrisson gigantesque au pardessus d'argent, il a la voix de l'homme des bois et le derrière de Vénus. Plus balès que tous les amateurs présents sur le champ de foire, il sème la dévastation à même la piste circulaire où les autos à trolley évoluent et se télescopent. En quelques minutes, elles sont sur le dos, agitant de longues et fines jambes de midinettes à la renverse. Ensuite, acclamé par le club, il projette, d'une poigne formidable et pour me faire suer de jalousie, le mobile en forme d'obus ou de locomotive sur le rail ascendant. Le mobile atteint, là-haut, parmi les étoiles, le but, et la détonation s'accomplit. Tirer un coup coûte dix sous. L'inspecteur les débourse en maugréant. A la carabine, il fait mouche, et la tenancière, hors de sa bauge qui empeste la poudre, vient, sous prétexte de lui remettre ses cartons, le décorer en sous-main. Le club, de nouveau, pousse le cri. Moi, pour ne pas laisser mon prestige décroître aux yeux des membres, je parle, je fais des mots, mais ma voix s'enroue. Notre sylvestre inspecteur, lui, tissé d'ormeaux et de crevettes, frotté de granit et de fraisiers, gagne à toutes les loteries, fait péter toutes les cibles. Il conquiert même le cœur d'une jeune nomade. Sur son estrade, elle manipule les grandes roues à numéros et jette à la volée les planchettes oblongues où des chiffres sont disposés comme les lignes des litanies poétiques. Nous, le public, la bonne trèpe, en bas, les yeux hauts, grisés par le nutritif et macabre fumet de l'acétylène, nous tendons les mains.

La jeune nomade est vêtue à la manière d'un capitaine au moment de la prise d'Alger. Ses yeux, trop dessinés par la paupière supérieure, profondément coincés dans la sombre orbite et d'un bitume un peu syrien, rappellent ceux d'Amédée Lavosge. (Nous avons encore égaré le docteur! Au moment où nous désespérons de le retrouver jamais, il sort d'une pissotière, son bonnet à la main et son stéthoscope sous l'aisselle.) La jeune nomade, brune sur le fond pathétique de la giration tulipière, du numérotage chinois et de la plâtreuse irradiation, exécute un duo avec son vieux père, à qui l'âge, l'expérience et la fatigue prêtèrent un masque d'humaniste rassasié. A vrai dire, elle et lui se bornent à mimer le chant qu'un phonographe auprès d'eux exhale, et à fignoler les jeux de scène convenables. Leur attitude se calque parfaitement sur celle du phonographe. Ils remuent les lèvres, font bouger les muscles de leur visage, tout comme s'ils chantaient positivement. Mais, de vrai, aucun son ne leur sort. Gages charnels qui se plaquent et s'amincissent sur une voix mécanique et de seconde main, ils chantent en silence...

Mon père, Ka li bé
Ka li bé mi ni mi né
Ka li bé, mon père.
Il s'appelle Jean.
Il a trois médailles dont une d'argent.
Ka li bé, li bé li bé
Ka li bi li bouche
Ou mou nou mou nou mou nou...
Ne dites pas non, mon père.
Ne dites pas non...

Tout en pressant son petit cœur sous le justaucorps militaire, en remuant décemment, pour donner un peu de couleur à l'action, ses jambes dans la jupe de la redingote, elle lance, au plus beau d'entre nous (mais non! ce n'est pas moi) des fractions d'étincelle avec le coin aigu de l'œil. Admis, ainsi, à jouer, dans ce drame lyrique, le rôle du sergent à la médaille d'argent, l'inspecteur se gonfle et sourit, la vache! comme une truite qui avale une couleuvre, et, moi, aussi dérisoire et anodin, sans qu'il y paraisse, que le docteur, j'applaudis, bien triste dans le dedans.

Ma fille, gou rrrou gou
gou rrrou gou ta ra ta ta
gou rrrou gou ma fille.
Celui qui t'aura
possède trois barques
pour pêcher de l'or.
Gou rrrou gou rrrou gou rrrou gou,
Gou rrrou gou bourrache
A Ka ma na a Ka ma na a Ka ma na!
Écoute ton pè, ma fille,
Écoute ton pè.

Quittons cette opérette où je suis le dindon. Possédai-je jamais trois barques, et propres à pêcher de l'or? Allons ailleurs.

Cependant que l'inspecteur des forêts, appelé à travailler de son état derrière la roulotte avec le subtil capitaine, nous quitte momentanément, nous poursuivons notre promenade. Mais, devant l'une des boutiques, le club tombe en arrêt.

Ici, et nulle part ailleurs, on présente au peuple de Paris la fameuse Macraude, trouvée en Afghanistan. On connaît les faits...

Un groupe de gendarmes afghans, coiffés d'un hémisphère jaunâtre, parcourait l'Afghanistan. Ils fredonnaient :

Nuit blanche
près du hameau d'Onan
planche après planche
pris au bosquet d'un an...

Soudain, ils aperçurent, sur l'interne paroi du vallon, un serpent.

Nuit noire
de l'amour, de la mort
et de l'histoire
où sourit le plus fort.

Ce serpent était long, rose, bien en chair et parfaitement cylindrique. Le tronc des jeunes épicéas le gardait de la déclivité. Les cavaliers mirent pied à terre. Circonspects et rigoleurs, ils s'approchèrent de l'allusion érotique dont le diamètre égalait celui du cou d'une personne gracile. A la palpation, l'allusion frémit. Les pandores sursautèrent. Des notes de musique, telles celles que, dans l'amour, pousse la hase, sortirent alors d'un buisson éloigné de quelque huit pas. L'un des hommes, déjà, épaulait, mais le brigadier le contint. Allant vers le sonore buisson, les militaires y farfouillèrent de la pointe des sabres. Vétérans, pourtant, des tortures et de la décollation, les gendarmes afghans se sentirent faiblir.

Dans le buisson, une tête il y avait. Une tête de jeune femme à pleins cheveux.

La tête pleurait.

La tête pleurait, les yeux cernés d'azurages naturels et de fard délayé. Du bout de sa botte, le brigadier la provoqua. Elle, dans la pénombre végétale, donna de la voix. Elle articulait certainement, mais dans une langue inconnue.

Les Afghans rirent. L'un d'eux se courba. Filles d'une conception démodée de la denture humaine, ses incisives débordaient. Sous le vent de leur puanteur, la tête inventée et solitaire se crispa. Irritée, qu'elle était belle! Arbouse pâle, toute gonflée d'aboiements. On entrevoyait, dans le fourré, la naissance de son cou. Mais l'aile suave des épaules, le raidissement des bras manquaient à compléter cette ébauche palpitante.

A huit pas de là, cependant, à même le thym et la rocaille, l'inexplicable reptile, d'un rose de maillot ou d'ouate pharmaceutique, persistait allongé.

La tête, elle, avec la spirituelle sécheresse des commissures et la meurtrière parabole du profil nasal, devenait familière, tout en restant miraculeuse. L'on était en bande. Que pouvait-on craindre?

Tandis que le brigadier essayait, sans succès, de séduire la tête, l'un des hommes, Assibir (celui-là dont la sœur fut visitée, d'un seul coup, par cinq bergers), palpait le python vaguement carminé, tressé de cordages artériels et de l'hypertrophie longitudinale d'un thymus, qui traînait sur la terre. Intrigué, de ses mains brunes aux ongles pareils à des fèves, il serra... Alors, au nez stupéfait du brigadier, la tête, soudain, jaillit, comme une ville au bout d'une chaussée rectiligne, en poussant un cri si terrible que, décoiffant le brigadier, il alla faire trembler au loin les reporters debout au pied des avions. *On comprit alors que le serpent rosâtre n'était rien d'autre que le cou de la tête étonnante.* Il commençait, comme tous les cous, sous les angles de la mâchoire. Alternativement raidi et détendu, de furieuses ondes l'irriguaient, puis il mollissait, comme la patte, où l'on enfonça quatorze épingles, d'une pieuvre.

Les gendarmes, en criant, palpaient ce cou, tuyau vivant. Ils le plaquaient, non sans redouter ses soubresauts, contre le sol. En même temps, ils marchaient vers l'extrémité opposée à celle où fleurissait la tête. Ils marchaient vers le corps probable en souhaitant qu'il fût à poil. Mesuré par les enjambées, par les mains ouvertes, par les jets de salive, par les ceintures dénouées, ce cou (ah! si long, il mérite bien que le puriste répète son nom) faisait six mètres juste. Le corps, lui, vêtu de sa seule couleur brique, possédait six mamelles, mignonnes, gentilles. Loin de se disposer d'une manière bestiale ou scandaleuse, elles occupaient, en empiétant un peu sur les régions sternales ou épigastriques, les sites que le désir intempestif d'un amant qui, sans négliger la qualité, tiendrait à la quantité, leur eût attribués dans la région traditionnelle de l'érogénat pectoral. Que la peau de cette femme échouée fût pas mal graisseuse, cela ne retint pas Assibir, puis le brigadier, d'en éprouver le grain, de la goûter du bout des doigts, comme on fait l'eau d'une baignoire. Aussitôt, décrivant à ras du sol une fulgurante courbe où prêtait le nombre insensé des vertèbres mieux que giraféennes, la tête, siège du vague honneur de cette créature isthmicienne, fondit sur les gendarmes, les injuriant dans une langue que l'un de ces policiers habiles qui, autrefois, avait étudié pour être iman, finit par reconnaître pour du martien. La tête becquetait les hommes, leur crachait à la moustache une ferrugineuse salive. Il fallut, pour que la caresse des trouveurs se poursuivît et se consommât dans le juste endroit du corps féminin, que le plus jeune de la patrouille assujettît par la gueule, à l'aide d'un ceinturon et d'un olivier, la tête étrangère. Elle, sur son pédoncule, vibrait de colère, si fort que le paysage, autour d'elle, tremblait. Elle menait un baroufle d'enfer.

Au bout de ses six mètres de cou, sans compter la hauteur normale du thorax et de l'abdomen, elle se solidarisait avec l'organe mouilleur où les hommes, tour à tour, plongeaient leur virilité.

D'elle, pourtant, cet organe était plus éloigné que le foie ou le diaphragme. Mais, soyons juste! foie ou diaphragme n'eussent pu être baisés que par le coup de feu, le poignard.

Les gendarmes, en dépit de la tête là-bas qui s'indigne et qui gueule, se régalèrent. Le sexe était commode et les cuisses de choix. Plus tard, dans le chariot tapissé de paille, on amena le monstre à Kaboul. Autour du chariot, les gendarmes chantaient :

Nuit rouge
de la férocité
qui crie et bouge
dans l'arc du joli thé.

A Kaboul, justement, le trésor était à sec, à la suite d'une histoire de fromages. La voyageuse interstellaire, surnommée Macraude, c'est-à-dire (selon le directeur français d'une institution pédagogique et kabouliste, sujet, comme la plupart des traducteurs, à l'enflure), *celle – que – l'on – trouva – dans – les – épicéas – un – jour – que – le – vent – soufflait – de*

Munich, fut vendue, pour dix mille roupies et quelques ananas, à Barnum. Un singe sur l'épaule il passait par là. Elle mourut quelques mois plus tard, comme il fallait s'y attendre, la tête enlevée par une passerelle métallique, alors qu'elle se rendait, avec le cirque, par le chemin de fer, de Poitiers à Helsingfors. Mais l'un des employés de Barnum entrevit le profit qu'un banquiste ingénieux pourrait tirer d'une frauduleuse réédition de la pauvrette météorique. Il embaucha *deux* jeunes femmes. Poitard, il s'appelait.

L'une d'elles, la poitrine nue et artificiellement polymamelue, se présentait au public debout, écarquillée, liée d'anneaux de fer. Un jeu de miroirs supprimait sa tête. Un long bourrelet de kapok ficelé dans du drap rose et attaché au véritable cou de l'artiste décrivait deux boucles contre la cloison où la femme s'adossait. Par le tube de flexible mica qui le centrait intérieurement, ruisselaient des rafales d'air comprimé. Les projetait une machine bruyante que Poitard, dans la coulisse, surveillait. Tressautant et bondissant dans les bagues solides qui l'assujettissaient, le roi des cous (tandis que les trépidations de la souffreuse de Poitard berçaient, hypnotisaient les spectateurs en les endolorissant) présentait les apparences d'une farouche vitalité. De la manière la plus naturelle, la plus honnête, il aboutissait, taillé en sifflet, sous le menton de la seconde artiste, laquelle, placée derrière la cloison, n'offrait aux militaires, bonnes d'enfants, lycéens et autres saligauds, par un hublot, que sa tête judicieusement grimaçante et convulsée.

Comme tout le monde, à l'issue de la représentation, je pensais, sur la foi de mes sens et du boniment de Poitard (le tragique décès de la véritable Macraude ne m'ayant pas encore été révélé) que je venais de plaindre, d'applaudir et d'admirer l'unicité d'une femelle. Sur le plan médico-légal, elle m'intriguait. Sur celui de la bagatelle, elle me surexcitait. De toute façon, il convenait que je l'approchasse. Tenant à deux mains mon coupe-file qui, cette année-là, était en plomb, je courus à la roulotte Poitard. Je gravis, en haletant, les trois marches de bois qui la reliaient à ce pays. A la coupé m'accueillit un serin dans une cage de guingois. Contre mon nez farci de flair journalistique pendait la fausse Irlande d'un brise-bise, délicate fumée des anges du foyer. Je frappai.

La porte bougea. Chaque fois que, devant moi, et, surtout, derrière moi, bouge une porte, je redoute d'avoir, dans une seconde, à plat contre moi, ses bras de lion sur mes épaules et, contre mon oreille gauche, les graviers cramoisis de sa langue, et ses prunelles de caverne et de religion noyant les miennes dans le flamboiement chimérique, un fauve aux jambes de derrière plus rugueuses que des ceps, aux coupelles aussi fraîches que les ruisseaux, les pommiers et les pâturages. Ce coup-ci, ma coutumière appréhension à peu près se réalisa. Une jeune femme, en effet, un gramme de chemise à son torse à la fois garçon et profitable, et quatre sous de jupe en manière de sereine queue, me cria d'entrer, tandis qu'elle s'affairait à armer ses jambes avec ses bas. Je balbutiai que je venais pour enterviouver la dame au cou, celle de Mars... (Si vous ne m'aidez pas, je n'en sortirai pas.)

Du basalte de ses cheveux l'arc farineux de son pur visage s'extrayait comme un peuple initial, rongeur et avisé. Ses émouvantes mains de femme sachant coudre lissaient et dessinaient la vertigineuse volute des deux roseaux mâtissés de nuée (ses bras, pour ainsi dire) que couronna, une ou deux fois, pour la zigzagante dilection de mon regard jésuite, un fuyant bandeau de laitage charnu. Puis riche de ressorts dans sa grêle cuirasse d'attaches opiacées, un pied par terre, l'autre sur une chaise, l'un et l'autre emboîtés de noirs colibris, ou de têtes de vipère, ou de langues de renne, ou d'adverbes démoniaques, tout en continuant de ficeler et d'affûter son corpuscule d'atrocité, elle me récita ceci : « Sur la planète Mars les marguerites sont en pierre de taille. Le tigre passe une fois par semaine et les canaux servent de boulodromes. Il existe une race de lapins creux où l'on peut s'installer à deux. On les meut en actionnant les oreilles. La gauche, la droite. La gauche, la droite. Ne vous échauffez pas. Nos villes sont souterraines, faites de palmes tressées, d'hibiscus entrelacés et de jonquilles lamincolées. Les arrivistes portent des gilets de deux couleurs. Ils en changent tous les matins. Le sol, quelquefois, à l'ombre, sonne bleu. Alors nous y répandons – c'est le maire qui s'en occupe – de la mousse d'oxyde de carbone injectée de sang croupi, vu que le bleu marque mal. Il fait rosière. Il fait officier de marine. Les riches ont des valets pour leur trimballer la tête sur des diables capitonnés. Les valets, comme, d'ailleurs, la plupart des prolétaires, s'attachent la tête par une sangle sur le devant de la cuisse, et ils portent leur cou en bandoulière. D'autres le lient à une perche, car, à la longue, sans tuteur, il les fatiguerait. Les intéressés tiennent cette perche à deux mains, tout comme s'ils promenaient le chef de la princesse de Lamballe. Chez nous, la morve de canard guérit la sainteté. Le lait des notairesses moûte vert véronèse dans le goulot des biberons officiels. Nous comptons par quatre. Nous divisons par huit. L'année a trente mois, quatorze jours, trois heures. Les enfants naissent bleus. Ils ne rougissent qu'à l'âge de sept ans, quand il leur est donné de voir, et de voir leur père et leur mère. Nous avons des vaches aussi. Leur poil crépite sous la main. Elles dansent, dans les villages, quand de murmurantes fusées, hors des camps retranchés, quadrillent au loin la nuit et que sur ces itinéraires balistiques, un globe zébré de blanc et de noir, le vôtre, roule et culbute comme un œuf de Celluloïd plein de pourriture pieuse. Ah! C'est un bath pays, dis donc, c'est un bath pays que le mien. Tous les dix ans, la guerre revient, que tous attendaient avec une chaleureuse angoisse. Par les chemins, par les sentiers, en carrosse, en tramway, en wagon déplombé, les jeunes Martiens, chantant la diguediguediguedondiguedon, roulent, aussi vite que possible, vers elle, froide et chaude comme la nappe liquide qui sépare éternellement les eaux mâles des eaux femelles. Dans chaque chef-lieu de district, elle s'étale, profonde, à même la place publique, et le reflet des bâtiments municipaux, couché sur sa surface ou plongé dans sa masse, à force de dévotion se retient de bouger. Soudain vers le diaphane corail de la piscine bienvenue, la jeunesse et ses cous solennels, pareille à une bondissante forêt de chardons mâles, se lance, enveloppée d'un noble vacarme de frottaisons, de clapotures, de gouttages et de claironnements. La guerre, pénétrée et comblée, vole en éclats qui, glaçons roséolés, s'éparpillent hors de nos domaines et vont introduire jusque dans la bégayante poussivité de vos astres le principe de toute véritable gaudéation. Enfin, après tant de baptêmes, cette onde si aimable commence à tarir. Les devins, chaque jour, au bord des mares sacrées, mesurent, à l'aide de leur bâton framboisé, le départ de la bénéfique, de la tutélaire. Bientôt, gorgée, jusques au fin fond de leurs siestes, de gloire bue et rebue, l'anatomie des néophytes baignés se dévoile, centimètre par centimètre, au regard des généraux et des fiancées. Des médailles et des caresses futures les uns et les autres cherchent déjà la place sur les cous humidifiés qui, bientôt, changeront de peau. Tout le monde s'attriste. Tout le monde se tourne vers l'Est et crie : « Reviens! Reviens! Nous clouerons le bec, si tu le désires, aux dindes alumineuses qui rôdent sous la lune bleuâtre.

Nous faucherons les odieuses prairies du lis blanc et de l'anis étoilé où rampe le ridicule orvet dont le dieu possède trois têtes! " Voilà ce que tout le monde crie... Moi, je ne m'ennuie pas, mais j'ai ma lessive. J'oubliais de dire que, dans Mars, on colle le timbre en haut et à droite, tout comme ici, et que le nombre des étoiles augmente avec le grade... »

Pendant qu'elle parlait, j'avais saisi sa main et sur cette main je me livrai, avec la mienne propre, à des caresses enveloppantes et hypocrites, d'un rendement si assuré, jadis, dans la tanière des cinémas insonores. Mais sa main restait inerte et froide. J'en avais un tel chagrin que, prise de pitié, Macraude, ou plutôt Marie, me dit :

– Écoutez, si c'est pour coucher, adressez-vous donc à Jeanne.

– Jeanne?

– Oui. Celle qui fait la tête. C'est elle qui décide.

– Oh! Mais c'est avec vous que je veux... enfin c'est vous que...

– Pas du tout. Vous vouliez coucher avec la fille de Mars. C'est la tête qui décide. Elle va venir. Elle s'appelle Jeanne. Combien pensez-vous mettre?

– J'ai des charges... Et puis, en venant ici, je ne m'attendais pas... Enfin, cinquante... cinquante francs.

Là-dessus, Poitard et Jeanne apparurent, fermes dans leurs chandails. Ensemble ils transportaient le cou, le fameux cou, qu'un petit pansement de toile blanche sur quelque déchirure illustrait avec efficacité. Ayant déposé, si attentifs, si sollicités qu'ils en geignaient, le fructueux appendice dans un bahut breton, ils se tournèrent vers moi. Je n'eus que le temps de constater que les oreilles de Poitard, boursouflées, dénonçaient un pugiliste carabiné. Tout de suite, mes regards s'enquirent des fentes du parquet, du méat des dièdres, de la figure basse et physique de l'échappatoire possible. Mes regards partout barbotaient dans la vineuse mélasse de ma trouille inusable. Sur le champ de foire, les orchestres mécaniques, au loin, ramonaient le carreau des âmes...

Me désignant du bout de l'épaule, Marie parlant sur sa lèvre inférieure, expliqua : « Il veut coucher. Il dit qu'il donne cinquante francs. C'est avec la fille à Mars qu'il veut coucher. Vois. »

Jeanne répondit : « T'es pas un peu louf, non? Je n'ai rien à voir. Tu sais bien que je ne couche pas plus que toi! Et ce n'est pas aujourd'hui que je me mettrai à faire le truc. Monsieur (qu'il les montre un peu, ses cinquante francs!) veut coucher avec la fille de Mars? C'est à toi de marcher. Tu as tout ce qu'il faut sur toi. Moi, je suis la tête. Je plane.

– Tu planes, mais tu réponds. La fille à Mars, c'est toi, toi, sa parole, son cerveau, sa grandeur ou son infamie.

– De quoi? Tu voudrais que je couche avec ce type avec ma parole, mon cerveau et tous ces fourbis que tu racontes. Qu'est-ce que tu veux qu'il en fasse? Écoute. Tu es le corps ou tu es pas le corps. Si tu es le corps, moi, en ma qualité de tête, je t'ordonne de marcher. »

Jamais le problème n'avait été posé d'une manière si concrète, si frappante. Qui, chez le beau sexe, de la tête ou du reste, décide et choisit, choisit et ressent en matière de péché? Le mobile tuyau qui relie la faute et le sentiment de la faute, il n'est pas indispensable d'aller à la foire pour le voir, en payant dix sous. Ta ménagère en fabriquera deux (elle a toujours sa machine à coudre, j'espère). L'un pour elle, l'autre pour toi. Vous procéderez ensuite à une petite cérémonie d'ordre conjuratoire. Feignant de porter au cou la cicatrice de la décollation, sanctionnée par une auréole d'ouate, vous descendrez à la cave les deux boas jumeaux, longs cous de carnaval. Mieux, vous les incinérerez dans la cuisinière, en chantant en chœur : « Cou, sale cou, crève, crève dans le trou! Désormais, chacun de nous est libre. *Entre notre raison et notre chair toute passerelle tomba.* Adieu, obscène charme qui mal nous unissait nous-mêmes afin que nous fussions, entre nous, mal unis! »

Poitard, du mur en bois de la roulotte, décrocha un fouet. D'un coup sec de la lanière de cuir, il zébra l'air entre les deux femmes. Je fis un bond à l'intérieur de moi-même. L'homme au fouet me tendit la main. Je la lui serrai. Elle était énorme et dure et, quand la mienne s'en fut écartée, demeura ouverte et tendue.

– Eh bien? me dit-il.

– Quoi?

– Les cinquante balles!

En hâte, je me fouillai, tremblant de ne plus retrouver dans mon portefeuille la vignette gravée de forgerons nus et de blanchisseuses mêmement. Tout de suite après que Poitard l'eut reçue, je quittai la roulotte avec une telle vélocité que le pinson liminaire ne put me siffler que la première note de l'air du prince Honoré, Honoré, que les cailles ont dédoré.

... La chose des femmes ne cessera donc jamais de m'attrister et de me peser? Anita Westinghouse, par exemple, électrique statue de l'ambition féminine qui pose sa candidature à l'humanité sur les bases d'une sorte de philosophie ou de spiritualité ligotée et révoltée à travers les calculées, libérales et dignement dosées, tubérosités de son corps somptueux, eh bien! quand, au cinéma, elle décore, étoile à quatre branches, un acteur sur la bouche, je ferme les yeux, non pour imiter les protagonistes, mais parce que ce spectacle me remplit d'une jalousie informe et générale et qu'il éveille en moi le regret de toutes les proies manquées. Mon occlusion oculaire, toute inspirée par une exagération lazariste, entend supprimer, mais elle le berce, limite et conserve, le fictif océan de bonheur où le couple, nous présents, se répand sur l'écran. Pour le créer en le supputant, en le redoutant, il m'a suffi de voir l'un vers l'autre marcher, sur le tapis de mon horripilation, la femme de beurre et l'homme de houille.

– Qu'est-ce que l'amour?

– L'amour, Monsieur le Président, du moins pour le malheureux que je suis et qui répand, à bien des toises à la ronde, la repoussante odeur d'une singularité sans précédent, constitue une respiration épaisse, le souffle de ce monde. Y voyagent mes rêves et mes muets appels – solubles et pourtant durcis à l'endroit de la dent neigeuse des inaccessibles sultanes et là que végète et balbutie et, tout à coup, se précise l'organe du procédé masculin. L'amour, cet air du monde, je suis dedans comme un arbre mélancolique. M'encourage et me turlupine ma propre sève composée des blancs, variés prestiges de la chienne satanique, la femme, la jeune fille, entremêlés, comme de jonquilles et de lianes la palme des huttes de Mars, par la rongeante image des fornications où je fusse héros. Dans les cantons sans cesse disponibles du ciel amoureux va se logeant au gré de mes déplacements sur place la forme individuelle de telle ou telle femme, ma voisine, l'autre jour, de l'avion Londres-Calcutta, ou cette personne inconnue. Pendant que j'écris, elle dispose une potiche de cuivre sur le balconnet de son appartement du Champ-de-Mars, avec le geste, autrefois, de Nadia Kretinoff collant une bombe dans la loge russe des gouverneurs de province qui en blanche tenue d'été, ressemblaient aux nuages blancs sur le ciel bleu du mois de mars. Y rôdent, aussi, molles et dures, les téléphonistes invisibles, les dangereuses commises des magasins du *Doux Tarif* et jusqu'aux courtisanes héliogravées qui prennent en écharpe les boîtes de petits pois. Je suis prêt à adorer n'importe quelle dame jeune et belle. Mais elle, elle n'est pas prête... Cette unilatérale fiançaille, pour latente qu'elle soit, embrasse et concerne un nombre prodigieux de personnes fardées, hanchoyées, nichonneuses, le cheveu conscient, la loutre plastiquée et, à tous les étages de la jointure, lamées du suave et du sel qui fait nos blessures chanter. Les hommes qui possèdent ces femmes, toutes ces femmes, ce cru parfumé sans cesse rafraîchi par des générations montantes de petites donzelles, et qui me cocufient, devrai-je en arriver à leur savoir gré de me remplacer, de me soulager? Il se peut que leurs caresses sur la peau des amantes, leur semence épanchée, par kilomètre, chaque nuit, me retiennent d'exploser, de me dissoudre en buée fécondante et satisfactoire à tous les coins nacrés de l'horizon où tintent des colliers de petits œufs signés de pourpre et où, sur d'humides fondations, s'épanouissent les drupes de l'attalée et les madrépores de la fourmilière. Don Juan de l'absence, époux par myriades, je n'arrive pas à parachever les démarches qui m'amèneront dans un lit positif en compagnie d'une pécore tangible. En dépit de mon argent, du prestige des croisières que j'accomplis et de celui que me vaut ma connaissance de quelqu'un qui connaît quelqu'un qui s'appelle Viscère, je ne parviens qu'à me décarcasser en œillades, que je devine farouches et plaintives, dans la direction des beautés que le hasard, qui me les donne pour voisines, choisit parmi les plus belles. Dans ma pauvre mimique, elles ne lisent guère que je voudrais avec elles avoir des relations intimes. Elles y discernent seulement une funèbre pyramide de supplications qui tend peut-être davantage à peser sur soi-même, à prendre conscience de soi-même à propos du désir, qui est le règlement du chaos, qu'à percer et démolir cette femme ou celle-ci, provisoirement et à jamais échafaudée, fermée, éloignée, en la précipitant dans son authenticité fonctionnelle et dans les gémissements explicatifs, et moi dans l'assouvissement et la mort. Prudentes, artistes, dévotes, fanatiques de Dieu, elles me donnent à moi-même en refusant de se donner. Elles mettent à profit ce qui subsiste de nos traditions patriarcales, où c'est l'homme qui commence, pour ne pas se rendre aux signaux ambigus que mon visage leur adresse. Et moi, je rêve d'une nudité soudain solide et toute proche hors de cet univers de chiffons militants, d'une nudité dévorante qui ne laisse plus d'espoir qu'au cercle parfait des vautours.

Sur le guéridon de verre décoré par une fêlure géographique stationnent un canif grenat, une boîte d'allumettes rouges à tête jaune, rangées au nombre de vingt-quatre dans un cartonnage minuscule et plat qu'illustrent un nom féminin de vermouth, *Sarah*, et une spirale verte. Par le blanc couloir de cette spirale l'homme chemine. Il débouche enfin dans la blanche plaine de Sarah, par un orifice au seuil duquel veillent quatre femmes vêtues de jais, à la peau blême, cendreuse. Il les a rencontrées quelque part mais, de cette rencontre, il perdit tout souvenir. Les dépassant, il titube, ébloui, dans la neige sans éminence. Ouvrier, soldat, martyr, employé, bourreau, avec ses mains habiles, ses molles surfaces, son armature crayeuse, il ne songe qu'à se nourrir, qu'à hurler contre ce qui l'opprime, qu'à opprimer ce dont il goûte, déjà, les hurlements, et le temps, pour lui, n'existe qu'en fonction des œuvres dont il le comble sans d'ailleurs qu'il attribue justement à ses œuvres une autre vertu que de rémunération financière ou de progression sociale.

Moi, dans la mesure où je suis et ne veux être que Filaire Monsureau, envoyé spécial, je considère le temps, et celui de ma vie, comme une première et dernière occasion de rejoindre

Dieu en confondant son action et la mienne dans la limite où le temps de Dieu, et, par conséquent, sa nature, peut alimenter la durée d'une vie humaine, même exceptionnelle, et se confondre avec cette vie. Mais le temps passe vite. Il passe comme un fou. L'homme de Dieu, moi, et les autres hommes de Dieu dont il importerait de savoir s'ils sont plus ou moins hommes que les hommes de peu, se dépêchent de s'efforcer, se dépêchent de s'efforcer de créer. Ils entassent l'adjectif sur le substantif, la couleur sur le fusain, le crime sur le crime, mais l'édifice, magnifié qu'il soit par la vertu intérieure d'une imagination supérieure, l'édifice ne va jamais très haut, beaucoup moins haut que l'ouvrage collectif de l'humanité moyenne. Il est vrai qu'il constitue, du moins je m'en flatte, une réduction du fait divin entièrement liée à la personne d'un seul artiste cependant que, loin de la vague idéalité et de la permanence ésotérique, les constructions techniques, matérielles ne relèvent de l'étincelle divine qu'à l'endroit de leur plausibilité initiale, là où leur fut donnée la permission de naître, mais elles ne font pas figure de simulacres et de recommencements au même titre que les démarches de messianisme littéraire, pictural ou politique.

... Je reprends ce cahier après quelques mois d'interruption. Les deuils qui s'abattirent sur notre pays sont encore trop frais pour que je puisse songer à tirer, à ma manière, une conclusion philosophique des événements imprévus qui les engendrèrent. A peine pourrai-je me borner à décrire la première journée du cataclysme puisque, aussi bien, le hasard me donna d'assister personnellement à l'horrible prise de contact entre nos ennemis et nos paisibles populations.

Je me trouvais au parc Monceau tout illuminé sourdement par le rouge des frondaisons d'octobre. Les enfants, les femmes, les oisifs, occupaient les bancs. Comme à mon habitude je choisis de m'asseoir au côté d'une femme. Mais, comme d'habitude, c'était couru. Je ne parviendrais pas à lui parler! Sur ce bateau de bois vogue le couple à même l'immobilité du terrain municipal, l'homme timide et la femme insondable, celle-ci n'ayant d'autre souci et préoccupation que de ne pas esquisser la moindre attitude pouvant donner prise à une initiative verbale du compagnon impromptu, auquel il ne reste plus qu'à contempler attentivement les jambes de sa voisine et les arborescences étalées et de tresser, des unes aux autres, par le regard, une résille d'analogies, de déformations et de miraculeux échanges.

Il était trois heures et quelque. Non loin de nous, un faune, les pieds recouverts par une femme couchée, jouait de la flûte, le torse légèrement oblique par rapport à tous les membres inférieurs dans l'abominable tristesse de l'Ouest parisien. Un vernifrène et un saule pleureur, frémissants de nostalgie préhistorique, correspondaient avec moi, vieil ami des arbres rugueux que j'aime tant, ces géants amputés où prospère une chevelure de feuilles jaillie à toutes les aisselles de leur torture, à tous les bouts de leur expansion tranchée ou de leur ramure effilée, zigzagante, vainement subtile à travers l'indécollable matière de l'étale ciel. Soudain, tandis que les longs cils de ma camarade de banc, dont je ne connaîtrai jamais les secrètes dentelles du prénom, battaient plus vite, et que sa lèvre supérieure, remontée par une crispation canine, découvrait la laiteuse et méprisante escarboucle des dents, j'aperçus les premiers de ceux dont nous allions tant souffrir. De longues formes d'hommes, les unes vêtues de pantalons et de chemises, les autres de pantalons seulement, sortaient de derrière la colonne des ormes et des platanes. Ils avaient la couleur de l'ombre, qui est une sorte de marron bleuté. Ni transparents, ni translucides, ils n'interposaient, entre le décor et le spectateur, qu'un écran sans densité et tels que je les eusse pris pour des fantômes si j'avais eu, en matière de fantômes, la moindre expérience optique. Ils semblaient, au sein du monde dont mes yeux ressentent avec véhémence le relief, plats, sans profondeur et d'une teinte uniforme. Les lignes et les couleurs qu'ils voilaient, on les imaginait, les restituait, en dépit de l'interposition de leurs personnes, comme s'ils n'eussent pas été tout à fait là. Peut-être disparaissaient-ils pendant des fractions de seconde? Ils donnaient une parfaite impression de présence et, en même temps, d'inauthenticité. Mais leur dessin et leurs gestes se découpaient merveilleusement sur la toile de fond, peinte d'enfants, d'arbres et de statues qui, de teintes plus vives, accourait en avant de ces hommes couleur d'ombre dont, cependant, il n'y avait pas à douter que, pour semblables qu'ils fussent à des personnages de papier découpé, ils occupaient dans l'espace des emplacements précis. Leur anomalie, outre leur actualité clignotante, venait de ce qu'on ne les saisissait jamais que de profil, comme les voisines latérales du banc ou de tramway. Je ne sais pas s'il arriva jamais à qui que ce soit d'entre nous d'apercevoir de face ou de trois quarts un de nos conquérants, qu'on appela depuis les niam-niam, en abusant d'ailleurs de ce vocable, car tout ce que nous sûmes du site de ce peuple cruel et profilé dont je contemplai, glacé d'horreur, les premiers pas sur nos fertiles contrées, c'est qu'il venait des forêts de l'Afrique. Ces niam-niam, puisque niam-niam il y a, grands et bien découplés, tenaient à la main gauche un paquet de flèches, du type exact de celles qui, noires, et peintes sur les murailles, indiquent la bonne direction.

Bondissants et, à la manière du liquide, empruntant quand il y en avait, le chemin des déclivités, ils saisissaient, chacun, entre deux doigts de la main droite, une de ces flèches, et ramenaient l'avant-bras en arrière. On ne voyait pas la flèche partir, tant la détente s'effectuait avec promptitude mais, en un clin d'œil, tandis que les silhouettes à éclipse se répandaient dans le parc Monceau, les femmes, et, entre autres, la mienne (je veux dire celle qui siégeait à mes côtés sur le banc) eurent, piquée dans le rond sommet de l'épaule droite, une longue baguette noire terminée par deux rigides barbes. Je ne l'établirai jamais. Quelles plumes ou quels copeaux la composaient?

Les enfants n'étaient pas épargnés, ni les hommes. Tous portaient à l'épaule une flèche enfoncée. Moi seul qui, pour mieux voir, étais grimpé debout sur le banc, si favorablement placé que, de cet observatoire, j'avais une merveilleuse vue cavalière du jardin et, sans doute, de tous les jardins et parcs publics de la capitale et de sa banlieue immédiate, demeurais sauf. Peut-être les niam-niam avaient-ils discerné sur ma personne les signes à quoi se reconnaît un historiographe sincère sachant poser à bon escient les touches de couleur pittoresque. Peut-être encore m'avaient-ils pris, dans mes vêtements pluvieux et sous mon masque morose, pour une ombre complice. Ou, encore, me protégeaient les talismans d'Anabulas. Ou... Toujours est-il qu'ils évitèrent de m'atteindre alors que les pleuvantes flèches semblaient, rigides, jaillir du corps même des victimes. M'habitait de ma mystérieuse sécurité, un parfait sentiment, faute duquel ma lâcheté naturelle eût tôt fait de me précipiter, décomposé d'avance, sous le banc.

Ma voisine, stupéfaite par le spectacle qui se déroulait devant nous, avait donc reçu sa flèche. Je la vis pâlir, le visage contracté. Puis j'aperçus, posées dans ses cheveux, les barbes du dard. La jeune femme au profil de sabre et de cerise s'affaissa légèrement sur elle-même, plus hypnotisée que défunte, et la fatigue flétrit adorablement celui des côtés de son visage que me consacraient nos positions respectives. Je me hâtai, dérisoire tacticien, de me rasseoir à son flanc, l'air faussement absent, le cœur trépidant dans son manchon de graisse. La belle perdit ses sens. Peu à peu, ce qui m'étonna davantage que l'assaut des niam-niam, l'ovale de sa face à moi se révéla, et ses yeux d'émeraude ainsi que je les aime, qui m'absorbaient, où je me sentais fondre et brasiller, mais qui, déjà, ne voyaient plus, plus ignorants de moi que jamais, et froids, et cruels, tandis que toi, pauvre déshérité, tu t'arrangeais la cravate, tu essayais d'attraper le genre potable. Potable convient, car ces prunelles me buvaient, inertes, au fond, comme des lacs où ne rôdait que mon image trop connue. Cette jeune femme si désirée ne tournait et ne penchait vers moi que son cadavre. Je distinguais le doux et blond détail de ce visage interdit que, maintenant, si je voulais, je baiserais, car j'étais là. J'étais là, mais elle, elle avait cessé d'être là. Soudain, alors que ma rêverie malsaine possédait cette charmante enfant qui, de plus en plus, s'inclinait vers moi – vers moi tremblant de me connaître, une fois de plus, pour un saligaud – deux de ces niam-niam dont j'avais oublié la dangereuse proximité surgirent près de notre groupe. Toujours de profil, à un mètre de moi qui, tout de même, avais quitté précipitamment le banc, ils s'affairèrent auprès de la pauvrette. J'eus le sentiment que, dans tout le jardin, les autres sagittaires en usaient avec leurs victimes comme ces deux fuligineux individus. Ils ôtèrent à Prunelles d'Émeraude sa courte jaquette, son poulauvert. Mon diaphragme allait se paralysant. C'était, en somme, la première fois que, d'une femme qui ne fût pas une prostituée, la nudité progresserait lentement devant moi. Je pouvais me croire dans un boudoir... Quoique regrettant de ne pas opérer moi-même, je me félicitais presque de la présence de ces caméristes athlétiques qui venaient à bout de la complication du vêtement féminin beaucoup plus vite que je n'eusse pu y prétendre. Sous leurs mains d'ombre, la petite chemise apparut, ornée de ravenelles brodées, et la jupe, fermée de boutons à pression, s'ouvrit, laissant voir une sorte de ceinture rose dont ils trouvèrent en vitesse le sésame. Ils pêchèrent, avec des précautions que j'estimais, la petite chemise par la tête. Nue jusqu'au ventre, ils couchèrent Prunelles sur le banc. J'étais tout prêt à rendre service, mais ils ne me demandaient rien. Ils laissèrent à l'émouvante personne sa jupe qui, descendue le long du corps, voilait ses jambes jusqu'aux chevilles. Ignoble, je détaillais ce joli buste, si mince, si doré, avec ses pommes égales qui me faisaient abonder sur les lèvres le miel de l'aube. Toute la lumière du monde émanait de cette jonchée de nacres pâles et pures que rassemblait vers le bas, à la limite de la taille de la jupe, la radieuse crespelure du coteau de Vénus, c'est-à-dire une ineffable mêlée de pourpre voltaïque et de frisons châtains.

Entre les mains d'un des niam-niam apparut un appareil qui, lui, présentait tous les caractères de la solidité et de la profondeur normales. Il s'agissait d'une sorte de thermocautère à essence de térébenthine. Le niam-niam approcha du corps de la femme l'aiguille du thermocautère. Pompant d'une main, il commença à piquer la face antérieure du cou, sous le menton aigu et abandonné. Le contact de la chair et de l'aiguille, monstrueusement fine, n'engendrait aucun bruissement, aucune odeur. Je n'ai jamais, moi ni personne, compris pourquoi les niam-niam soumettaient à ce traitement les organismes décédés dont ils comptaient tirer un mystérieux parti. Ayant appliqué sur le cou magnifiquement tendu par le poids de la tête qui, hors du siège du banc, pendait, lourde du varech suave de la chevelure, un nombre de piqûres vraisemblablement pair et symétriquement réparti de part et d'autre de l'axe du corps, l'aiguille, continuant à faire son office, descendit, s'enfonçant dans la peau muette, où la clarté de l'après-midi faisait valoir le tendre blé. Sous les seins, les piqûres dessinèrent la branche invisible d'une croix et, à la hauteur du nombril, elles tracèrent une seconde branche qui s'étendait à droite et à gauche jusqu'à la pointe des hanches. Puis, couvrant et suivant cette ligne de poils minuscules qui file droit entre ombilic et pubis, l'aiguille active, entassant comme les lignes d'une addition les ponctions parallèles, s'arrêta à la limite du nid, laissant la toison triangulaire jouer le rôle de la Somme. Après cette préparation inexplicable, mes deux niam-niam, toujours et à jamais de profil, m'apparurent frémissants et agités. L'un d'eux, rengainant, je ne sais où, son thermocautère, fit luire entre ses doigts un scalpel et incisa, quatre fois, le cou, toujours offert et tendrement poli, de ma petite Prunelles. L'autre niam-niam qui, de même que son compagnon, s'arrangeait toujours, au sein même de la plus grande activité, pour que je ne discernasse que son profil, si bien que je ne puis encore affirmer si ces hommes sont vraiment plats comme des soldats, de papier découpé, auquel cas, vus, si je puis dire, de dos, ils auraient présenté l'aspect du fil à couper le beurre, se disposait à une intervention difficile sur la nature de laquelle j'allais être bientôt fixé. L'incision étant terminée, il se précipita vers le cou de ma chère Prupru. Par la « fenêtre » carrée que le scalpel du congénère venait d'instaurer, il plongea ses mains rejointes dans le secret des tissus et captura je ne sais quelle glande, quelle bête vivace et fragile qui se débattait et tentait de fuir. Aux réflexes saccadés du chasseur, je crus même qu'elle allait y parvenir, non qu'elle pût être douée d'une force supérieure à celle du niam-niam gigantesque, mais en raison de la crainte terrible, génératrice de maladresse et de gaucherie, qu'éprouvait ce dernier à la pensée de laisser filer sa capture ou de l'étouffer. Dans un flacon de verre ils la mirent, scellé d'un bouchon rouge que traversait un mince et court chalumeau de métal, et mes yeux la ressentirent comme une sorte de crème ou de précipité d'un rose blanchâtre. Abandonnant, sur le banc, la sacrifiée (maintenant, avec son cou béant, elle me fait horreur), les deux niam-niam, partout imités, dans tous les jardins publics qu'ils choisirent en premier lieu pour le théâtre de leurs exploits, burent alternativement au flacon la précieuse substance. Avec un atroce ricanement, ils m'en offrirent. Je ne me sentais pas de taille à refuser...

Dix minutes à peine après l'intrusion des niam-niam, tout le jardin avait été par leurs soins, vidé, suivant le procédé que j'exposai, des âmes qui le hantaient. Quand survinrent les gardes mobiles, les niam-niam bondissants avaient regagné derrière les arbres, au pied des statues, dans toutes les auberges de l'ombre, d'inexpugnables abris. Les rafales des lebels ne firent sauter que des paquets d'écorce végétale ou des entrecôtes de marbre. Voyez, mes amis, voyez cette broche. Elle représente, en nickel imitant le tulle, une cravate, une lavallière. C'est un bijou de quinze sous que je ramassai auprès de mon amie la morte... Quoi? Qu'y a-t-il? Messieurs...

– *Faites de nous ce que vous voudrez. Vous êtes le roi des niam-niam, le roi des vainqueurs. Faites de nous ce que vous voudrez, mais ne vous moquez pas de vos vaincus. Ne prenez pas ce ton papelard, cette voix souffreteuse. Vous nous avez eus. Mais vous n'êtes pas des nôtres ! Jamais vous ne serez des nôtres ! Tuez-nous tous ! Tuez-nous toutes, ô roi des niam. Salaud ! Cochon ! Fumier ! Nègre ! Bon Dieu !*

ACTE IV

SCÈNE I

Était-ce, était-ce bien la peine de m'avoir tellement asticoté à propos de cette jeune fille à peu près russe et vaguement israélite?

Toi qui, tout à la fois, es ma mère et ma femme, ô monstre jumelé, dur comme la raison, froid comme la matière, ô noble, ô cruelle Hottentote, tu me dis, l'autre jour, avec ta bouche avare qui plonge dans ton cœur par un tube de fer : « Nous allons faire une visite. Viens... »

Je suis venu. Je me suis assis. J'ai tremblé.

Cela se passait dans ce quartier juif qui me poursuit, de rêve en rêve, depuis cinquante mille ans, avec ses odeurs de pourriture non sensibles à la narine, ni marines, où la dernière traînée des myrrhes anciennes se marie au bouquet de la sinusite des rabbins (qu'ils vivent!).

Nous entrons dans une maison et nous sommes reçus par... Ah! misère!

Pourquoi te veux-tu si méchante?

Nous étions chez la jeune fille. Mais elle n'était pas là.

Des verres noirs sur les yeux, sa mère, malade, reposait. Près de cette sexagénaire, et jusque dans son lit crasseux, des femmes, des adolescentes, sœurs et nièces de ma complice vénielle, gisaient, également, mondaines et dolentes et le microbe du sordide épaississait les airs.

Voici bien longtemps que j'avais cessé de penser à cette jeune fille qui ne fut jamais, d'ailleurs, que ma dactylographe ou, à la rigueur, ma maîtresse d'ingouche. Et toi, sinistre épouse, mauve abjecte et sacrée, tu m'amenais auprès de ceux de sa famille, vers mes tachycardies abandonnées, dans cette peste de femmes étendues que rongeait une vérole de Piterbourg, à moins que ce ne fût un rhumatisme de Cracovie, une démission osseuse et béribérique, un rassemblement vers le vide purulent au centre intime du cadavre.

Tu papotais. Tu potinais. Tu commentais les recettes du hareng, du faux marbre, et moi, qui, pour la première fois, approchais le milieu d'Alexandra Bomegassère, je cherchais, mû par l'injonction des circonstances et par ma visuelle fureur, le souvenir, le témoignage, l'allusion du boudin d'or crépitant sur une nuque oubliée...

Les créatures malsaines, couchées dans leur linge abominable, se mettaient, innocemment, de profil, enlevaient leurs lunettes, proféraient le menton comme l'autre, jadis, afin que j'hésitasse et que je me troublasse, la reconnaissant presque et n'y parvenant plus.

Elle n'était pas là, mais ses yeux, mais ses lèvres étaient là, mais sa chair pure et louche, sa ressemblance insinuante et foisonnante. Ô trahison!

Pendant que la ravissante Alexandra visitait le littoral de la Baltique ou bien poussait la roue en fer dans un bagne guatémaltèque, tu souriais, avec un sourcil, à ton hôtesse. Le sourcil qui te restait me criait : « Ah! L'on voit bien que tu l'aimes encore!... » Et tout le monde, au fond, s'amusait, en dépit de la puanteur de sphères corrompues qui régnait à pleines étouffes dans cette rue des Rosiers revue et embellie par ma noire hantise.

Cette vieille, ces femmes, ces filles, pareilles, molles, l'extrémité du prognathisme arrêtée net, par l'effort rétractile des yeux allongés, juste au moment qu'il eût fait d'elles des toucans ou des tétracères, elles, et toi, la dure, l'insondable vipère afriquéenne qui continues mon sexe, me traînes et m'étrangles, je vous vomis du même amour.

Je n'avais qu'un espoir, le retour du père, de monsieur Bomegassère, avec, probablement, un col sale, mais glacé, des lorgnons, de la barbe, un ventre comme le mien, lequel, parfois, me monte à la tête, et, sur les doigts, les taches de la cigarette.

Mais le père ne revint pas.

Je dus courir à la police pleine d'hommes, afin de le dégager, car – Sainte Nitouche et Sainte Bourelle comblant ton corsage bantou – tu m'avais dit : « Il faut bien s'entraider, ma quenelle! Ce sont nos amis, mon poussin! Le préfet ne te refusera pas cela, ma loutre! Dépêche-toi! mon cœur, dépêche-toi! »

Hélas! En même temps, toute ta face, couverte de sombres prunelles, d'orifices démesurés, me hurlait : « Tu ne pourrais pas, non, te montrer plus décent et ne pas, comme un bouc, galoper, comme un homme, gaspiller de l'autobus et de la semelle, risquer de perdre ta situation et tes médailles, et tout ça parce qu'il s'agit du père de cette... de cette... de cette cocotte? »

Un cas comme le tien se traite par le fer.

Mais tu es ma mère et mon épouse, la diluvienne d'avant le déluge, la nuit suprême qui me pondit. Tu me tiens par en bas, par en haut, profonde, perfide, abyssine, abyssale, et c'est toi, inessuyable suie, qui me laves les pieds parce que mes bras sont trop courts.

La police, ayant rigolé, me dit : « C'est une expérience tentée par votre dame. Monsieur Bomegassère, il y a vingt ans qu'il est mort, à l'issue d'un concours d'avaleurs de voyelles... »

Là-dessus, toi, moi, nous nous rendîmes dans le midi. Le vent triste s'y tenait debout. La pluie avait la saveur des cannières dissoutes dans le gingembre des pharmacies écossaises. Les nuages de la fièvre végétative tournaient autour du pavillon des bateaux de plaisance où l'on meurt du choléra Bashkirtseff. Nous passâmes devant la villa Caroline. Sans descendre de bicyclette, là, j'entrai, car, en ma qualité de prieur de tous les ordres préhistoriques, j'ai le droit de pénétrer à cheval (mais je n'ai jamais pu apprendre le cheval) dans les maisons à louer, le secret des planètes et ma honte d'être juste.

Je reconnus la villa, ses iris, ses palmes, son gravier, son style adjudant-chef de chasseurs alpins, ses fresques cheminant, sous l'ondée et sous l'aigre mistral, vers une noblesse passéiste, et jusqu'aux fleurs du papier peint. De l'une d'elles la tige, un jour, au doigt, piqua mademoiselle Lorge qui, trois heures plus tard, creva, blême et gonflée.

C'est ici qu'habitait le sévère Norou, mon ami qui, n'aimant personne, ne m'aimait pas. Mais il me considérait parce que j'avais inventé le verbe humain... Il est mort à la guerre, un drapeau dans le foie.

De l'autre côté de la baie, en mil neuf cent treize, se démenait le carnaval, et l'Eldorado rutilait, et les matelots du *Potemkine* écrasaient leur face contre les vitrines de l'avenue de la Gare où trois femmes brunes vendaient, en principe, de la dentelle. Mais ici, la cloaque marine mugissait, indifférente aux supplications hôtelières et aux suggestions coloniales des accessoires décoratifs, palmiers, cactus, disséminés sur ses rivages...

A bicyclette, de pièce en pièce, j'allai. Tout à coup, j'entendis un pas qui descendait l'escalier. En cotillons de spectre incolore et têtu, la mère de Norou devant moi se dressa. Elle était aussi méchante que toi. Vous deviez vous fournir chez le même épicier en tripes à la mode de Caïn, en sardines munies d'un os coupant, en riz qui, dans la gorge, sème des trous.

La mère de Norou, le jour qu'elle mourut, n'avait plus de poumons, mais toute sa tête, pleine du chant des coqs empoisonnés et de la connaissance de l'ordre des viandes sur les tables de la bourgeoisie qui se cache pour tester et qui se communique la carie dentaire de bouche en bouche, à l'heure des voyages de noces.

Les femmes! Les femmes! Les femmes! Juteuses, essorées, musicales et riches, j'en rêve sans arrêt, sans honneur. Je ne pense qu'à l'exacte splendeur de leur satin lucide, à la géométrie confuse de leurs jambes, au repliement archangélique de leurs ailes sous lesquelles tant de ma grâce reste pris qu'elles bougent pour peu que, de loin, Luc leur souffle dessus. Et ce que j'en obtiens, toujours, ce n'est, jamais, qu'une bouche noire, ouverte, sur le vide immonde où des lanternes de fumier s'entrecroisent vers la solution strictement mortelle de mon énigme immortelle.

SCÈNE II

Rothon. – Je suis à plat. Mes tentatives pour utiliser l'énergie thermique des vers ont échoué. Il fallait s'y attendre. Mes sonnets ne se vendent plus. Ils ne se sont, d'ailleurs, jamais vendus. Pourquoi fais-tu cette tête-là?

Mélanie. – L'homme du gaz est venu. Il a coupé le gaz.

Rothon. – Eh bien! moi, je couperai l'homme du gaz. Mais comment fera-t-on cuire les côtelettes?

Mélanie. – Il n'y aura plus jamais de côtelettes.

Rothon. – Un qui sera bien attrapé, c'est ton homme du gaz!

Mélanie. – A la rue des Francs-Bourgeois, ils m'ont donné trois francs pour la pendule. Les enfants vont rentrer de l'école. Il faudra bien leur donner à manger. Que comptes-tu faire?

Mélanie. – Les enfants vont rentrer de l'école. Il faudra bien leur donner à manger. Que comptes-tu faire?

Rothon. – Pourquoi les enfants? Pourquoi pas moi?

Mélanie. – Pourquoi, pourquoi pas moi?

Rothon. – Tu t'occupes des enfants comme s'il n'y avait qu'eux. Moi aussi, il va falloir que je mange!

Mélanie. – Toi aussi, mon ami, toi aussi. Que comptes-tu faire?

Rothon. – Encore!

Mélanie. – Que comptes-tu faire?

Rothon. – Si tu répètes cette phrase, je m'abandonne à mon tempérament épileptoïde.

Mélanie. – Les enfants vont rentrer de l'école.

Rothon. – Les enfants vont rentrer de l'école... On dirait une chanson. Les enfants – vont rentrer – de l'école. Sales gosses! Si je m'étais écouté, je ne me serais jamais marié. Seul, dans une chambre blanchie à la chaux, assis sur des dictionnaires, couché à six heures de l'après-midi, levé une heure avant minuit, je dessinerais, sur les murs, des aigles et des hirondelles. Au petit jour, quand les belles femmes rentrent de réveillonner, moi, qui serais déjà rassasié de sommeil, je n'aurai qu'à descendre dans la rue pour m'offrir à les raccompagner chez elles, ou chez moi. Alanguies, endormies, elles n'opposeront à mes entreprises qu'une faible résistance. Pour mon art, j'ai besoin d'aventures, d'excitations. Toi, ma chérie, tu n'es pas mal, mais toujours la même, et si cadenassée! Un bœuf, un palmier... C'est comme si j'avais épousé un bœuf, ou un palmier.

Mélanie. – Tu ne me blesseras plus.

Rothon. – Naturellement. J'aurais réussi dans la vie, tu frémirais encore sous mes reproches. Maintenant, je ne suis même plus bon à t'irriter. A propos, ne me demandais-tu pas, à l'instant, ce que je comptais faire?

Mélanie. – Oui.

Rothon. – Découper des étoiles roses dans du buvard et les fixer aux quatre coins de notre chambre. Acheter une roue de brouette, lui faire sauter ses rayons et la pendre au plafond de la salle à manger. Quelle belle jante ça nous fera! On pourrait encore, à l'aide d'un pistolet d'ouvrier peintre, semer de circonférences jaunes et inégales, qui seraient censément des ronds de soleil, nos meubles, nos pauvres meubles à trois pattes. Enfin, j'aimerais assez loger dans la cuisine une sphère bleue. Combien t'es-tu fait, la semaine dernière, avec tes cartes postales à colorier?

Mélanie. – Cinquante francs. Et nous sommes cinq.

Rothon. – Quatre de trop. Ta mère?

Mélanie. – Elle n'a plus rien. Tu le sais bien.

Rothon. – Ah! Comme tout cela est curieux! Les nuages passent. Les arbres bougent. Les objets, si on les lâche, tombent. Et je sais encore siffler. Rien n'a changé dans l'économie apparente du monde. Cependant, pour des raisons qui manquent vraiment de clarté, nous sommes, à t'en croire, sur le point de mourir de faim. Avoue que nous y mettons du nôtre.

Mélanie. – A quel point de vue?

Rothon. – C'est inouï, ce que tu manques de variété dans tes formules! Que comptes-tu faire? A quel point de vue? Ça ne te gêne pas, non, ces répétitions? Ah! Je te tuerais, uniquement pour t'entendre hurler quelque chose d'inattendu... Maudit sois-tu! par exemple, ou bien : Je te pardonne tout, m'amour, prends soin des petits et fleuris ma tombe... Mais non... Tu fermerais la bouche en même temps que les yeux. Et moi, ivre de rage, je serais obligé de te retuer, ce qui équivaudrait à te ressusciter. Mettons que ce soit fait, et n'en parlons plus. Qu'est-ce que je disais?

Mélanie. – Que nous y mettions du nôtre, je crois.

Rothon. – Que nous y mettions du nôtre? Je ne vois pas... Aide-moi... De quoi était-il question?

Mélanie. – De mourir de faim. Il en est encore question.

Rothon. – J'y suis! Oui, je disais que, dans notre misère, nous étions sans doute pour beaucoup, non seulement en acceptant, en entretenant nos personnalités, non seulement encore en manifestant, moi du moins, une certaine incompétence dans la gérance de nos intérêts terrestres, mais aussi, mais surtout en croyant à une multitude de dieux. Il n'est pas vrai que le paganisme ait succombé! Les hommes révèrent toujours les mystérieux habitants des sources et des écorces, de la prospérité et de la jeunesse, de la famine et de la maladie. Regarde ces nuages. Regarde ces arbres. Le monde est limpide et frais. Les signes extérieurs de l'urgence et de l'authenticité de notre faillite n'abondent pas. Cependant, avec amertume, avec amertume mais sans discuter, nous nous consacrons au culte de cette peu engageante divinité. Demain, de même, nous croirons avoir soixante-dix ans, et nous les aurons, à moins que, d'ici quelques minutes, avant que tes enfants, ou, si tu veux, nos enfants, rentrent de leur école, nous nous persuadions que nous sommes morts. Alors, on nous trouvera effectivement, le cœur troué, chacun... Mais combien cette circonstance, déjà, nous apparaît secondaire et bassement explétive! En somme, je pense qu'à l'origine de chaque destinée, de chaque sensation, il y a, bien caché, bien souterrain, échappant tout d'abord aux intéressés, et, même, n'échappant qu'à eux, un acte de foi. Oui, il y a un acte de foi. Les témoins, les spectateurs, les autres, eux, ne s'y trompent pas, qui, d'une jeune fille, d'un cancéreux, d'un hippopotame ou d'un centenaire, parlent comme d'entités voulues et délibérées par elles-mêmes. Tout se passe comme si les Juifs avaient choisi d'être les Juifs, les Zibelines, les Zibelines, Sennacherib Sennacherib. Le nom et les démarches de chaque individu nous fournissent, à l'égard de cet individu, le principe d'une insulte ou d'un compliment, la matière du reproche ou de l'admiration. Il ne vient à l'esprit de personne de tabler sur l'irresponsabilité foncière de personne. Mais cette responsabilité de nous-mêmes, dont nous sentons dans notre bouche la saveur désagréable, ce n'est pas exactement à nous, pauvres fantassins de la terre, grinçants échafaudages de lobes et de ganglions, qu'elle incombe. Dans le pire repli de chacun de nos organismes, quel fragment exotique, notre moteur à la fois et notre prisonnier, nous désire-t-il, nous réalise-t-il jeune ou vieux, triste ou gai, blond ou brun, affamé ou rassasié, Président de la République ou marchand de gaufres? Ceux que l'on respecte comme irresponsables, les fous, sont précisément ceux qui, les plus responsables, au contraire, de tous les mammifères, regimbèrent contre ce qui, dissimulé dans leur individu, les décida chef d'orchestre, ou expert-comptable, ou employé de l'octroi, ou, simplement, homme humain, et qu'ils n'approuvèrent pas... L'amateur épars, le pullulant transformiste qui se partage infiniment pour séjourner au sein de nos carcasses, afin de savoir ce que l'on ressent quand on est, ou qu'on se croit (ce qui revient au même) jeune ou triste, blond ou gai, brun ou vieux, je le dépisterai sous ma propre carcasse, oui! La venimeuse graine d'intime conviction qu'il déposa dans moi, dans moi comme dans toi, dans toi comme dans tous, elle comporte, chez certaines natures que sa superstition l'induisit à ne point duper jusqu'au bout, un minuscule, un blanchement purulent point de lumière, d'autonomie, de liberté, de grave et haute folie. Tu me suis! La part de Dieu... Je la trouverai, cette tête d'épingle, cette minuscule lumière! Dans la route claire qu'elle signale et dénonce, je me lancerai, je m'enfoncerai. Je déboucherai, soudain, sur une plaine admirable et juste. Là, je rigolerai bien de notre misérable et rustique croyance actuelle à l'homme du gaz, à la nécessité du suicide, à notre âge, à notre odeur. Voilà, voilà ce que je compte faire! J'entends, j'entends bondir les poulains de la joie. Tu les entends? Va donc leur ouvrir.

Mélanie va ouvrir. Apparaît Amédée.

Amédée. – Bonjour, messieurs, dames.

Rothon et Mélanie. – Qu'est-ce que c'est?

Amédée. – Je voudrais parler.

Rothon. – Eh bien. Allez-y.

Amédée. – Voilà... Vous n'avez pas de vieilles bouteilles?

Rothon. – De vieilles bouteilles? Quelques-unes, peut-être. Mais pour quoi faire?

Amédée. – Oh... Rien de grave. Vous pourriez peut-être les remplir d'acide sulfurique. Le parti fournit l'acide sulfurique. Vous les videz sur la tête des policemen. Ça ne fait pas de bruit. Et dans un sens, c'est un désinfectant.

Rothon. – Vous êtes fou! Allez-vous-en!

Amédée. – Bien sûr... Bien sûr...

Mélanie. – Qu'est-ce qu'il veut? Il présente un aspirateur.

Rothon. – Non, il raconte une histoire de bouteilles.

Amédée. – Ne vous fâchez pas. Vous montez comme une soupe au lait. Maintenant, si l'acide sulfurique ne vous plaît pas, vous avez toujours la ressource de me vendre les bouteilles. Je les achète un sou le cent. Cela vous va?

Rothon. – Un sou le cent? Mais jamais nous n'en aurons cent. Elles sont là, sous la table. Les autres, on les a cassées, jetées...

Amédée. – On a eu tort. La science nous enseigne qu'il existe en Australie des tribus qui traînent partout avec elles un trésor composé de vieilles bouteilles. Tiens. Vous commencez à vous intéresser aux vôtres?...

Rothon. – Voici celles de la dernière Noël. Le porto du jour d'Eugène. Les remèdes de la petite. Que de remèdes! Il y en a pour une fortune. Et ça ne fait même pas un sou. Prenez-les, si vous voulez.

Amédée. – Pouvez-vous me rendre sur mille francs?

Rothon. – Vous plaisantez.

Amédée. – Moi, plaisanter? Mais qui croyez-vous que je suis?

Rothon. – Je ne sais pas. Un insurgé.

Amédée. – Bien mieux que ça. Un philanthrope. Tenez, bien que vous ne l'ayez pas mérité, je vais vous faire un cadeau magique. Cela va beaucoup vous servir.

Rothon. – Je vous vois venir... C'est encore une réclame... Une vente à tempérament... Vous feriez mieux de nous laisser. Nous sommes tristes. Nous ne sommes pas gais.

Amédée. – Précisément... Je vais vous faire plaisir... Bien plaisir.

Rothon. – Est-ce qu'il y aura beaucoup à payer?

Amédée. – Mais pas un radis, voyons. Je suis un philanthrope. Je croyais vous l'avoir dit. Je suis un philantrope, et je m'explique. Voilà. Oui, voilà. J'ai besoin d'un couple. Oh! rien de mal, rassurez-vous. J'ai besoin d'un beau couple... d'un joli, d'un jeune couple. A propos, quel âge avez-vous?

Rothon. – Moi, vingt-huit. Elle, vingt-quatre... Elle est de novembre. Le scorpion.

Mélanie. – Du 13 novembre.

Amédée. – Oh! Parfait... parfait... Il faudrait que... Vous n'avez jamais été malades. Pas de tuberculose, de gastralgie?... Non... Seulement les bobos courants... Les bobos courants... Quelle jolie expression!... Vous ne trouvez pas?... Eh! bien... C'est un coup, au bas mot, de cent mille balles. Hein! Qu'est-ce que tu en dis, l'ami?

Rothon. – Quoi? Je ne comprends pas.

Amédée. – Doucement. Doucement. Je suis sûr que vous aimerez beaucoup cela. De quoi vous en payer, des artichauts, des bicyclettes! Écoutez... Cela devient sérieux. Vous n'entendez rien?

Rothon. – Non. Pourquoi?

Amédée. – Parce que si vous aviez entendu quelque chose, de l'autre côté de la cloison, on aurait pu nous entendre également, et il ne faut pas, non, il ne faut pas. Vous ne trouvez pas que vous ressemblez à quelqu'un? On ne vous a jamais dit que vous ressembliez à quelqu'un? Dites?

Rothon. – Je ressemble à mon oncle l'adjudant.

Amédée. – Ah! Monsieur votre oncle était adjudant? Oh! très bien. Très bien. Tous mes compliments. Mais à personne d'autre vous ne ressemblez, selon vous?

Rothon. – Non... Je ne sais pas... Je ne vois pas...

Amédée. – Vous êtes fou. Vous ressemblez au patron. Garde à vous!

Rothon. – Dites donc! Je commence à en avoir plein le dos. Laissez-nous tranquilles.

Amédée. – Vous ressemblez au patron. Avez-vous compris? *Vous ressemblez au patron.* Il serait temps, il serait grand temps, mon petit, que vous comprissiez. On a besoin de vous. C'est vous, désormais, qui figurerez aux inaugurations et qui recevrez les bombes et les coups de pétard et qui embrasserez les petites filles. C'est vous, le cas échéant, qui ferez la taule. Votre femme logera au palais. Elle s'occupera du linge. Le linge, le sang... Allons! Prenez votre manteau. Il y a longtemps que je vous ai à l'œil.

Rothon. – Éminence! Éminence! Cardinal Bufarel! Mais je ne suis pas Dieu.

Amédée. – Personne n'est Dieu.

SCÈNE III

Tout commença au moment où j'écrivis le mot *alluvion.* Je traçais le a, le premier l, le second l, et les autres lettres, correctement, vite, comme un homme du métier (j'en suis un).

Quand j'eus écrit le mot *alluvion*, je le relus, et je constatai que cela faisait quelque chose comme *aggluritation*. Comment? Comment? Ah! celle-là! Je recommençai. J'écrivis le a, le premier l, le second l, toutes les lettres, le u, le v, avec soin, en m'appliquant, en me courbant. En les écrivant, ces lettres, je les comptais. Il y en avait huit. Moi, qui n'ignore pas que ce mot est du féminin et qu'il vient du sanscrit *loufia* (ce que chacun ne sait pas), il ne se pourrait que je ne susse point l'écrire? Quelle blague? Maintenant, tout va bien. Tout va très bien... Je me relus. Savez-vous ce que le papier me proposa? *Riezifghklà*. Ah! çà! Les ponts sont-ils coupés entre ma tête et ma main. J'écris *alluvion* et ça tourne autrement. Mais... mais... messieurs!... papa!... Des témoins! Des témoins! Je veux écrire devant témoins! Regardez tous! Regardez bien! Je trace le a, le premier l, le second l. Vous suivez ma main? Vous la suivez? Oui? J'écris a-l-l-u-v-i-o-n. J'écris a-l-l-u-v-i-o-n. Voici le mot *alluvion* tracé, sur le feuillet, devant vous, avec la plume, avec l'encre. Prenez. Lisez. Vous avez lu... Vous vous taisez... Je sais qu'il est là, noir sur blanc. Je sais qu'il y est, parce que je viens de l'y mettre. Vous me regardez... Quoi? Passez-moi le papier! *Brasinèse*. Qu'est-ce que ça veut dire? C'est moi qui ai écrit ça? Oui... C'est moi... La ligne saigne encore et c'est mon écriture, mon écriture du mercredi... Soit... J'accepte qu'on m'interne quelques mois. Partons.

Ma belle-sœur m'accompagne. Ma femme me précède. Pour commencer, j'aperçois un grand éléphant blanc... Il porte une tourelle d'or ou de tout autre métal. Au plafond de cette tourelle pend un vaisseau de pierre précieuse, ou de toute autre pierre, muni de quatre ailerons et traité en forme de poisson. Dans ce vaisseau clapote doucement un litre, et deux, de liquide paranoïen. Dans ce liquide baigne une fleur que décorent quatre lunules couleur de fer. L'éléphant marche. Par le chemin de sa trompe raidie il gravit sa propre colline et, pas plutôt, il atteint le monticule de ses épaules, il explose. La fleur voltige dans le nuage décoché. Je la saisis. Je la mordille. Et je suis mort.

ACTE V

Poète et musicien, qui portent en eux une énorme semence de rythmes, doivent-ils exprimer et fixer par des œuvres leur singulier mérite, et le rendre historique, tangible? Les œuvres d'art possèdent-elles d'autre utilité que d'administrer la preuve d'une sensibilité, d'une étrange spécialité chez les hommes qui les produisent? Renferment-elles plus de signes superbes et émouvants que les démarches immédiates et quotidiennes de la vie, de la cervelle et du cœur des artistes?

Faute de peindre, d'écrire, de prêcher, Rubens, Hugo et Bossuet cesseraient-ils d'être Rubens, Hugo et Bossuet? S'il faut vraiment que, pour être Rubens, Hugo et Bossuet ailleurs que sur leur livret militaire et sur le registre des paroisses, ils aient peint, écrit et prêché, nous devons bien en conclure qu'ils furent, en tant que grands hommes et vastes noms, engendrés par leurs œuvres. En effet, si quelque magnifique pavillon, et, en l'espèce, le nom de Rubens, de Hugo ou de Bossuet, couvre de ses franges et de son ombre l'ensemble d'une production dont, autrement, les parties faibles n'auraient jamais atteint à aucune espèce de célébrité, cette production échoue à vivre d'une vie autonome, à voler de ses propres ailes. Elle se présentera toujours comme la sécrétion, la floraison, la verrue, la couronne et la compagne de chaînes d'une personnalité humaine. L'œuvre ne se distinguera pas de l'auteur. Elle, avec lui, se fondra.

Les créations banales, cependant, de l'esprit et des mains de l'espèce d'Adam se dessinent avec un relief saisissant et un rayonnement immédiat quand, aux yeux du passant contemplatif, elles émanent du parfait anonymat. Un réverbère à l'angle d'un terrain vague, une grande maison de briques sur un coteau suburbain, un catalogue publicitaire, un châssis de bois blanc, une toile au grain dur cuirassée de colle et de céruse, un rapport d'inspecteur de police, une missive inconnue où la pluie transforma les lettres en chrysanthèmes violacés, que vous trouvez sur le sol du métro, une fresque dans un cabaret de Romainville, de telles entités, qui ne partagent avec nul pontife l'honneur et la misère de leur destin insondable, hurlent, geignent et rient vraiment, démontrent une étonnante autorité, se suffisent et m'en imposent. Un poète comme Leconte de Lisle désira certainement que son œuvre, par rapport à lui, ait l'air de faire bande à part. Il espérait que, par ce moyen, elle se procurerait les puissantes caractéristiques de l'objet orphelin, casque, pierre de taille, poutre, pic de mineur, que l'on voit attendre, rêver et, en un mot, régner à tous les coins de l'univers sous une massive visière d'impériale modestie. Et c'est probablement pour éviter que sa créature offrît les décevants symptômes de démonstration du génie (du génie qui, tout à fait sûr de lui, dédaignerait de s'exercer et de se publier) que Dieu laissera s'accréditer l'hypothèse matérialiste et toutes ces histoires de génération spontanée, de nébuleuses concassées, d'irresponsables jets d'eau où danse l'œuf du plésiosaure. Il voulait libre et parachevée cette créature, et franche des liens ectoplasmiques qui, unissant le poète et la chose du poète, font de l'une l'excroissance de l'autre et son mélancolique reflet. Il suscita les athées. Il suscita les personnes qui attribuent l'origine du monde à une aveugle et fortuite initiative de forces éparses. Il les pourvut des plus séduisants arguments de la logique et du bon sens, tandis qu'à ses fidèles, à ses prêtres, il impose des attributs bizarres et une argumentation si extravagante qu'elle n'agira sur les incroyants qu'en raison même de cette extravagance, mère fatale de l'irritation, de l'exaspération, de toutes sortes de réactions fort différentes de l'indifférence.

Ce créateur, tout de même, manque d'équilibre intérieur. Il suppute une orgueilleuse joie à l'évocation de l'instant où il décidera de se montrer à quelque balcon et (après avoir pris soin de supprimer la possibilité intellectuelle et physique du scepticisme, du doute et de la réfutation) d'affirmer, une fois pour toutes, qu'il est bien le créateur du ciel et de la terre... Aussitôt, il redoute de faire corps, alors, avec la créature, de tout lui devoir en retour, de passer, à jamais, pour l'artisan d'une seule entreprise. Il continue donc à se révéler par le jeu demi-deuil des longues et des brèves, à se décommander dès qu'il se préconise, à puiser sa référence dans la ténèbre. Ténèbres !

Ténèbres !

A quoi donc songeait-il quand il élaborait notre œil ou notre appareil génital ? De ces organes me ravissent la complication puérile, le mécanisme d'une malice lourde et subtile. Cornée transparente, cristallin dont la face intérieure – ne l'oublions pas ! – bombe moins que la postérieure, rétine où s'épanouit le nerf optique, humeur aqueuse, humeur vitrée, sclérotique, zonule, iris et choroïde, pour ne rien dire des sourcils qui interdisent à la sueur de noyer le regard, le ciboulot des professeurs saisit ces éléments avec une telle adhésion, analyse et autorise leur activité à l'aide de formules si péremptoires, qu'entre la conception de l'œil qu'eut le créateur et celle qu'ils en ont eux-mêmes ne se révèle aucun désaccord. Ils admettent, ils approuvent que le rayon moyen de la cornée mesure huit millimètres et que son indice par rapport à l'air soit mille trois cent trente-six. Ils pensent fermement que l'image rétinienne d'un objet varie proportionnellement au diamètre apparent de cet objet. Les phénomènes de ce genre leur paraissent si raisonnablement combinés, si méticuleusement prévus que nos savants, s'ils avaient à fabriquer l'œil, s'y prendraient tout naturellement comme le Seigneur. Je l'espère, du moins... Les jours sont peut-être proches où son style, dont les deux principaux procédés sont l'alternance et la pénétration, amuser tout le monde jusqu'aux larmes par son obsession mâle et femelle, sa rage de ne rien laisser perdre, son odeur de cabinet de physique, tout ce qui, sur le plan pratique, l'apparente à certaines ingéniosités ingénues, mais si pensantes, si bien en main, si massivement recevables, comme par exemple le tire-bouchon, le gratte-dos, le feu grégeois, les galères, la pêche à la ligne, les basanes, la plume d'oie, les élections législatives, le matériel et les épisodes de l'accouplement.

Je pensais, je ne sais pourquoi, à tout cela, alors que le véhicule m'emportait à travers l'État de Kentucky.

Je venais de Massarah qui ne participe en rien de la sécheresse poudreuse et électrique du reste des États. Les couleurs y sont d'une fraîcheur de colline thermale. Les êtres s'y meuvent à travers une verte luminosité d'aquarium. La ville, où des bâtisses d'ordre espagnol voisinent avec des bicoques de tôle et de bois, est accidentée à souhait, comme tant de bourgades françaises qui tirent le meilleur de leur importance de la variété topographique de leur vieux quartier. La population de Massarah consiste, presque tout entière, dans une autochtone peuplade d'Indiens merveilleusement forts et larges qui ne s'en sont pas laissé conter par les rites fédéraux. Avec une promptitude de conception et d'exécution tout à fait étonnante, ils s'insérèrent aussi vite, et plus, peut-être, que les nouveaux débarqués, dans un certain étendard de civilisation proprement américaine.

Le type physique des habitants de Massarah estomaque. La peau de leur corps est rougeâtre, leurs pieds énormes et plats, leurs mains terribles, leurs pommettes à l'avenant. En dehors de tout croisement, ils ont volontiers, ce qui contribua beaucoup à ne les point distinguer des Yankees et, même, à les faire passer pour des Yankees encore plus frais et authentiques, des prunelles bleu pâle qui éclatent dans leur sombre face comme des vitres au soleil. Ils forment l'ancienne tribu des Ailes-Blanches qui dut son nom à l'aspect de ces yeux cruels. Quoique parfaits ajusteurs de pièces d'automobile et excellents joueurs de poker et très avisés propriétaires des exploitations pétrolifères situées sur leur territoire, ils ont conservé beaucoup de leurs anciennes coutumes. Il n'est pas rare de les voir s'exercer au tir à l'arc. Leurs arcs sont peints d'un bleu si dur et si cru qu'il blesse les yeux peu solides. Le dimanche, parfois, les Ailes-Blanches mettent leurs casques de plumes. Quelques-uns d'entre eux vont nus et leurs compagnes, ouvrant d'un seul coup la couverture à raides plis qu'elles endossaient, apparaissent nues également, mais chanstiquées par les coiffeurs et l'épiderme poli. Sous couleur de tennis, de baignade d'été, ils rejoignent ainsi la mode de leurs dieux. Ce sont les Yankees parfaits, d'autrefois, d'aujourd'hui et de demain, conservés dans un rare et puissant îlot d'humanité par un climat exceptionnel et par la pratique secrète et tutélaire de rites magiques qui, sur ce point précis du globe, échappèrent à cette singulière faillite du chamanisme enregistrée partout ailleurs devant les armes à feu.

Je m'établis dans ce pays il y a six ans, moi qui n'ai jamais réussi à m'appeler autrement que Smith, Voltaire W. Smith. Je suis, j'étais gros et petit, avec des lunettes, des dents écartées l'une de l'autre, de sales petites mains antipathiques, une odeur d'eau de vaisselle et de dentifrice, une lâcheté sans nom, une vague ascendance de garçon de bain londonien. J'avais un employé, nommé Roggers, ancien cloune, qui me ressemblait comme un reflet encore plus pâle et plus moche que moi. J'avais exercé, successivement, les professions de photographe et de pasteur avant de m'établir à Massarah comme agent d'affaires et défenseur agréé près des tribunaux. De clounes, ni de pasteurs, les naturels n'avaient que faire. Ils adoraient demeurer graves et immobiles pendant des heures. Ils n'étaient, en aucune manière, des chrétiens. Je ne découvris jamais leur religion mais, de toute certitude, ils en possédaient une. J'incline à croire qu'ils composaient une société de prêtres (lamasserie, communauté kabbalistique, cité vaticane), où bonzes, hrassidim ou cardinaux eussent tous été dans la fleur de l'âge et plongés au pollen bleuâtre des secrets. Ils nourrissaient à l'égard des chiens que, moi, je ne peux pas sentir, une déférence stupéfiante. Au passage, ils saluaient les chiens en croisant les bras. Les Ailes-Blanches, sans me manifester d'hostilité marquée, ne m'aimaient guère.

Il faut bien comprendre que la ville de Massarah n'était pas un bivouac. En principe, elle comportait les mêmes cadres administratifs et municipaux que n'importe quelle cité de l'Union. Mais les Ailes-Blanches méprisaient cordialement les fonctions électives et, pour une raison ou pour une autre, également inexplicables pour moi, nul étranger ne se risqua jamais à venir briguer les suffrages des électeurs de Massarah.

Quand, la nuit, dans mon lit, je songeais que, malgré ma vieille pusillanimité, j'avais réussi à m'établir dans ce pays inquiétant, je ne pouvais m'empêcher de me rengorger, encore que ne m'échappât, nullement, l'absence de tout courage proprement dit à l'origine de cet établissement. Je m'aperçus seulement après coup, que nous étions, à Massarah, à peine trois cents hommes blancs, que le reste de la population, non sans quelque hauteur, tolérait. Je ne traitais d'affaires qu'avec mes compatriotes ethniques.

Moi et Roggers, lequel est incapable de ressembler avec fermeté à un homme gros ou à un homme maigre, moi et ce pauvre navet chauve de Roggers qui m'est dévoué jusqu'à la mort, nous formions un ménage de vieux garçons. Notre médiocrité puante ne nous échappait pas et, parfois, elle nous tirait un sourire amer qui découvrait la carie de nos prémolaires. Et cette faculté de repliement lucide prouve qu'après tout nous n'étions pas si abjects, que nous avions quelque chose là! et là!

La vie allait doucement. Roggers ni moi ne pouvions supporter le regard étincelant de nos concitoyens indigènes. Leur mâle stature nous remplissait d'admiration et de crainte. Devant leurs yeux nous nous faisions encore plus vils et plus sordides que notre mère nous avait faits, louches avocats, topinambours dépourvus d'aération. En réalité, nous manquions de méchanceté, et rien ne nous plaisait autant que de nous faire des tours de cartes après nous être coiffés de casquettes à carreaux et avoir rougi notre nez à l'aide de boissons fortes. Et il nous était presque agréable d'enregistrer l'empressement avec quoi les Ailes-Blanches s'emparaient de nos attitudes basses pour se grandir encore, par physique comparaison, eux, et s'enfler le thorax, et laisser éclater, sur leur recuite face de vivantes idoles, l'orgueil d'être si forts et si nobles. Ils me faisaient – l'ai-je dit? – assez peur, surtout lorsqu'ils me regardaient alors que quelque chien me flairait les mollets et que je m'efforçais de conserver une allure paisible et naturelle. L'existence de cette tribu magistrale, provisoirement retirée du monde à Massarah, me procurait un perpétuel étonnement qui prolongeait et complétait la peur que me valait mon isolement dans ce milieu d'exotisme rentré.

L'un des plus colossaux parmi les hommes de la ville, et des plus altiers, était bien l'Aigle Bleu, qui consentait à s'appeler aussi Jonathan Hopkins. J'évitais soigneusement de croiser mon regard avec le sien. Dans la rue, quand le hasard de la circulation était sur le point de me mettre un instant en présence de cet homme magnifique, je changeais de trottoir sans en avoir l'air. Mais Jonathan Hopkins exerçait, sur moi, une attraction obscure et violente, et telle qu'à la fin je fus bien forcé de convenir avec moi-même, que je ne songeais guère qu'à lui et que je faisais tout pour le voir, et pour trembler de le voir, et pour fuir alors sa proximité, cette proximité que, secrètement, je recherchais, je suscitais.

Lui, l'hiver venu, drapait, par-dessus ses complets, des couvertures aux plis épais. L'escortaient, le plus souvent, deux autres Ailes-Blanches qui l'aidaient dans l'exploitation de sa ferme d'ours à miel. L'Aigle Bleu, qui, au début, n'avait prêté nulle attention à ma personne et au trouble bizarre qu'il m'infligeait, finit par s'aviser de cette sorte de permanence balbutiante que mes pas et ma pensée entretenaient autour de lui. Il sourit, un jour, en me regardant, d'une manière si fulgurante et si osseuse que j'en eus froid dans le dos. Je compris, alors, que c'en était bien fini de cette tranquillité fétide dont, à Massarah, je jouissais. « Le putois va bientôt être enfumé! » murmurai-je en frottant entre elles mes mains sales. Mais j'étais ce triste putois et les larmes me vinrent aux yeux.

Un jour, un mercredi, je travaillais dans mon officine, à une lettre anonyme. La porte s'ouvrit et je vis entrer Hopkins, dit l'Aigle Bleu. Il me donna le bonjour. Quelle voix puissante il avait, et quel rire clair, tout encadré de fossettes mâles, droites et longues ! Il vint vers moi qui, suant, demeurais assis. Il me dit : « A partir de maintenant, je t'ai à l'œil. » Là-dessus, sa main droite, dont je ne pouvais me tenir d'admirer la somptuosité musculaire et velue, exécuta deux ou trois mouvements de courte envergure mais qui ne laissèrent pas de dessiner clairement, dans l'espace, le spectacle de deux pauvres corps étripés, bafoués, rétamés, celui de Roggers et le mien, que Dieu patafiole ! Dans la poche gauche de mon pantalon en tweed gris, mon pistolet automatique, du genre de ceux que les Français appellent browning, pesait. Encore un peu, il distendrait l'étoffe. Je le sentais, je le voyais dans sa gaine de cuir. Je savais hautement qu'il était tout mon honneur et qu'il serait ma dernière ressource.

Le géant savoureux me terrorisait.

J'essayais de reconstituer mentalement les mouvements que désiraient accomplir mes doigts, couleur de cire, aux ongles taillés, ou, plutôt, cassés, en croissant de lune (c'est-à-dire avec deux pointes chacun) pour, d'abord, sortir l'arme de sa gaine, puis tirer la glissière en arrière afin qu'une balle montât dans le canon, puis, encore, annuler le dispositif de sûreté et, enfin, du doigt et de la paume, faire partir le coup. L'Aigle Bleu, positivement, regardait du côté de ma poche gauche. Je ne pouvais lui confier combien j'étais heureux de la rencontre de notre pensée. Cette satisfaction et mon épouvante se combinaient en quelque mien rictus si abject que j'en éprouvais autant de dégoût que la créature superbe qui se tenait devant moi et qui semblait ne pas comprendre les vagues signes de connivence que j'essayais d'exprimer par un jeu de rides à même la détresse de ma face. Soudain, sans que je discernasse tout de suite ce qui se passait, je reçus, en pleine figure, un poing phénoménal qu'entouraient les plus féeriques lumières. Mes pauvres dents, que le diabète fait branlantes, sautèrent, pour qui j'ai déjà tant payé, cependant que mes bridges se brisaient et m'entraient dans les gencives. De longs ruisseaux de sang malodorant se mirent à couler sur moi qui rassemblais, dans un même embrasement de l'âme, ma douleur physique, mes dents perdues, les futurs honoraires du chirurgien et ceux du teinturier, la disproportion entre la bienveillance de ma mère quand j'avais un an, et la méchanceté du monde, aujourd'hui que j'en ai cinquante-deux, et le déséquilibre entre la somme de catastrophes brusquement accumulées sur ma personne et la rapidité du geste qui les déclencha. Je ne pus que balbutier : « Mes dents... Des os de poulet... Un quinquagénaire relativement honorable. »

Roggers, alors, qui travaillait dans la seconde des pièces de notre agence, passa par l'entrebâillement de la porte sa bobine de rongeur malade, si désastreusement identique à la mienne. L'Aigle Bleu fit signe à Roggers de s'avancer. Moi, tout gluant de larmes, de sang, et subrepticement d'urine, je savais bien ce qui attendait mon vieux camarade. Je lui fis signe, cependant, de venir, non que me mût un détestable esprit d'égalitarisme, mais parce que la tête de Roggers, aussi bien que la mienne, n'était pas de celles que l'on peut regarder sans éprouver la démangeaison de les démolir. Quand Roggers eut reçu son compte, et que je me retrouvai seul avec lui, qui épongeait son œil comprimé, ma grande peine m'apparut tout entière. Depuis plus de la moitié d'un siècle, je vivais dans l'appréhension de la moindre lésion corporelle. Si vivement que me consternât la nouvelle de nègres brûlés vifs ou de condamnés lentement électrifiés qui m'apportait la preuve de la recevabilité, par notre chair, des pires supplices, ce coup de poing était la poussée la première et la plus solennelle que ce monde guerrier appliquait à ma carcasse. Mais il me venait d'une personnalité que j'eusse aimé suivre et flatter, et dont, par-dessous ma rancœur de chien battu qui retrousse d'immondes babines à l'extrémité de son espèce de visage, je me félicitais qu'elle se fût, somme toute, intéressée à moi. Vous me connaissez assez pour imaginer qu'en moi cette complexité de sentiments n'étouffa pas, sur-le-champ, ma naturelle tendance, qui est de cafarder. Mais à quelle autorité m'adresserais-je pour me faire rendre justice? La police? Elle se composait, à Massarah, d'indigènes et, quoique trop petit pour y être allé voir moi-même, je savais que les agents portaient, sur le vaste disque de la coiffe de leur casquette, l'emblème de la tribu, qui n'était autre qu'un aigle bleu. Le gouverneur? J'étais assez informé de politique pour savoir que Massarah jouissait d'un régime spécial et qu'une récrimination de ma part échouerait à modifier l'attitude de l'administration fédérale à l'endroit des habitants de cette localité extraordinaire. La nasarde encaissée m'ayant dégagé l'entendement, il m'apparaissait de plus en plus clairement que résidaient, ici, les authentiques représentants d'une classe ou d'une secte suprême, qui jugea bon d'abandonner, provisoirement, à la postérité de Colomb, la régence temporelle du territoire américain. Toute action contre mon agresseur aurait exigé, tentée par moi, mon éloignement de Massarah où, sinon, mon adversaire eût tôt fait de me réduire en bouillie. Or, au sein de ce pays perdu où les couchants d'un rouge de conjonctivite émanaient des coups d'air de la préhistoire, où la prairie, au loin, sentait bon la semence, j'avais tous mes intérêts, cette boîte qui, bon an, mal an, me rapportait une vingtaine de milliers de dollars... Non... Je ne partirais pas...

L'Aigle Bleu, d'ailleurs, qui, sous l'os de mon front, avait entrevu mes informes projets de représailles juridiques, ne me le permettrait pas. Ses gens, vêtus, ou non, en hommes de police, gardaient tous les chemins autour de notre ville... Le pistolet automatique demeurait mon seul recours. Je le sentais peser, là, dans ma poche. Sans cesse, j'exécutais, par la pensée, les gestes requis, mais je m'y prenais mal. Je ne doutais pas que, quelque part, dans les galeries souterraines de Massarah, autour des tables circulaires où les chiffres de l'univers sont gravés dans le porphyre, l'Aigle connaissait les démarches de mon souci. Pour rien au monde je ne me fusse risqué à tirer de ma poche, même en cachette, mon pistolet, même dans la seule intention immédiate d'en vérifier le fonctionnement.

J'étais absolument certain que pas une de mes attitudes intimes n'échappait à mon tourmenteur. Aussi bien que moi-même, pour sûr, il savait où se trouvait mon pistolet qui pesait, pour ainsi dire, dans « sa » poche gauche en même temps que dans la mienne, monstrueuse télépathie! Il connaissait à merveille le fond que je faisais sur cette arme dans mon débat avec lui, et me turlupinait à distance au point que je n'osais pas changer de pantalon. Il m'eût fallu transborder le pistolet d'un vêtement dans l'autre, le tenir en main, même enveloppé de papier. Que l'Aigle visionnaire me surprît, effectivement ou non, dans cette opération dont il connaissait parfaitement la finalité, c'en était fait de mézigue. Témoin de mon obsession homicide et de ma lâcheté, le pistolet, dans ma poche gauche, pesait. Il atteignait le poids d'une vache pleine, d'une locomotive renversée. Il me gênait pour marcher, pour m'asseoir. Sans cesse, avide d'aisance, je tirais sur mon pantalon, arrangeais les pans de la chemise, décollais mes aines, tripotais la fourche.

Toujours escorté par mon pauvre Roggers, j'allai me faire réparer la bouche par le dentiste qui, comme la plupart des habitants de Massarah, présentait avec l'Aigle Bleu, alias Jonathan Hopkins, une ressemblance saisissante. Il m'étala sans ménagements et me soigna durement. Mais je me régalais de voir, si près de moi, cette face aux énormes pommettes, la laiteuse étincelle de ces yeux bridés, toutes les nuances d'archaïque humanité qui voltigeaient sur l'épiderme sardonique. Quand ce fut au tour de Roggers de plonger, par le dos, sous la main du dentiste, dans le fauteuil des supplices, je ne pus me retenir de trépigner, sous l'empire d'une cruelle excitation, au petit cri que proféra mon lamentable acolyte.

Nos dentures replâtrées, ma misère continua, contre quoi ne prévalaient pas les maladroites gentillesses de l'ancien cloune et les tours de force qu'il accomplissait pour me distraire, avec des allumettes, des grains de café, des carrés de papier. Le pistolet me pesait de plus en plus. Je savais qu'accourait le moment d'en faire usage contre Hopkins. Alors il ne faudrait pas hésiter, ni se tromper. Constamment je repassais, dans leur ordre, par l'imagination, les gestes et les mouvements qui, en principe, aboutiraient au cadavre de Hopkins. Mais qu'une punaise coiffée d'une casquette à carreaux prétendît démolir cet homme couvert de rivières et de pyramides et capable de me faire marcher à reculons jusqu'au pôle Nord, rien qu'en me regardant sous le nez, cela me faisait aussitôt sourire, du sourire même de Jonathan Hopkins. Conservant de mon mieux ce sourire plaqué, avec tous ses fastes, sur ma tétère falote, je bousculais Roggers, toujours à son poste, dans la deuxième pièce qui nous servait de chambre, j'arrachais la couverture de mon lit afin de m'en draper à la manière massarienne. Mais, déjà, le sourire m'abandonnait. Je ne redevenais plus qu'un dérisoire hibou, un balai déplumé.

Une semaine après la scène initiale, l'Aigle entra dans mon agence où, le cœur serré, je l'attendais. Sans cesser de s'entretenir avec ses deux éternels camarades, il s'empara de moi par une oreille tandis que je hurlais et que, pourtant, je prenais, tout en me débattant, bien garde que sa hanche, ou son genou, n'allât constater, dans la poche gauche de mon pantalon, le renflement de l'arme cachée. Il me taillada le visage à l'aide de son canif, lacéra ma chemise puis, sans s'être autrement occupés de moi, les trois géants se retirèrent. Roggers qui, pâle comme une chandelle, avait assisté à la scène, les regardait partir quand, soudain, il reçut, dans le ventre, un solide coup de pied, véritable ruade détachée par un des amis d'Hopkins à une distance que, par la suite, nous métrâmes et qui nous apparut invraisemblable. J'ai encore, dans l'œil, le relief élastique de cette jambe fabuleuse qui voyage à travers l'espace de l'agence. Le plus terrible c'est que, quand les trois hommes furent sortis et que nous pouvions penser que, pour ce jour, ils en avaient fini avec nous, une nouvelle jambe, le pied durement pointé en avant, nous parvint de l'extérieur, longue bête douée de perspicaces prunelles. Cette fois, ce fut moi qui reçus le choc, près du ventre, au plus sensible des cantons. Je m'écroulai, tenant mon corps, me pensant crevé. Et Roggers et moi, vieux garçons sans jus, nous nous regardions, la gorge serrée, laids, de plus en plus pareils à deux chiens fuyants et blêmes, et la bouche si puante que nous n'osions parler. Toujours dans ma poche, le pistolet pesait. Désormais, tous les deux ou trois jours, quelque brimade s'accomplissait à notre détriment. Les coups que nous recevions n'étaient pas mortels, mais la terreur où nous végétions aurait eu raison de gaillards autrement trempés que mon brave Roggers et moi. Quelquefois, cependant, je rencontrais Hopkins dans la rue sans qu'il me fît rien. Mais ses yeux durs riaient. Ils fixaient, à travers l'étoffe, mon pistolet réticent, dont je redoutais alors qu'il partît, tout seul, sous l'agrafe de ce regard.

Tout à côté de mon agence, existe, entre de hautes murailles, une impasse désertique. L'autre après-midi, moi et Roggers nous rentrions. Tordus par de récentes raclées, nous cheminions le nez bas. A dix mètres de la maison, nous levons les yeux. Debout, devant notre porte, l'Aigle et ses deux inséparables nous considéraient. Nous hésitâmes. Ne pas aller chez nous, quelle honte! Poursuivre notre chemin, quel péril!

Moi et Roggers, nous nous regardions, incapables de nous porter mutuellement secours. Stupides, des larmes jaunes à nos trognons de cils, nous fîmes encore quelques pas. Le pistolet pesait dans ma poche gauche. Comme à l'instant de passer un examen décisif, j'essayai de me souvenir des matières du programme : dégainer l'objet, tirer le corps mobile, abaisser le petit truc latéral afin que, sur la peinture noire de l'arme, le mot « FIRE » apparût, et viser, juste à la hauteur de ma casquette à carreaux, le cœur de l'Aigle, un cœur que j'imaginais comme une noix minuscule, opaque et glaciale.

Des trois colosses que leurs couvertures cimentaient ensemble et qui tendaient haut leurs sombres têtes aux blanchâtres étincelles, le prodigieux magnétisme l'emportait sur les suggestions de la panique. Vaille que rencontre. Bêtement, notre poil roussâtre tout hérissé, l'espace carré. L'un des hommes d'Hopkins tenait, dans ses mains, un arc et des flèches. Arc et flèches étaient peints en bleu violent. Nous tremblions de tous nos membres, moi et Roggers, et nous nous tenions par la main comme, dans les contes, les petits enfants que l'ogre va découper. Cette main de Roggers, brûlante et mouillée, me dégoûtait au-delà de tout. Le pistolet pesait dans ma poche gauche. L'homme à l'arc tendit la corde et ajusta une flèche bleue. Le regard d'Hopkins perçait ma poche, flattait et soupesait mon pistolet. Une sorte de mouche fulgurante passa devant mes yeux et la flèche bleue entra dans l'épaule de Roggers qui poussa un cri harmonieux (oui, Roggers!) et tomba sur les genoux. Hopkins me regardait, fâché comme pas un. Plutôt jaloux de lui obéir que d'obéir à ma colère ou à ma combativité, je mis enfin la main dans ma poche gauche pour me saisir du fameux pistolet et tenter de faire mon devoir d'homme. Qu'il était lourd, ce pistolet! Je comprenais maintenant qu'il eût tant pesé! C'est à peine, sous le regard fixe d'Hopkins et de ses vicaires attentifs, si je pouvais le porter. J'essayais, au comble de la fébrilité, cependant que l'archer accordait une autre flèche bleue, de le tirer de son enveloppe fermée par un bouton de bottine. Cela n'alla pas sans mal, mais j'y parvins. J'avais l'impression que m'assistait une volonté extérieure qui, certes, ne pouvait émaner du dérisoire Roggers. Ce n'était plus exactement moi, mais peut-être, et en majeure partie, l'Aigle Bleu, qui dépouillait le pistolet, tirait d'un coup brusque, le corps mobile en arrière, constatait qu'une balle pénétrait dans le canon. C'est encore lui, par la vertu de son rayonnement reptilien, qui guida mes pauvres mains dans l'acte d'abolir le dispositif de sûreté. A ce moment, la deuxième flèche partit. Elle alla se loger dans la cuisse de mon pauvre Roggers qui, certes, n'était pas directement visé à titre personnel, mais en tant que mon double. Si quelque raison de temporiser persistait en moi, cette nouvelle offense devait l'anéantir. Je saisis l'arme et la dirigeai vers Hopkins, quoique je n'osasse pas regarder ce personnage façonné dans du soleil hermétique. Fermant les yeux à me les faire péter, j'essayais de lâcher mon coup. Alors, l'adverse volonté qui, jusque-là, hautaine, ironique, me soutenait, s'exerçait maintenant dans une direction plus favorable aux intérêts de l'Aigle. En dépit de tous mes efforts, je ne parvenais pas à presser, du doigt et de la paume, la détente. Mes mains contractées tenaient le pistolet dirigé vers Hopkins qui, à petits pas, s'approchait de moi. Elles ne tremblaient plus. La puissance de Hopkins m'introduisait à une détermination dramatique, me garnissait d'une croissante énergie dont je savourais, maintenant, en moi, le venin, mais elle suspendait mon offensive aux extrêmes confins du risque. L'Aigle Bleu me tenait là en horrible et décevante posture de rixe, de crime et de responsabilité. Enragé de vengeance, je m'astreignais, râlant comme une femme en gésine, tout entier rassemblé et convulsé dans ma main droite qui, vainement, essayait de briser la paralysie que lui infligeait la volonté du maître ou, plutôt, l'une de ses volontés, celle qu'il ne préposait pas à mon exaltation meurtrière. Les laborieuses sueurs du courage rejoignaient, sur mon fade épiderme, celles de la peur. L'Aigle se dressait devant moi, qui m'acharnais. Et le voilà, maintenant, ce démon, qui joue! Il joue avec moi, avec lui. Après quelques tâtonnements, il a fixé les règles de cette unique partie. Il a décidé que, ma propre volonté et ma propre force pouvant être considérées comme sans valeur, ou à peu près, il leur substitue, dirigée contre lui-même, la puissante intention homicide qui crispe ma main contre le métal. Mais, capable, lui, de disposer en éléments antagonistes une de ses facultés cohérentes, il lance, contre mon action qu'il soutient, un autre fluide, numéroté diversement et, pour le coup, rétentif, inhibitif. Vous vous rendez compte?

L'humoriste tragédie se prolongeait. Je ne savais si le temps, tout à l'entour, ralentissait, s'arrêtait, suspendu à l'intérêt du spectacle que nous lui donnions, ou, si les cycles de la durée se succédaient normalement, les heures, les nuits, les jours, les siècles, les massacres, les hôpitaux, cependant que, moi, je ne jetais les yeux, pour un regard fugitif, sur le monde et sur ma conscience qu'au moment précis où, après des millénaires, des destructions et des recommencements sans nombre, tout redevenait exactement comme aux premières minutes de notre combat, pour se dissoudre ensuite et puis, plus tard, après bien des chaos et pas mal de genèses, se reconstituer à force de combinaisons atomiques se succédant sur le plan de la fortuité arithmétique.

Soudain, quelque lassitude se dessina sur les muscles de ma main. Décidément, je ne tirerais pas. Le fluide défensif de l'Aigle l'emportait. Alors, ce chevalier des âges planétaires accomplit un geste prodigieux... Pour que je ne doutasse point qu'il jouait le franc jeu, il enveloppa ma main, collée à l'arme, de sa dextre à lui, immense et glaciale et, le front agité comme un océan dont les flancs abritent une guerre monstrueuse, il contracta cette dextre mieux que papale. Je sentis moelleusement le pontet céder sous mon index qui, longtemps, longtemps, garderait, bague gravée à même l'épiderme, la marque blanche et profonde de l'acier bruni. Une détonation retentit, suivie d'une autre et puis d'une autre. Du pistolet automatique, les projectiles s'échappaient avec une ruade initiale qui me faisait mal à l'épaule, et l'Aigle, devant moi, presque amoureusement, que sais-je? souriait, qui les encaissait tous dans sa poitrine nue. Sa dextre cessa d'épouser la mienne et sa vigueur me délaissa. Réduite à leur coutumière humilité, mes mains se mirent à trembler, puis tombèrent, lâchant la pétoire brûlante.

L'Aigle, comme en présence d'un monarque, s'en allait à reculons, sept balles dans la poitrine et harnaché d'un sourire givré. Il grandissait à mesure qu'il s'écartait et devenait pareil à un roc de turquoise, tout en stries verticales, couronné d'une rase guirlande d'oiseaux qui, peut-être, étaient des têtes d'hommes emplumées pour la guerre et le tir.

Une voix, celle de Hopkins, vint de là-haut : « L'autorité est la caricature de l'amour, mais elle est aussi son exaspération ». Puis des flèches bleues sifflèrent. J'avais happé Roggers par sa manche de gabardine et, le traînant, je courais. Nous pénétrâmes dans le couloir des demeures sacrées, débouchâmes sur des cours entrevues, grimpâmes des escaliers aux angles liturgiques et, parfois, je logeais un coup de talon dans le flanc d'un colosse, surpris et balourd. Le feu au derrière et la goutte au nez, sur des terrasses d'ocre et de charme, nous volâmes, et la marmite des incantations, heurtée par notre fuite, se renversait en tintant sur un mode inouï. Des vieillards à poil, comme choqués dans un bain occulte par une descente de police, s'écartaient en serrant, contre eux, une langue de peignoir et, sans qu'ils se nommassent, je les reconnaissais. Ils étaient les sages provisoires et subsidiaires de l'humanité, les poètes à la plèvre susceptible, les jésuites au nombril farci de noir, les protestants qui se plaisent à éternuer en dedans, les inventeurs de logarithmes, tous les dignes et faméliques sténographes de l'anus des petites puissances du ciel terrestre.

Maintenant, sur ces aires reflétant un soleil immobile et d'une inconcevable circularité, ils rissolaient comme des figues dans le préparatoire et l'ardent ondoiement. Quelque jour, armés à fond et rénovés, jeunes et chargés de l'arc, ils naîtront à la gloire des porteurs de rémiges sur l'auguste horizon qui jamais n'échoit. Après avoir, en trombe, traversé un dernier immeuble, non sans arracher, au passage, des fils électriques que nous façonnions, rapidement, en forme de pièges, où nos poursuivants broncheraient, nous atteignîmes la place centrale de la ville. Là, tout se comportait comme à l'accoutumée. L'autobus pour New York attendait sous les marronniers. Deux places y demeuraient libres. Nous y bondîmes, tendant, à bout de bras, des banknotes, et je commençai à me prendre au sérieux.

ACTE VI

Par le chemin des espérances et la voltige des amours, par le rivage de la chance et par la chance de la mort, par le sortilège de Pâques, par le caprice du sérum, par la vertu des nombres justes et par celles des à peu près, par l'outrage et par la caresse, par la charrue et par la dent, par le lit, l'ombre et la paresse, par la corde au flanc du néant, par l'audace et par la rature, par l'équerre et par les compas, par l'examen de la nature et par le canon des rachats, par le chiffre et par le silence, par la clameur et par le sel, l'homme, seigneur de cette transe et gibier de cette souffrance, s'acclame essentiel, indispensable et fort. Parmi tous les aspects, tous les fragments, tous les masques et tous les bouts qui tricotent le chaos, il se promet le phénomène ordonnateur.

Le chaos n'est pas le vrai chaos, pas plus que le Tao n'est le vrai Tao, ni Saint-Jean Saint-Jean, ni la rigidité cadavérique la rigidité cadavérique, ni cette Terre la Terre. Quoi qu'il fasse, quoi qu'il tente pour être le chaos, le chaos se fourvoie et boit le bouillon.

Un brassage hagard de matériaux divers, une rencontre de contrariétés, un tonitruant télescopage d'éléments fâcheux et schismatiques, un lexique bouleversé, une pagaille de motifs, un déraillement de préceptes, une brandade de rochers écrasés, une frénésie de divergences tenues de se rassembler sur une console exiguë, n'importe quelle anarchie, n'importe quelle cécité s'organisera, s'amodiera, se dénombrera. Y veilleront les génies et les farfadets de la pesanteur, de la symétrie, de la chimie et de la diplomatie, troupiers d'un certain comte aux poils noirs, aux mains blanches.

Admettons que, de toute la force de ses torrents autonomisés, de ses schistes qui, au gré du hasard, se fendent et se dispersent, de ses geysers de poussière, de sa foison foisonnante et de son amoralité, l'anarchie prétende demeurer l'anarchie, elle n'échappera pas à, finalement, passer pour une illustration des lois qu'elle prétendait compromettre, ou pour une pure, pour une esthétique démonstration, avec centre et épicentres, taches de lumière, dégradés et fondus, toute la gamme des régalements émotifs. Grondez, grincez, hurlez et sifflez, imbriqués et membraneuses, vous, la dureté, vous, la subtilité, vous, la flexibilité, et toi, mignonne, la trémulation! Enchevêtrez vos rages! Que vos révoltes, que vos fantaisies, que vos tétanismes, mutuellement, se dominent et se traversent. Le feu d'artifice de l'enthousiasme que vous nourrissez à l'endroit de votre suicide collectif, qu'il ronfle et retentisse du haut en bas du guignol! Après bien des heures, bien des jours, bien des siècles de coups de talon en l'air, de crachats retombés sur leur propre nez, de monstruosité à bloc, un accablement haletant, suaire théâtral de la sérénité intime et profonde, neige sur la bataille.

Des nappes d'un liquide inconnu, résultat de tant de concassages matinaux, baignent, bleuâtres, le linéament, momentanément achevé, des littoraux de pierre ou de sable.

Stationne, peint de frais par le porphyre qui l'étoffe, ce qui s'appellera un morne ou un piton. Une chaîne de volcans, dont le cœur bat comme d'un escadron au début, ou à l'issue, d'une longue course, s'institue, toute prête pour les recenseurs, les géomètres, les officiers d'état-major, la légitimité topographique. Proches nourrices des moissons et futures épouses des cadastres, les plaines, que leur arable monotonie de page nue ou de conscience disponible rattacherait bien plus que les cantons accidentés à une inspiration chaotique, marchent vers les rivières qui les découpent de diagonales musicales dont chacune possède un style, une cohérence, une direction, une idée.

Les épousailles, classiques dès que consommées, des plus diverses faces du brouhaha, fabriquèrent des algues brillantes, des fongosités touffues. En découleront, avec une logique écœurante et satisfactoire, les arbres européens aussi bien que les exotiques. Les tentatives de la sève vers quelque forme capricieuse et orpheline s'inséreront, à point nommé, dans l'harmonie héréditaire, comme le coup de triangle à faux dans un orchestre ou, dans un conclave, le reniflement du cardinal Bufarel. L'un et l'autre, sitôt lâchés, ne se reprendront plus. Déjà ils appartiennent au normal, à l'historique, à l'indispensable.

Sur les falaises aux cassures récentes et sur les récifs frais pondus, des lichens gominés et des varechs de cartilage jouent leur rôle avec autant d'autorité que les bouquets et les napperons délibérés, plus tard, par les doigts allongés des femmes artistiques, à l'angle des intérieurs bourgeois. Il appert extrêmement qu'un petit dieu coquet et vigilant, de la race des poètes cantonaux, virevolte dans l'épaisseur ou sur la cime de chaque feuille, de chaque pierre, de chaque salade de crêpé, de chaque montagne de silex.

La folie furieuse du disparate original, exaspérée de

variété, produisit, à l'extrémité de ses jaillissements heurtés, des globules munis d'antennes, des losanges au dos d'émail, des cylindres veloutés où l'atome se groupe en accrochages corsetés. Se comportant, sur les terrains à peine immobilisés, comme les bénéficiaires d'une indépendance limitée à la faculté de se déplacer à une vitesse prévue et imposée, dans un milieu dont ils n'eurent pas le choix (tout comme le protestant dans le protestantisme, une fois celui-ci fondé) ces infimes accumulateurs et déchets du tourment initial s'accouplent et se combattent, scorpions ou hannetons. Sur les galets et sous les plantes, leurs noces et leurs rixes, il semble qu'un métronome les soutienne ou qu'un arbitre les ponctue, tant elles se déroulent sur un rythme accordé à la pulsation d'une intelligence unique, encore absente, peut-être, mais pour qui bientôt, toutes ces manifestations présenteront les caractères de la pertinence.

D'autres bêtes, vapeurs nourries de granit et de feuillage (issues du granit et des feuillages) errent hors de l'invertèbre et se grattent à qui mieux mieux. Assaillies par les insectes débutants, certaines de ces bêtes, élastiques et d'une densité peu marquée, bondissent si haut que, quand elles retombent, des ailes leur viennent. D'autres, se précipitant dans l'onde inédite, éprouvent que des nageoires poussent sur leur échine à la vague ressemblance des crêtes écumeuses que leur plongeon éveilla. D'autres encore trottent si dru, la tête au vent, que leur épine dorsale et leur cou se distendent comme pour concourir au but plus tôt rejoint. Ces dragons, déjà, mous comme la glaise, verts comme le mucus, ont des prunelles d'Andalouse et les dents de Saint-Dominique.

Le chaos, pour la trente millième fois, rata. Il ne se fixa pas dans l'inintelligence et la virginité, mais il tenta, traître à lui-même, de conditionner son esprit.

Là-bas, à l'horizon, sur la pacifique mer, dans une luminosité réséda empruntée aux conceptions picturales des rapins de l'avenir, le chaos voit monter une face. Le chaos discerne, dans cette face, celle du sentiment qu'il a de sa propre manière et de sa propre grâce. A peine les ouragans se sont tus... A peine les animaux ont-ils découvert, ou redécouvert, la guerre et l'amour. A peine les fées de toutes les électricités possibles aménagent-elles leurs chambrettes dans les cavernes de la racine, dans les calices de l'embrun, dans les raffinements du matérialisme. Là-bas, au ras du cristal limpide, monte l'énorme lampe ovale où affleurent et que pétrissent les essences du granit, du palmier et du deltoïde. Là se retrouvent, armaturés dans la direction de l'embellissement, essorés, décantés, élus et transposés, les excès de l'alpe, les brouillages du flot.

Paupières closes, nez droit, bouche orgueilleuse, menton frisé, front ordinaire, la face, ayant achevé son ascension, semble tranchée au cou par le fil bleu qui limite la surface flexible et acérée. Colline volante et qui couve, âme solitaire, île de puissance, cette face pâle, verticale et luciférienne ouvre lentement les yeux et s'envoie en possession de son domaine. Plus haut que les eaux où elle confine, soudain retroussées et glacées, la tête parle : « Je suis le roi. Je suis le roi des madrépores amiraux, des lézards de l'enregistrement, des cactus comme des caciques, des amibes en mitaines de soie, des diplodocus du trois pour cent convertissable. Je suis ce qui consacre les lourdes démarches de la chlorophylle, la généreuse ambition des moraines, l'arrivisme des états boueux. J'embrasse et je renferme. Je comprends. *Je suis l'homme.*

Je nomme ce monde que je couronne et je le crée de le nommer. Il flotte sur la ligne ineffable et tremblante où se conjuguent, pour un instant aussitôt évanoui, la conception et l'avènement. Moi, son instigateur, je l'aurais aimé dans le fugitif éclair de sa réalité, alors que, n'étant pas encore tout à fait venu au monde, à lui-même, il ne mourut pas encore tout à fait. Je ne me sais pas de frontières, hormis les miennes, mais jusqu'à ma muraille je peux aller partout. Là où je ne vais pas, là s'étend le néant. Je règne sur les lacs, sur les monts, sur les cieux, et sur ces quelques animaux, dont les uns ont cinq branches et les autres six, qui étoilent la sombre fougère et qui sont des femmes et des hommes (qu'ils vivent!). Moi, je suis l'homme. Le père lunaire siège dans mes cheveux et la mère solaire sautille, large roue, à l'ourlet de l'une des dents de mon sourire. Hommes! Venez me faire! Hommes! Venez faire l'homme. La besogne est rude. Essayez toujours. Essayez, toujours. Toujours... Venez, petits enfants, faire l'homme et faire Dieu. Halte là! Qui parle de Dieu? Moi. Soit! Je le mets au monde. Pour m'atteindre afin de me faire, par lui vous passerez. Faibles et sommeilleux, ou bien vifs et avides, vous croirez en lui. Certains d'entre vous croiront en lui. Ils l'imagineront, du côté de la voûte, comme le créateur des espaces terrestres, celui qui s'ajuste à la balance qu'il tient, le pilier, le castel, le marle et le patron. Ils observeront ses commandements, qu'ils n'observeraient pas s'ils savaient que c'est moi, moi seul, qui les profère. Ils recevront et honoreront comme son fils un des leurs, aigu et triste, qui leur dira : « Salut! Mon père, qui vous chérit, vous vendit. Aujourd'hui, il décide de vous racheter, ceux, du moins, dont l'allure lui revient. De mon sang précieux je paierai ce retour, de mon sang non divers du vôtre... Mais vous vous montrez si friands de fables et de servitude que je n'ai qu'à puiser dans ce frénétique et explicite appétit les arguments suprêmes qui vous enchanteront. Je ne mens sous le manteau de l'homme ni sous le manteau de Dieu, car je sors du front de l'homme, du palais du verbe impérieux. » Ainsi parlera le prophète, mais ils crieront, plus fort que lui : « Tu es le fils de Dieu ! » Et il suppliera : « Je suis d'abord le fils de l'homme... »

Dès aujourd'hui je vous divise en deux familles, celle des adorateurs du taureau, du tonnerre, du président trinitaire. Et celle des adorateurs de l'homme. Aux pieds des platanes sur trois rangs devant le temple de Moloch, ou sous le rocher postiche que gravit Moïse, ou dans les cathédrales échafaudées par les fourmis occultes, ou dans les temples de la Réforme venue du stoïcisme en passant par le libéralisme, les adorateurs de Dieu chanteront les hymnes de la reconnaissance, de l'effroi et de la codification. « Maître du pain ! Maître du sang ! Maître de l'homme !... »

Mais non, Messieurs, mais non. Je n'ai de maître que moi. Plus haut que moi, plus haut que vous, je ne sache rien que la vie, passive, immense, nue, matrone trouée comme de cibles par ses fontaines d'or et ses recettes d'os, arquée au-delà de tous les ponts. Je n'ai de père, si vous tenez que j'en aie un, que le premier, en ordre numéral, des éléments du verbe, élément autoritaire, officiel, du verbe, du verbe qui est moi. Le deuxième élément de ce verbe est l'amour, le messianisme. Le troisième, et le prépondérant, témoignage exquis de l'inlassable durée, est la rayonnante latence, la clarté aux langues de feu, la femelle suavité de l'esprit saint.

Courbés, cruels, héroïques, les amis de Dieu ne m'écoutent pas. Ils soupirent vers leur céleste patrie, vers la contemplation du Seigneur que les plus fortunés d'entre eux coucheront sur leur testament. Ils tueront, ils banniront, ils persécuteront ceux qui ne seront pas de leur avis, et ces mauvais traitements, parfois, proviendront de leur ardeur à s'employer au salut des infidèles en les purifiant par les moyens les plus radicaux. Leur guide siégera dans Rome. Il touchera sa joue en pensant à des choses. Il convoquera, de loin en loin, les représentants de l'autre famille, de laquelle, je vais parler, et que dirigera un certain Sostène Pouttlart (P comme pi, O comme zéro, U comme Upanishad, deux T comme thé, L comme lumière, A comme amen, R comme raison, T comme tante).

Dans un cabaret du Transtévère tous deux comploteront, chefs d'armées opposées qui, derrière une grange épargnée par les artilleries, s'entendent sur le dos de leurs soldats. Même à l'un deux il adviendra d'appartenir carrément à l'adversaire par sa préoccupation intime et privée, tout en demeurant, pour la forme (dont nous savons tous qu'elle est, à tous les postes de l'économie universelle, la consécration de la mort), le tenant et le défenseur de Dieu, lequel est mon rival et mon mannequin, mon diable comme je suis le sien.

Ceux qui n'adoreront pas Dieu, ceux-là m'adoreront. Ils dissimuleront, sous les mailles brillantes et légères de leur activité temporelle, une doctrine constante, toute laquée de brûlage glacé, émise, pour la méditation des siècles, par celui qui, maintenant, vous parle, et qui n'est pas celui qui vous parle. Ils refuseront d'imaginer que, sans eux, le monde pourrait exister. Qu'une peste géante et méticuleuse chassât de cette Terre et des Terres suivantes la race exquise, l'homme, pour autant, n'abdiquerait pas. Il se maintiendrait dans l'épaisseur pyriteuse, dans la redoute des peintures sarmentacées, dans l'os et dans l'œil du bétail. Élastique, intuable, appelé, il surgirait, un jour, de nouveau, d'une vache ou d'un loup, car son destin et son métier, c'est de surgir sur nos planètes afin d'en trouver la signification, laquelle ne réside pas ailleurs que dans cette apparition de lui, ou épiphanie... Il disposera les planètes sur l'écran postérieur de son front, et dans la nuit physique ces fulgurantes sphères, dont chacune est un archange, dessineront les étiages de sa virtuosité.

Hommes de la quatrième adamité, je vous salue dans votre résistance cruelle et vivandière. Hier, vous vous éleviez, sémaphores de vitrage et de yaourt. Avant-hier, au-dessus des continents à facettes, vous vous déplaciez lentement, le mufle comme un oreiller, les bras tels que des traversins, nuages de pulvérulence dorée !

Au début des jours de la Terre, entre le zéro et le un, dans l'abîme de la mathématique pareille à une tiare renversée, vous erriez, à travers la rareté des gaz, comme des gaz un peu moins rares où se jouait l'hélice diaprée des hypothèses flatteuses.

Allez, hommes de Dieu ! Allez, hommes de l'homme ! Moi, je sais que les hommes de Dieu sont aussi les hommes de l'homme et que les hommes de l'homme sont aussi les hommes de Dieu. Les uns boutonnent leur pardessus à gauche, les autres le boutonnent à droite. Toute la différence est là...

Vous m'avez vu. Je vous ai vus. On se connaît. Ceux d'entre vous qui se feront mes zélateurs, on les reconnaîtra, sur le trottoir, dans les métros, chez les mondaines, à leurs prunelles fixes, égarées et phosphorescentes, à la maigreur accusée de leurs joues, à un givre de faux argent sur leur costume, à leur haleine à goût de sang gâté et parfumé, de lis conservé, à un tintement de subversives breloques, à l'anormale minceur de leurs pieds, véritables pieds de serpent. Leur totem, d'ailleurs, sera le serpent, le circulaire corridor et le voluptueux ceinturon de l'inépuisable... »

La tête ferma les yeux. Dans le lobe de ses oreilles de petites roses fleurissaient. Elle exprima quelque lassitude.

Oblongues nébulosités se mirent à la gommer avec sollicitude. De ses arcades sourcilières les sombres cavités persistèrent longtemps contre la paroi lucide et penchante du ciel, après que le reste de ses traits se fut effacé.

On entendit encore : « Sur le plateau d'un marécage je ne suis qu'une tête coupée, mais je meurs et je remeurs d'amour. Mon sexe est debout entre mes yeux et il m'embrase. Que rampent vers la cinabre et subtile fête que je porte ceux qui chérissent la transparence et la collection ! Au sommet de mon crâne, et du vôtre, brasille l'aptitude des aptitudes, la sagesse au-delà des sagesses, l'essence du verbe. N'y mettez pas la main, vous vous brûleriez. Le verbe, c'est l'homme. Et l'homme, c'est Dieu... »

Un vent mordant siffla. Les herbes remuèrent. Et s'engagea notre humaine épopée.

De la foule des pierres noires, des prairies d'euphorbes mollasses, des torrents de basalte frais, des archipels où bondit le pied rose des déesses de l'atmosphère, des puits de l'océan où regorgent de manèges les humides requins à l'échine ocellée, de la décourageante variété du croquis des airelles et des rouvres, de tout ce qui, pensif, cyclique, abusivement inerte, est matière transformable et promesse d'humanité, un tourbillon tout crépitant de sable entrechoqué avale vers le haut le pollen et le néroli des quatre règnes, devient un pilier, devient l'opale d'une bouche, devient un triangle au sein duquel tournoient, avec une promptitude merveilleuse, des disques dévidant, toujours ressuscitée, l'albe ténuité qui les compose. Il devient encore un vieillard robuste, accroupi dans sa robe derrière sept trônes d'azimut calamistré où siègent sept archanges, qui sont aussi sept planètes, qui sont sept fois une âme, qui sont sept fois l'âme de notre âme, qui sont notre âme, ô toi Platon ! Des porteurs du glaive et des porteurs de la lyre assurent le service d'ordre.

Ce pique-nique pas mal solennel, dont les assises épousent, en boîtant, les inégalités du terrain, s'établit en haut d'un pré vert dans le val de Mambré. Devant lui comparaît un fermier de haute taille, vêtu d'une souquenille de laine brune, aux mollets maigres et blafards. Il s'appuie des deux mains sur un bâton noueux, de cormier probablement. Ses cheveux, blancs et peu nombreux, flottent en avant. Le vieillard qui préside lui dit : « O Abraham, roi des oliveraies, fils d'un père taré qui, précisément, s'appelait Tharé, ô berger d'un peuple déjà pécuniaire, consacre-moi ton prépuce si tu veux à tout prix que je goûte à la chair de votre obsession (et, surtout, de la mienne) et reprends ton fils. Je ne suis pas Moloch, mais un songe réalisé, un vielleicht, un perhaps, un bessaï bien insoucieux de banquets sanglants et indigestes, un portrait réduit et personnifié de moi-même, du véritable Dieu que je n'ai jamais vu et dont aucune intelligence, humaine, ou angélique, ou archangélique, ou divine, ne saurait concevoir la substance et les dimensions. S'y efforcer comporterait, d'ailleurs, des risques considérables, et, au moins, une foncière et répugnante présomption. Je vaux mieux, en tout cas, que l'idole taurine, ne fussé-je que la face postérieure de moi-même ou le plus fidèle et le plus vieux des chérubins de la triple sainteté. »

Plus tard, Moïse, engoncé de châles carrés, le sourcil hérissé, des boîtes et des cravaches pendues à ses poignets, absorba la voix magistrale sur le coteau des solitudes publiées. La voix cria : « Moïse, vicomte égyptien qui détient les plus misérables secrets de la tête parlante, je vais te dire mon nom, tout en lettres mâles, lettres de volonté, plus riches d'entregent artisanal que d'énergie planante autant qu'informulée. Appelle-moi Jéovah et surnomme-moi l'Éternel, car je suis éternel. Tu es éternel toi-même, et ton peuple, et tous les peuples, mais il convient, pour des fins, que je ne discerne pas, que de cette commune prérogative votre monde, sans cesse, reçoive l'assurance en contemplant une figure éternelle censément. Ton peuple et moi-même, qui ne suis autre que ton peuple, il nous appartient de préconiser, de symboliser sur la Terre où, seul, tu reçois le baiser de la haute maîtresse, et dans les halles pompeuses où je me goberge et me ronge, la grande route où, tous, passons et repassons, passons et repassons, l'éternité... »

Les siècles procèdent. Les femmes tissent le chanvre. Les enfants se sucent les doigts. Les psalmistes réfléchissent moyennant leur rate obscure et leur pénétrant ombilic. Dans l'Inde, sœur de l'Himalaya, le trio Brahma (l'aigle, le pigeon, l'homme, aérien, intelligent, poétique) Vichnou (le lion, le muscle, le capitaine, le directeur) Siva, (le bœuf, le paysan, le nègre, l'amant, le mari) admet que le reflète l'organisation de la société. La société hindoue superpose les conquérants, les mainteneurs de la conquête, les esclaves laborieux et démunis, ou, encore, le sang propre, le moins propre et l'impropre. Elle se confond à une espèce d'imagerie vivante et sensible des hiérarchies qui – pierres, plantes, hommes, anges, héros, archanges, dieux, Dieu, le verbe, la sagesse, la femme, la nuit, la mystique, la nullité, les pierres, les plantes, les hommes... – entreprennent l'univers.

Le mythe trinitaire, les amis de Dieu le séparent de celui de l'arrondi retour du serpent achevé, de l'auguste profil du crâne fertile de l'homme, le donnent pour le principe de la chaîne continue dont il ne représente, toutefois, qu'un maillon. Il possède tant de répliques dans toutes les religions qu'il serait vain de tenter de les recenser. Réglementé, forgé, comprimé, dilaté, constaté, supposé plus loin, toujours plus loin, fût-ce de dix kilomètres seulement que la dernière étoile de la dernière ténèbre, les Paul, les Thomas et les Augustin, bientôt, spécieux colosses du refus de démonter et de connaître, le distribueront et l'imposeront en lui prêtant les démarches concertées d'une famille unie. De toutes les pudeurs d'une douce et limpide matrone, reliée à la vaste racine de la nature, la Sainte Vierge y complète le troisième personnage, celui, féminin, de l'esprit.

Les siècles procèdent...

De petits chevaux farfouillent dans les plaines de Sibérie. Les montent des chasseurs à peau blanche que le nordisme élabora sur la double base de la sexualité et de l'empirisme bâtisseur. Ils affrontent les races tropicales aux mains étirées, aux crânes aspirés, celles qui pratiquent avec stupeur des rites cocasses et démodés. La nuit, sous les gémeaux et les poissons exacts au rendez-vous des guerriers étendus sur la litière des combats, ils connaissent les filles, aux poils saucissonnés, des tribus assommées. En naissent les jaunes qui, plus tard, refouleront les blancs vers la Bretagne à tête de chien, vers l'Espagne en guise de fesse. Ces jaunes, harnachés de jaune et transportant trente-six jeux de hasard dans leur sacoche militaire, affrontent les noirs pullulant dans la ressource de l'Afrique. Et le sémite, hors de ces rencontres génitales, surgit, secrètement tricolore. Niléens que préoccupe la métaphore du corps de l'homme, Chaldéens un peu pourris de vespérale tendresse, Assyriens à la barbe de fer, ils marchent, fantômes gaillards, et quand ils ont atteint le sommet de leur courbe, ils respirent à longs traits avant de redescendre dans les ravines de l'oubli où, plus tard, les professeurs de troisième tenteront d'interroger leurs ombres maussades. Ils marchent, transportant la marmite des incantations et les bibliothèques en briques de six, sous les bosquets de sureaux magiciens, et puis sur le chemin de ronde des villes hautaines et balsamiques, et par le sentier des trafics muletiers, et par le lit caillouteux des torrents de juillet que brusquement emplit une vague de fiel. Accompagnés de prestiges encore visibles, derrière leurs prêtres déhanchés comme des courtisanes, et devant les courtisanes que désigne, au front, à la taille ou à la cheville, la bandelette sacerdotale, ils marchent, ils marchent vers le Juif, si fétide et si particulier, voué à ne point s'interrompre et à prévaloir sur les coups durs. *Tous les hommes sont juifs. Mais quelques-uns en conviennent et le confessent. Ceux-là sont les Juifs.*

Thèbes supplante Memphis. Ninive rafle l'enjeu de Babylone. Dans le ciel cru, les esprits du nombre pi véhiculent de lourdes pierres et les Pyramides s'exhaussent hors du secours des ouvriers. La Perse, métastase germanique, colonise l'Orient et présente Zoroastre, luminaire de l'éthique. Au bas de la Terre, les nègres végètent en pleine métaphysique, mais qui, chaque jour, se fêle et se ternit, et les crocodiles et les baobabs ne leur sont que les intersignes et les habitacles de puissances considérables dont la chanson se perd derrière les marigots écarlate et les vénéneuses forêts. Aux Amériques, la solaire circonférence concrète, l'infini bouddhique.

Alexandrie, lascive et couchée, de jeunes tomates frottée, loge sa tête aiguë et lourde au creux de son faubourg replié. Dans ses tavernes chaulées les philosophes savent à quoi s'en tenir sur l'authenticité des dieux du paganisme, hérauts rustiques et populaires (mais autorisés à emprunter l'éminente forme de l'homme) des entités cosmiques en l'honneur de quoi Eleusis, non moins que Callichore, sut rire, hurler, et baver. Les doctrines que ces dieux claironnent et agrémentent avec une pectorale cordialité persistèrent, quand eux-mêmes, pour les anthologies poudreuses, eurent quitté les montagnes de la crédulité joufflue. Philon, Jambique et Plotin, Aristide l'apologiste et son épaisse moustache, Valentin le panthéiste, Carpocrate l'émanatiste, Basilide aux orteils de poix et Saturnin, duettistes, ou dualistes, les naasséniens, les ophites dont le pontife, en 1936, à Juvisy résidera, rue de l'Égalité, numéro 49 (sept fois sept), les ébionites, les elcésaïtes (pour ne rien dire des nicolaïtes), accommodèrent les doctrines athéniennes, fumiers de veuvage, à l'ambiance spirituelle qui commençait à bourdonner et à miroiter autour d'un héros sans conteste aux cheveux couleur de broussaille ou de vin cuit. De la croix, traditionnelle ennemie des ordures quand on la trace d'une pointe d'acier, d'ongle ou de diamant, ce prophétique héros se fit une arme noire en haut du tumulus où le vampire Adam, la bouche pleine de sang toujours renouvelé, sommeille dans ses ligatures d'ossement. Aux prises avec les philosophes, avec les amants de la gnose, de la connaissance expliquée, qui prétendent la livrer à leur système alors qu'elle, désormais, veut dépasser tous les systèmes, et même le système solaire, et stationner sur la coupole totale, la croix, mâture chargée d'un marin pâle, d'un fruit habile et dénudé, tangue dangereusement et, quelque temps, elle hésite. Demeurera-t-elle un calligramme efficace dans la tradition grecque et juive nourrie ensemble aux humeurs de la couleuvre d'Asie, ou, fédérant le cadre militaire des évêques et des presbytres aux sourcils énormes, à l'haleine fade, aux mains jaunies par les nicotines du vice pensif, campera-t-elle le plus haut indice de la divinité proposé aux hommes de cet âge quaternaire dont elle est, par ailleurs, l'emblème pittoresque? Mais ce qui est écrit est écrit...

Là-bas, dans la boue malsaine et pontine, toute mêlée d'eau et de sang, Rome, cantinière des centuries, se préparait à asseoir l'église chrétienne en suppliciant les braves qui, déjà, la confessaient. Ceux de ces confesseurs qui échappèrent aux bûchers et leurs descendants, d'une part, et, d'autre part, les philosophes, que recevoir la mitre eût parfois réjouis, échangeaient des raisons avec une égale maîtrise, une frappante identité de rhétorique où, généralement, était admise la filiation divine du prédicateur lacustre, de l'enfant galiléen qui stupéfiait les rabbins par l'agressive innocence et la phénoménale puérilité de ses ambitions. Mais, tandis que les héritiers des anciennes cosmogonies affectaient au crucifié un emplacement messianique bien déterminé et passablement anodin dans l'échelle des dominations, les autres, successeurs de tous les clergés dont la plus spontanée et la moins étonnante caractéristique est de suspendre au plafond du ciel, comme une menaçante épée, l'image qu'ils choisirent de servir (et quelle image fut jamais, autant que la croix, celle d'une épée!) les autres exigèrent que l'ambassadeur reconnu du second des trois principes émetteurs dont la vieille âme humaine approuve d'instinct la grandiose urgence de la plénitude combinatoire, fût, ainsi que les deux autres côtés du triangle, adoré comme extérieur à la création, à la création boutonnée par la tête de l'homme.

Les tenants du Fils chrétien l'emportèrent. Leur dogme, limitant à la dérisoire durée de la vie terrestre, et à la bienveillance paterne, l'occase du salut, se proposait comme un plaisant instrument de gouverne temporelle. Et, tout compte fait, peut-être renfermait-il, exactement et judicieusement ce qu'un citoyen de chair peut, et doit absorber, sans danger, de science surnaturelle, le reste et le complément, ou l'essentiel et le meilleur, l'attendant après le tombeau. Si quelque nostalgie de la gnose importuna les premiers vicaires du conférencier galiléen, ils s'en consolèrent avec la pensée que, somme toute, ils offraient au populo une suffisante approximation, et magnifique, et nourricière, de la plus véritable vérité, si tant qu'ils crussent, au fond d'eux-mêmes, que la vérité se trouvait du côté de la gnose aux belles écailles. En outre, ils pensaient que, vainqueurs, les gnostiques, les albigeois, les théosophes auraient aménagé l'épisode nazaréen comme les docteurs et les évêques catholiques l'aménageraient, si bien qu'évêques et docteurs étaient, qui sait? ces gnostiques vainqueurs, les gnostiques censément authentiques n'étant, eux, que des évangélistes en puissance, retenus et empêtrés dans ce qu'ils croyaient la gnose, alors que la gnose réelle et certaine s'épanouissait dans les évangiles. (Ainsi que la Terre est le soleil du soleil, ou les Français les Allemands des Allemands, et l'homme la femme de la femme...)

Et les siècles procèdent.

L'Europe – Europe! mon Europe! ne me fais plus languir! – où, très malin, le malin construisait les cathédrales en mélangeant au mortier son morvel et son crachat, la nappe des sauces natales, son goût sibyllin de laurier et, thibétain, de beurre rance, l'Europe, sur les départements de l'Aude et limitrophe, se rua contre la résistance gnostique. Montfort, au nom du pape, massacra. Ensuite les Templiers flambèrent et les sorcières, ces écouteuses de sylphes, ces charmeuses de fagots, ces goîtreuses roublardes. On alla chercher au loin, sur la face du more, une olivâtre et surperficielle allusion infernale que l'on écrasa sous la massette cloutée. La loi mosaïque, cependant, persistait, primitive et purgative... Tu crèveras de désirs rentrés... Tu travailleras, fût-ce pour le plaisir, pour le plaisir de ceux qui détiennent les sols... Tu ne mangeras pas de porc, ni, hélas! de pain... La Réforme, sèche mère après coup des talmuds de la mysticité transformable et de tous les partis de la tendance humaniste, fonda ces bureaux de poste où l'on jouit de paradoxale liberté de ne téléphoner qu'à « Trinité 00 00 ».

Et les siècles procèdent.

La science peinait et haletait à résoudre des portes qui cédaient à la minute où, de toute origine, il avait été décidé qu'elles céderaient. Elles se refermaient sans bruit, tandis que la science, déjà, se cassait les phalangines sur la porte suivante, ouverte à son tour, à son tour fermée. Et Pasteur était tout avant de n'être rien. Et la science finissait par se demander si ce n'était pas toujours les mêmes portes, en rond, qu'elle forçait, avec une telle fatigue! un si abject vomissement d'épreintes! sans même accéder à la consolante certitude de parcourir une superposition de circuits de plus en plus petits que, quelque part, couronnât, derrière l'ultime porte, une chambre où trouver un fauteuil de rotin, une couronne de carton, une défroque bleue de Prusse, une poudreuse odeur de sanie et de définitive majesté.

Les hommes construisirent des sphinx de fer, des machines qui dévoraient les hommes, ces êtres énigmatiques, bons à tout, sauf à se définir, et qui, dans des guerres, faisaient amitié avec la mort. Après celle de ces guerres qu'ils appelèrent la grande, comme une impératrice au lit peuplé de conseillers, ils commencèrent à s'inquiéter de leurs maîtres cachés. En même temps, la croissante vélocité de leurs transports les induisait à envisager que leur époque reproduisait, à un étage successif de la durée spiraloïde, une autre époque où la lévitation courait les rues, où marcher sur les flots constituait une distraction de chômeurs.

Les nations de l'Europe, avides d'en finir avec une période mal tuée de leur histoire, méditèrent, à grands cris, de se jeter, une fois de plus, l'une dans l'autre, pour que l'Europe cesse et, qu'enfin, elle naisse, qu'elle naisse à la vérité de sa tombe définitive. Enfant de l'Europe, et point mécontent que tant d'esquichements, tant de guinguettes et de pétarades, tant de livres et tant de cierges, et les voiles larguées, et les mers avalées, et les trois gibets sur la cime, et le frère qui, le mousquet à l'épaule, vise le frère (et leurs fronts se répondent...) et les appels dans la nuit, et le moulin des usines, et le cheminement des vendeurs de lacets, que toutes ces semaines et toutes ces misères aient abouti à fabriquer cette chope qui, sur une pile de sept soucoupes, me fait face, miniature utriculaire de moi-même, je me carre et m'étale dans mon ventre gazeux, dans mon torse fiévreux, dans mon front caronculeux, devant le clocher de l'Abbaye, à Paris, dans le sixième arrondissement.

Connaissez-vous le clocher de l'Abbaye?

Une de ses astuces, c'est qu'il n'a pas l'air d'être là. Les amigredoux, compaginés, falliciaires et autres pyssenouards qui, à longueur de journée, le contemplent, il semble que leur mutuelle rêverie ait abouti, dans le septembre ou dans l'avril frémissant et cher, à ce factionnaire du comput pictural, à ce moulin villageois et spiritualiste, témoin et ouvrier des bénédictions du voyage sans bouger, sans rire et non sans parler. Mais il connaît bien d'autres tours. Regardez-le.

Il est en trois pièces, comme mon corps et le tien, comme le cachet de Dieu. Son assise abdominale, quadrangulaire bûcherie de pierres blanches, illustrée par le subsidiaire étagement de trois fénestrons croisillonnés, supporte la deuxième structure, la thoracique, plus noble, plus crispée et plus aérienne, ouvragée de persiennes pareilles à la griffe du lion de Saint-Marc et fleurie par la colonnette. Enfin, d'un bleu plus sombre que celui de l'azur, la tête du clocher, tout en triangles d'ardoise, hermétique et déliée à la fois, figure la singularité de l'homme, le sépulcre érigé où dort le roi qui veille.

Au bas du ventre s'ouvre le porche, arc noirâtre que surmonte un fronton triangulaire, lui-même coiffé d'une blanche croix. Sur ce fronton, la tête d'un Christ carnivore, athlétique, mauvais coucheur, frisé, intelligent, une sorte de Saint-Jean ministrable, m'inquiète... Sous le porche de pierre, à portée de la main des fidèles, un personnage vivant prolonge, complète et pervertit l'édifice. Bien au chaud et bien au frais à même les moisissures de la meulière orthodoxe et crasseuse, c'est un mendiant...

Aveugle, sourd, ou, plutôt, blindé de bizarres taies de crasse et de supérieure indifférence, coiffé d'un chapeau de feutre à haute calotte épaisse et délavée, tel qu'en portent les bouchers quand ils sont un peu artistes, emmitouflé de gros vêtements, secoué, du front aux talons, par des tics obliques, humoristiques et confortables, il sourit, dans ses gros sourcils et sa grosse barbe, ceux et celle, à s'y tromper, du rabbin Schaïlek, dont je vis le portrait dans un vieux tome.

Sa main droite tient une sébille de fer-blanc où tinte une piècette de nickel retenue au fond du récipient par un cordon de godasse. Dans sa main gauche va s'écaillant et se ternissant, une canne blanche dont il frappe le sol au passage des usagers. Bien souvent, campé à deux pas de lui, dans l'attitude du journaliste et du cannibale, j'enviai ses souliers de bon cuir, son pantalon de velours piémontais tout côtelé de lyrisme alpestre, sa composition goguenarde sur le coussin de velours vert dont il fourre sa chaise. Seul habilité à quêter sur ce très profitable seuil, il exerce, de toute évidence, une fonction officielle qui ne souffre pas de concurrence. Je me hasardais, en moi-même, à le tenir pour un de ces inspecteurs ou vigiles comme chaque église catholique en héberge au moins un, quelquefois le sacristain, quelquefois le pigeon de la gouttière.

Hier, à trois heures de l'après-midi, mû par mon incurable

et avaricieuse manie de faire le camarade, de pomper un peu de force et de caractère en me frottant, par la nostalgie et l'admiration, solide et sacramentelle recette de mon art, à l'écorce des objets équilibrés et bien assis, je réglai mes soucoupes, traversai la place et me dirigeai, au bas du campanile anthropomorphe, vers le sosie du rabbin Schaïlek.

De très près, je le contemple. Mes yeux, comme d'habitude, boivent et mangent les vivaces tableaux : boxeurs aux avant-bras semés de poils noirs comme des hameçons, passantes au joli blé de stupre et d'innocence, arbres comme des explosifs suspendus à la retorse et vertement velue rosace de la déflagration me gavent du gros pain de leur convexité, de la liqueur de leurs creux d'ombre bleuâtre. Craignant, à chaque pas, d'éclater de trésors, je véhicule, dans ma tripaille bloquée, le monde visuel. Mes mains suent du désir de constater que les boxeurs, les arbres, le mendiant de l'Abbaye et, surtout, les femmes, existent hors de moi, momies au masque d'or arraché, bientôt, par la mort. Mais, timides, mes mains ne se risquent à toucher que le fer monnayé que je tire de ma poche. Exactement, je ne suis bon qu'à payer. J'ai toujours tout payé. Je ne m'approche des êtres qu'à l'abri de nos francs. C'est pourquoi, tout naturellement, je pinçais une pièce de quarante sous tout en dégustant le mendiant, et en l'honorant, à part moi, pour la magnifique audace avec quoi, se sachant denrée panoramique, il tendait sa tirelire.

Je laissai tomber, en ayant soin de viser juste, ma métallique offrande dans la sébille du rabbin Schaïlek. Il répondit par une de ses convulsions habituelles qui, trait pour trait, ce coup-là, ressemblait à une crise de rire. Son indevinable regard, qui ne considérait rien ni personne nommément, exprimait une bienveillance dont je me crus le destinataire. J'avais de plus en plus le sentiment que des anges m'avaient pris en charge. Du bout recourbé de l'aile, ils me conduisaient et me portaient, en ayant soin d'écarter, de ma route, les jeunes femmes (les très belles) qui sont leurs sœurs et qui sont une plaie, la saignante plaie de l'homme, de l'homme masculin, qui en crèvera.

Mes quarante sous partis, quelqu'un me touche le bras. Je me retournai. Je me trouvai en présence d'une habituée de l'église de l'Abbaye. Elle me dit :

– C'est une zonte, une vraie zonte, qu'on le tolère ici, ce crapulos. J'en ai parlé à l'archevêque, mais l'archevêque a rien voulu entendre. Il est devenu tout pâle. Il m'a crié : « Demandez-moi tout ce que vous voudrez, madame Jujubier, excepté l'éviction (c'est le mot qu'il dit) de M. Double. » Songez que ce farrouillard de mendigot possède trois comptes en banque, et chanuds ! Il a marié sa fille en octobre dernier avec un marbrier funéraire de Montrouge et te leur a collé cent vingt billets. Vous ne le saviez pas? C'est curieux, que vous ne le saviez pas?

– Pourquoi, est-ce curieux?

– Pourquoi? Parce que, sur la place, dans les cafés, partout, ils disent que vous vous prenez pour le bon Dieu, que vous récitez des alexandrins dans les baptêmes, que vous avez eu sept voix aux dernières élections. Je vois bien que vous ne vous prenez pas pour le bon Dieu. Autrement, vous auriez fait semblant de savoir, déjà, par le menu, ce que ce vieux farceur de Doublemuche, qui est là, tout yeux, tout nase et toutouille, sans en avoir l'air, a donné en dot, à sa fille. Ah! malheureux! Il cogne de son bâton pour se payer ma tête. Mais, dites voir, sans voir, sans être le bon Dieu, vous croyez en lui?

– Je ne sais pas. Je suis catholique. Du catholicisme j'aime l'odeur d'anchois et de résine. Quand il tonne, je me signe, et je signe le tonnerre. J'essaye de faire maigre le vendredi. Saint-Jean n'est pas, pour moi, un évangéliste, mais une hutte de pierres calcinées, sous les oliviers, en Judée, entre Antibes et Vallauris, dans la légende de mon enfance, et Saint-Paul un village où l'on chargeait le canon avec des mélioux de cerises, du temps des viguiers, au-devant de Vence, vers l'amont. La sainte Vierge, brune et grasse, fut un peu ma mère. Qu'est-ce qu'il a à rire, le mendiant?

– Oh! Il est tout le temps comme ça. Il doit penser à ses carnets de chèques. C'est une zonte. Ah! malheureux. C'est une zonte de voir ça.

– Il parle des fois?

– Pas avec moi. Avec moi, il fait l'idiot. Mais il lui arrive de recevoir de la visite.

– Ah! Ah! Sa fille? brune? blonde?

– Ne vous énervez pas. Malheureux! D'abord elle vient de se marier. Non, ce qui s'amène, c'est un petit monsieur tout sec, l'air pas bénin, ni béni. Il descend d'une auto qui semble du jais bleu, oui, du jais bleu. En tournant vivement la tête de droite et de gauche, il s'approche du pirate. Pendant un moment ils discutent, ch, ch, ch, ts, ts, ts... Puis, ce vieux que vous voyez là, avec son chapeau, avec son chapeau de rapin, malheureux! l'autre lui refile, en douce, une pleine poignée de pierres précieuses, de pierres de tête comme dans le temps. Nous, les femmes de cierges et de troncs, nous pensons que ce mendiant de mendiant, c'est quelqu'un de pas net et de souterrain, un espionneur, peut-être, ou un illégat.

– Oh! Et la police! qu'est-ce qu'elle fait la police?

– La police? Je bavarde, je bavarde. Sainte-Thècle et Saint-Anicet, priez pour nous!

Ne restèrent sous le porche que le mendiant et moi. De son bâton cogné contre le pavement et du grelot de sa sébille, il tirait un rythme à deux voix qui me parut excéder, fortement, en volume sonore non moins qu'en originalité mélodique ce qu'on eût attendu d'instruments aussi frustes (du latin *frustus*, usé, mité).

Pareil, en cela, au martellement circulatoire de la fièvre laquelle, comme toutes les malchances, serait de substance éthique et concrète, la rançon d'un péché actuel, ou, même, passé, et, parfois, très lointain dans le cours des âges, ou au fracas ternaire des boggies, le chant du bâton (ton, ton) et de la sébille (bille... bille... le roi Souroubille... vint de l'Hindoustan... pour donner sa fille... au sultan Satan...) postulait, inventait, exigeait des paroles, cependant que M. Double, alias rabbin Schaïlek, alias bonhomme Dieu, souriait, agité, comme un accordéoniste, de ces mouvements internes et complexes où s'emploient les muscles les moins connus. Bâton et sébille allaient de plus en plus fort. Moi, qui ne sais pas danser, je commençais à me lancer d'un pied sur l'autre, au risque de me le casser. Va, bâton! Va, sébille! Cardiaque et somniaque, le poète tout de même, vous suivra. Va, le séton! Va, la babille! David danse devant l'arche et sa lyre ouvre la nuit. Le bâton cogne et la sébille tinte... thène... tinte... thène... thène... lart... rue... raël... rue... raël... reuil... sous... bois... sous... bois... sos... thène... Poutt... lart... 19, rue Az... raël... Montreuil... sous... Bois... Vends-tu du fil, mon ami? Si tu vends du nougat, va cirer mes tatanes... Mais si tu vends du fil, va moudre l'an deux mil!

Sosthène Pouttlart... J'avais dû lire ce nom quelque part, et, peut-être, l'écrire, dans le feu de l'inspiration, le feu profond de la rivière où le poète se prête pour qu'elle l'emporte dans le sens de l'éternel féminin, âme du monde, amie des pentes, sources de l'infini, sublime puissance de la mort, douce poitrine de colombe...

– Monsieur! Monsieur Double! Hé! Qui est ce Sosthène Pouttlart! Parlez!

Épique, barbu, truqué, sous plusieurs couches de couvertures, d'infirmités réelles qui, chez lui, ne militent pas dans le sens des empêchements, l'ermite du porche prospère en pleine dérobade, en pleine fumisterie.

Nul policier frappeur, nul médecin, nulle fille publique, nul tailleur, ne trouverait le mot de ce bloc de lainages et d'attributs. Je pourrais le questionner pendant cent sept ans sans parvenir à l'induire en réponses articulées...

Sosthène Pouttlart, 19, rue Azraël, à Montreuil-sous-Bois. Montreuil-sous-Bois...

Des cimentiers, des manœuvres, ivrognes, jaloux et brutaux, y rompent à coup de hache la tête de leur maîtresse. Ensuite, ils mettent un tablier de caviste, afin de ne pas se tacher, et portent la victime sur le lit. Ils lui déposent, contre la face gluante de raisiné, un bouquet de raisins de Corinthe empruntés à l'entredoigt de leurs pieds. Avant de s'enfuir, ils restent là, une minute, ivres de chômage et de pénurie, et leurs misérables mains, si grandes, si lourdes et tellement vides, pendent autour d'eux. Sosthène Pouttlart!... Quand donc ce nom, que je confirme en le répétant, vint-il sous ma plume? A qui s'appliquait-il?... J'y suis... Il désignait le chef des hommes de l'Homme, l'adversaire (chiqué! chiqué!) du pape, lequel commande aux hommes de Dieu. Si j'allais le voir?... J'ai bien envie d'aller le voir... Mais que pourrait-il m'apprendre, que je ne susse déjà, et, notamment, que Dieu n'existe pas, que l'univers consigne, à chaque instant, un équilibre de force, immédiatement supplanté par un autre, et qu'il se déplace, ainsi, au fil d'une juxtaposition de rigidité cadavérique.

Dans la paix grisâtre des heures ouvrables, la Ville

manque de relief et d'espoir. Aux étalages, choux, navets et poireaux rêvent, comme d'habitude, de Napoléon III. Ils se demandent si ce n'est pas sous le règne de ce monarque qu'ils viennent d'apparaître aux balcons du petit commerce, tellement ils se sentent pareils aux choux, navets et poireaux de soixante ans en arrière, eux-mêmes pareils à tant et tant d'autres carottes et poireaux moroses chez les épiciers entre le coup de feu du dîner et du souper depuis que les grandes migrations de choux, navets et poireaux s'accomplirent à travers le continent européen.

Montreuil-sous-Bois... Un carrefour, là, s'appelle la Croix-de-Chavaux... Comme c'est joli! Hordes de chevaux lancés sur un crucifix à terre – patatan! patatan! – des chevaux qui ne seraient que des chavaux, ou qui seraient déjà des chavaux, à savoir des chevaux sans tête ni sabots... Vous ne voyez pas la chose comme ça? Oh! Ça ne fait rien... ça ne fait rien...

J'entre dans Montreuil par les Puces et la Zone.

La rue Azraël se délabre, toute en grandes baraques de plâtres gris que relient des murs gondolés où des lambeaux d'affichage politique, mouillés par la pluie, déchirés par le vent, se changèrent en de la mousse rose ou bleue. Au 19 s'ouvre une boutique sombre et basse qui sent l'aramon de la plèbe, le chiffon et le fibrome en bocal. Le gérant, tremblant et halluciné, paraît atteint d'une de ces maladies de la moelle épinière qui mangent tout un héritage sous forme de pommades, traitements électriques et, quand on le peut, cures à Bassoires-les-Eaux. Sa femme, au contraire, cantalienne aux tempes noires, vit dur. C'est à elle que je demande après M. Sosthène Pouttlart.

– Ce n'est pas ici! » affirme la maîtresse femme, sincère et péremptoire.

– Mais si, mais si... C'est ici... » bredouille horriblement le patron déchu.

– Ah! J'oubliais... On a bien le droit d'oublier. Et puis, ce monsieur parle entre ses dents. Vous trouverez M. Pouttlart au quatrième, au numéro 12.

L'hôtelier, que travaille un grelottement effroyable, rectifie de nouveau. M. Pouttlart – voyons, Adèle! – occupe, au cinquième, la chambre 18. L'hôtelière en convient avec mauvaise grâce. Elle a tant de débiteurs, dont certains possèdent des enfants au sein, des bicyclettes, des fers électriques!

L'incident, fort léger, me trouble étrangement, comme un combat de vérités. Celle qui l'emporte doit disposer de références solides, tangibles, contrôlables. Mais une vérité absolument sûre d'elle-même recourrait-elle à ces dispositifs probateurs et avilissants?

De gros hexagones rougeâtres dallent, à la provençale, l'escalier de la maison meublée. Chaque palier rassemble quatre portes, basses, brunes, savoureuses, avec un loquet de fer. Leur minutie exige qu'on se courbe pour pénétrer dans la chambre qu'elles desservent. Cette circonstance liminaire convient, car toute chambre est une basilique où l'on rêve, où l'on dort, où l'on aime, où l'on meurt.

Entre le troisième et le quatrième étage, alors que le fracas de mon emphysème commence à ramoner toute la turne, j'entends mon nom. Quoi? Qui m'appelle?

– Montez! Montez, M. Rothon! Je vous attendais. Nous vous attendions. Vous allez bien?

Quelques instants plus tard, je me trouve en présence d'un gandin maigrichon et fort jeune. Cambré dans une robe à la Hoffmann, souris et groseille, ses yeux étincellent au centre de cercles d'écaille. Tout mouillé, et les poches emplies de pierres, il pèserait quarante-sept kilos, ou, peut-être, seulement le poids des pierres et de la mouillure. Moi, qui jouis d'un odorat exceptionnel, je ne lui découvre aucune odeur. Sa main craque sous la mienne comme trois barbes de maïs. Ses gestes coupants et réussis dénotent un corps maîtrisé. Il m'invite à entrer dans sa chambre où flotte une femme vêtue d'un manteau de gabardine jaunâtre, et, sans doute, aussi, d'une robe à carreaux noirs et blancs.

Bien entendu, cette présence féminine m'allèche. Déjà, je rends grâce à mon voyage à Montreuil qui me vaudra peut-être de pratiquer une fleurette, de participer à une orgie, enfin! Mais, dans ses ailes translucides, la femme, son visage en avant comme une houe en cellophane où fussent collés deux énormes yeux de poisson des abîmes, vole, sans bruit, à ras de terre, et le temps que je m'éclaircisse le gosier dans l'intention de modeler un compliment, elle s'est dissipée, mangeuse d'asphodèles, fiancée des ramiers d'Hermès. Il est donc entendu que les femmes ne me hantent que comme des corps glorieux, pour parler comme les chrétiens. Je suis le caravansérail gratuit du corps glorieux des femmes...

Mon hôte, emphatique, attentif, m'invite à examiner les lieux, à regarder de près, à toucher. Ses richesses m'appartiennent, même les plus considérables, à savoir *les cartes du monde*. M'appartiennent aussi ces jattes de porcelaine. Ce sont des cendriers? Oh! Non... Ce sont les représentations prodigieuses des puissances séphirotiques qui, au nombre de sept, subtiles, tournoyantes et bleues, siègent en certains endroits de notre corps, et que le sage exploite et développe à son gré. Fouillez! Ne vous gênez pas!

La chambre de Pouttlart est petite. J'y salue une armoire à glace et une commode, modestes, sentencieuses, de sapin bruni, habituées à regarder passer les urémies, les péritonites, les saintes huiles, la virginité des bonniches, les assassins de Fualdès. Un bout de poêle, compagnon crustacé de la mistoufle urbaine, empoisonne d'une évocation d'asphyxies accidentelles le plaisir que mon romantisme douillet éprouve à se figurer que je suis moi-même le locataire de ce modeste local. Non marié, je pourrais là, tranquillement, entre la lune et la terre, accueillir des femmes, des amis. Deux petites tapisseries, comme en vendent les Kabyles à la terrasse des cafés, proposent, contre le mur de plâtre, des têtes égyptiennes autour de quoi vogue le serpent. Sur la commode veille l'image d'un quadragénaire aux sourcils noirs, à la perruque blanche, aux rides de théâtre, aux iris diamantés. La Croix de Malte s'enlève sur le noir bien ciré de sa cuirasse. Çà et là, de petites reproductions photographiques d'œuvres de Chirico, des cartes postales du musée Guimet, des bouddhas de bazar s'efforcent de créer une atmosphère de voyance mentale, d'introduction théosophique. Les cartes du monde s'entassent sur le guéridon où je m'accoude. Mon hôte me presse de les consulter. Ému, je défais la liasse. Et j'ai sous les yeux des feuillets arrachés à quelque atlas scolaire. Le jeune Pouttlart n'a pas dû quitter le lycée depuis bien longtemps... Voici la France géologique, le Rhin et ses affluents, l'Italie, l'Amérique du Nord... Évidemment... Les cartes du monde... Mais je m'attendais à autre chose...

– Hein? Ça n'est pas tous les jours que vous en voyez autant », me dit l'homme en robe de chambre. Et sa langue claque, comme d'un dégustateur. Précis, il remet les cartes en place. Tout d'un coup, il siège sur son lit, les jambes croisées, blond, diaphane.

– Je suis l'institutrice des prostituées, celle qui révèle leur art aux prostituées. Pour qu'elles sachent danser, je danse devant elles. Je chante devant elles, pour qu'elles sachent chanter. Je donne à ceux qui donneront. Prenez ma pensée et répandez-la. L'esprit a besoin de créateurs à votre ressemblance... J'aime les hommes. Je suis une prostituée. Jamais je ne refuse. Voici ma lumière. Emportez de moi autant de lumière que vous voudrez. Je vais danser et chanter devant vous. Il y a sept animaux sacrés...

Pendant sept heures, il parlera, et les pluies, au-dehors, tomberont, et les autobus brameront, et les soleils se lèveront et s'abaisseront, et la rigueur fera place à la douceur, et les fleurs indicibles, composées, chacune, d'une sphère, d'une collerette et d'une aigrette, les trois poussières de l'êtreté, naîtront de l'étang de la nuit devant les fanaux des tigresses couvertes d'oiseaux rassurés.

Les philosophes se succèdent. Les empires gonflent et crèvent comme du riz. Des poètes, favorisés de démons experts, écrivent des livres à double et triple fond, pleins de fantômes virulents, de colosses qui vous viennent dessus, avec un œil rouge... Les séries numérales s'entrecroisent, fusées de phosphore, riches de vertus amaigrissantes, femelles du vers, étirées hors d'un centre nerveux qui ne concourt pas à l'activité de la raison. Les troupeaux de bêtes s'avancent. Les moissons luisent et se fanent. La flamme de trois bougies engendre un croissant plissé, l'arc du front d'un rabbin qui, dans l'agencement des lignes de sa main droite, découvre le profil de la mère du monde, et pâlit. Les guerres, les famines, les scientifiques randonnées, les vicissitudes politiques, dévoilées dans leur urgence morale, dans leur retentissement ésotérique, abdiquent leur physionomie violente et familière et se combinent et, l'une l'autre, se poursuivent comme les particules d'une Terre proprement chaude et humaine vouée à une circulation exacte, foudroyante et prévue, à travers l'élément historique. J'apprends la valeur des aliments, ce que peut le pain et ce que peut le lait quand on les mange ou boit sur la bonne cadence...

J'enfle de connaître. J'évalue le profit que je tirerais,

comme publiciste, des informations que me livre Pouttlart, en les arrangeant, en les embellissant, en les démarquant, en les réputant mes fillettes. Pouttlart ne m'incita-t-il pas à le piller? Et lui, cette connaissance qu'il me dispense, de quelle générosité la reçut-il? Mes propres divagations, ne peut-on avancer que, de bouche en bouche, elles sont parvenues, par les salles de rédaction et les chapelles, depuis trente ans que je promène dans Paris ma bouffissure, mon défaut de bretelles et ma serviette à soufflets, jusqu'à ce freluquet qui, maintenant, me les rend, défigurées, harmonisées?

De Pouttlart le discours, à la fois opium et scalpel, me berce, me surexcite, me viole. De grandes zones de verbiage m'imprègnent, par les pores, à travers mes gilets. Et puis, une description, un raisonnement se détache avec une précision remâchée et une élégance elliptique. Assimilés par moi dès que le professeur les expulsa, ces couplets aux arêtes polies me semblent, sur-le-champ, de moi-même émaner, la réceptivité parfaite égalant la faculté créatrice.

– M. Rothon, connaissez-vous M. Pierre Permaille?

– Non, non. Je ne suis pas très instruit. Qui est-ce?

– Qui?

– Eh bien, celui que vous dites, là, Pierre...

– Il n'existe pas. Il n'existe pas encore. C'est n'importe qui de non cabalistique, de peu doué sous le rapport des dons supérieurs. Un marchand d'articles de pêche, un profiteur du boxisme, un terrassier parvenu. Dur, avide, infaillible, vinicole, il suit son chemin sans jamais se retourner. Nourri de viande, il frappe du poing sur les tables et ne tolère pas qu'on le contredise. Il sait mille anecdotes par cœur. Sa nuque rouge fait trois plis, mais sa volonté est lisse et bien tendue. Il trottine vers les rombières, vers les apéritifs, vers l'homme, vers la qualité d'homme, qu'il n'a pas rejointe tout à fait. Il connaît les recettes et les matricules de la Terre la plus terrestre et la plus grossière et il se plaît à proclamer qu'en lui on trouvera à qui parler. Chacun de ses mots sonne clair. Chacun de ses pas sonne juste. Il rote avec hégémonie. Vous le voyez d'ici?

– Quelle brute!

– Quelle brute? Au fond, nous n'en savons rien. Qu'est-ce que de tels gaillards ont dans le ventre, exactement? Peut-être du miel... Mais supposons que, sur le plan le plus immédiat et le plus saisissable, M. Permaille soit bien ce que vous dites, une brute. Un jour, il casse sa pipe.

« Comment, alors, se comporte son âme? » Elle commence par ignorer la mort de Permaille. Elle se croit Permaille encore et gémit : « Je ne suis pas mort. » Embarrassée par ses jupons de tulle passifloré, elle demande aux âmes qu'elle rencontre, et à ce zéphyr rafraîchissant que la prière des prêtres délègue vers elle dans les étendues posthumes de la couleur paroxystique, quelle attitude il convient d'adopter. Permaille, que nous allons mettre au féminin, a beaucoup perdu, maintenant, de son arrogance, mais elle demeure vorace, si la jovialité lui passa. Elle brigue une platée d'andouillettes, un verre de vermouth, un lit, mais, si novice qu'elle soit, elle se rend bien compte que, tout appareil carné lui faisant défaut, elle n'éprouve pas ces désirs, mais seulement le désir de les éprouver. De cet appétit au second degré elle commence à savourer l'innocuité, le mirage agréé. Cependant, très attachée à la mémoire de son habitacle parti, elle tente, lamentable, de ressusciter la racination profonde des épaules, le troulalahitou de ses pipis chantés.

Permaille, un gibus de brume dans ses mains de fumerolles, marche en tête du cortège funèbre de Pierre Permaille. Les cimetières regorgent ainsi d'âmes qui, sans idéal, sans moyens, attendent, près du tombeau de leur mannequin de poussière, que leur corps augural meure et pourrisse à son tour. Vous ignorez sans doute qu'on dénombre, au-delà de l'état physique, six états encore, c'est-à-dire, en tout, sept ciels, comme disent les aquarellistes, les disciples du loup Marcion, et les amoureux?

– Ces ciels, comment s'appellent-ils?

– L'augural, le chinois, le pacifique, le respiratoire...

– Attendez. Je note.

– Ne notez rien. Ces mots importent peu. C'est tellement plus beau! C'est tellement plus simple! Chacun de ces ciels comporte sept ciels. Tous, promis à l'ascension d'une âme, s'étagent, ici, derrière mon front, derrière le vôtre. Cette septuple série de ciels ne compose encore qu'un ciel, le séraphique. Il y a sept ciels comme cela, le surhumain, le divin...

– Cette fois, je note.

– Inutile encore. Ces sept septuples ciels, dont le reflet se répercute à l'infini sur les miroirs de l'analogie magnifiée, se confondent aux sept ciels primitifs, lesquels ne se construisent qu'en vous. Ils orchestrent la vie, que portent la tête, le cœur et le ventre. Regardez en vous-même et vous verrez la vie.

– Mais Permaille approche-t-elle de Dieu?

– Dieu? Le type de l'Abbaye? M. Double?

– C'était donc lui?

– Bien sûr. Qui pensiez-vous fichtre que c'était? Lui, vraiment, se persuada qu'il a tiré le monde du néant. Dans une certaine mesure, il ne se trompe pas. Son outrecuidance, naïve au possible, ne manque pas d'allure. Comme tout ce que la parole alimente et recouvre, elle comporte un aspect respectable. Il n'est pas donné aux sécrétions intellectuelles, même les plus folles, d'errer complètement. Le mensonge est, toujours, le spectre ou l'espoir de la vérité ou, plus exactement, son époux. Si votre clochard, d'ailleurs bien renté par les soins du directoire secret, se déclare Dieu, ce brave Dieu paternel qui fabriqua l'homme pour s'y contempler et s'y distraire, et projeta dans l'espace, autour de nos beffrois, ces étoiles multicolores dont se repaît l'entérite des sonnettistes et que scrute le bégaiement des astrologues, eh bien! il est Dieu! L'investiture la plus valable est celle qu'on se donne soi-même. Fils de la race et de la démence des hommes, Dieu, créateur de ce monde qui le borne et qui l'héberge et qu'il croit dominer, se présente comme un accident abstrait, subreptice et autorisé. Vous le connaissez. Vous l'êtes un tout petit peu, car vous parlez, parfois, en son nom, à la première personne. Nous tolérons cet imposteur convaincu et convaincant, mais à son juste rang, qui n'est pas le premier. Personnage touchant, facile, pittoresque, familier, un peu radoteur, et fort habile à quémander, il tend son quart de fer dans l'ombre de l'église. Nous l'entretenons, car il nous sert (le « comte » lui-même, un jour que j'étais occupé, se dédoubla en Patagonie, où il avait affaire sous ses espèces complètes, et manda auprès de votre ami un fantôme bien pourvu de sequins et de brillants). La révérence que lui témoignent les particuliers indique favorablement leur soif et leur instinct de l'extériorité sublime. Ne restent à l'écart que les infortunés qui n'optèrent pas, qui ne se déclarèrent ni pour Dieu ni pour l'homme, ceux que l'Alighieri flétrit dans ses vacarmes, lesquels, comme la Bible, comme le cercueil de Napoléon, possèdent au moins cinq pelures. Mais revenons à Permaille.

– Oh! Oui. Revenons-y!

– Dans son nouveau milieu, l'augural, Permaille, affectée d'un corps augural assez voisin d'un calot de meringue, voit venir vers elle, des profondeurs zigzagantes aux badigeons hyperesthésiés, plusieurs larves à sa ressemblance. D'abord, elles l'épouvantent. D'autres surviennent plus étranges encore, les chiens et les chats de l'au-delà, tout le bétail interstellaire. Sans yeux, sans oreilles, sans mains, elle jouit, cependant, d'une perméabilité sensorielle que, toute ambition scientifique lui faisant désormais défaut, si tant est qu'elle en éprouvât jamais, elle ne tente pas d'analyser. Cette perméabilité se prête aux impressions venues, comme à travers une vitre dépolie, de la Terre dont Permaille s'éloigne tout en s'y mêlant plus étroitement. Elle se réfugie dans la proximité de ses ennemis, de ses amis, de ses parents, obstinés aux maisons de sueur et de peau. Mais des anciennes liaisons la sépare son excès de lourdeur et de matière...

– Comment! Je croyais qu'elle allait se subtilisant, se dégageant...

– Enfant! Au-dessus de tout règne la compacité la plus resserrée. De très académiques savants sont d'accord, sur ce point, avec notre Livre des Squelettes. Au regard de la densité spirituelle, la matière est vide, l'objet lourd est creux. Lisez Henri Poincaré. Lisez Stéphane Pavlov.

– Alors, il faut que je renverse tout, pour y comprendre quelque chose?

– Renversez, mon ami, renversez... Permaille, peut-être, entendit, autrefois, parler de survivance. L'esprit lui venant peu à peu, elle cesse de s'épuiser en pâles borborygmes vers les gens de votre Terre, l'une, à tout prendre, des sept Terres concentriques qui tissent ensemble la Terre – laquelle, notez-le, n'est pas la Terre, et seulement une parodie, une allusion, une minute, au sens notarial, de la Terre, de la vraie.

– Où est-elle, la vraie Terre?

– Chut! Chut! Comme vous y allez... Certains des habitants de ces Terres qui rasent la Terre physique, celle où vous posez vos pieds, celle où vous regardez courir les ânes roses, ils enfourchent, de temps en temps, dans les forêts, leur bicyclette de brouillard bleu. Alors appelez-les d'un cœur tendre, sans méditer de les questionner, mais pour jouer avec eux, comme un lapin avec des lapins, un enfant chez les enfants. Et vous verrez venir vers vous les korrigans et les lutins qui suivent des évolutions tangentes à celle des hommes.

Permaille, donc, renonçant à récupérer sa dépouille sanglante et huileuse, va chercher à abréger le plus possible les intermédiaires séjours qu'il lui reste à visiter. Elle ne se suicidera pas, mais elle priera. Peut-être fera-t-elle le signe de la croix...

– Le signe de la croix? Je ne comprends plus.

– Oh! C'est un signe excellent. Peut-être dira-t-elle : « Au nom du roi! »

– Quel roi?

– Je vous expliquerai. Cependant l'inquiète un échafaudage de caissettes d'osier, aux timbrages humides, qu'elle transporte sur une planchette augurale fixée par des courroies augurales à son échine augurale, et que des douaniers en robe de pourpre, horizontalement postés aux carrefours de l'espace, examinent à la frontière tout de suite après le décès. Ces caissettes renferment les actions bonnes et mauvaises, perceptibles jusqu'à l'hystérie au-dessus des âmes frénétiques et multiséculaires qu'à propos de bottes Shakespeare (qui fut aussi celui que l'on appelait Pythagore) met en scène, nouées et courbées par le poids des lointaines fatalités, ruant et pétant sous le grand fardeau moral.

« Née à l'augural, Permaille meurt à l'augural. Sa mort augurale coïncide avec sa naissance chinoise. Et sa mort chinoise coïncidera avec sa naissance pacifique. Et sa mort pacifique coïncidera avec sa naissance respiratoire. Par des régions toujours plus pharaoniques et éthérisées, Permaille, accueillie, à chaque passage, par de splendides gabelous, atteint de calmes abîmes où, baleine dorée dans le bain de la rose, elle aime le soleil et connaît qu'elle dort. Bienheureuse inconscience! Adorable repos! Le cœur, le cœur du bonheur... Plus riche de sagesse et de faste désir, Permaille va naître et mourir, mais en sens contraire, dans les divers régimes de la perpétuité transitoire. Elle naît au respiratoire. Elle meurt au pacifique. Elle naît au chinois. Elle meurt au chinois. Elle naît à l'augural.

– Elle meurt à l'augural. Elle naît au physique.

– Elle naît au physique, c'est exact, dans le corps d'une fillette de pêcheurs finlandais, ou d'un futur bandit de la Vera-Cruz. Mais elle ne mourra à l'augural que quand cette petite ou ce gamin aura sept ans. Les enfants, jusqu'à l'âge de sept ans, sont des augures. Les sept sages de la Grèce et les sept ans de la jeunesse vont de pair. De même, à l'autre bout de la vie physique, l'homme, quelquefois, naît à l'augural avant d'être officiellement rayé des listes électorales. Blague à part, on peut être augure à quarante ans. Certains, même, le sont pendant toute la durée de leur vie physique.

« Permaille, de patronyme en patronyme, de carcasse en carcasse, va voyager pendant bien des années, bien des siècles, et le chargement de ses œuvres complètes pèsera sur elle. Au bandit enseveli dans les champs du Mexique, à la fille qui, d'un poignet roussi, tire sur les rames finnoises, succédera une tuberculeuse étouffée par ses songes, ou un brahme qui se tait devant les monuments, mais Permaille, sans cesse, de Permaille dépend, unie à elle-même, créative personnelle à travers les modulations individuelles.

« Après avoir nourri et canalisé l'agitation d'une foule linéaire d'hommes et de femmes, Permaille, toute belle, pour lors, et sans retour, accède, relativement à elle-même, à une certitude qui résiste au choc des catastrophes physiques. Petit à petit, elle devient cette voyageuse qu'un char rapide emporte de village en village mais qui ne se confond à l'un d'eux plus jamais. Elle attaque les lisières de l'héroïsme. Tandis que les jouissances telluriques perdent pour elle toute fraîcheur, toute saveur littérales, elle acquiert les premiers de ces pouvoirs épurés que sa pérégrination, dorénavant, lui vaudra. Dans les bleus magasins de la métempsycose, mais d'une métempsycose ennemie du hasard, elle choisit le vase fiévreux qui l'hébergera, elle dessine le père et la mère qu'elle se voudrait. Sacrée Permaille ! Elle est bien loin, maintenant, du contremaître rougeaud qui, dans une toile d'araignée de jurons et de défis, d'affirmations indiscutables et de colères respectées, illustrait et circonscrivait une minéralité, une chiennerie ! Réservées, muettes, vaporeuses, négligeables, les apparences physiques de Permaille ne songent plus à crier plus fort que la sainte moelle. Servantes empressées de leur maîtresse incluse, leur émaciation brûle de ne lui imposer que le plus supportable équipement de glandules et de tibias. Enfin, par un matin tout glacé d'aurore, elle s'épanouit dans un organisme surhumain, qui, pour le coup, bien éveillé, orné de tous les plumages de la majeure lucidité, sur l'autre rive longuement respire avant de commencer le nouveau chemin. Toujours plus précisée, bondissant de planète en planète, plus anagogiques les unes que les autres, elle se modèlera dans les cratères colossaux, les graals limpides, les hanaps qui ruissellent d'eucharistie, les indescriptibles torses des fantastiques vidames, des piliers du refrain, des écueils du déluge. Accompli son tour de bête, de bête et d'homme, d'homme et d'ange, d'ange et de Jéovah, ayant alors échappé à la damnation qui ne menace que les simoniaques de nos maçonneries, elle finira par se dire, elle-même, le verbe, le verbe au stade inimitable où il méprise même de créer, le verbe qui fut au commencement, le verbe dont le corps physique est le soleil, réverbéré dans une courette, le soleil qui court sur vos campagnes et sur vos toitures, le soleil qui, lui-même, a un Dieu.

– Quel est le Dieu du soleil?

– Le soleil de demain... Pierre Permaille, marchand de bœufs ou représentant de commerce, est devenu bien plus que Jéovah. Dans sa simarre de flammes vermeilles, il rôde largement et, sans relâche, déchaîne les trois rayons primordiaux, celui du père, celui du fils, celui de l'esprit.

– Ainsi soit-il!

– Dévalant sur ces trois rayons, celui de la puissance, celui de la fiançaille et celui du Paraclet mobile et immobile, présent partout comme l'électron dans le courant, il s'atteste par les cactus et par les chênes, il fleurit, par le procédé de la contention spirituelle, aux arbustes circulatoires des mollusques, il se boursoufle chez les rondeurs, déjà honorables, des éléphants et des étalons, et, devant lui, il propulse la forme hautaine et misérable de l'homme, fils du verbe et père du verbe, qu'il va devenir au sommet le plus hasardeux de sa randonnée. Soudain, le miracle des miracles s'accomplit, l'opéra du monde... Un homme naît, dans une étable, ou sur la fougère des bosquets sauvages, ou parmi l'aluminium des cliniques. Un homme naît... Un homme naît... Un dieu naît et renaît, que ses espèces divines attendent avec aménité au prochain tournant de la spirale, alors qu'il se débat encore dans l'aigre laitage... Le monde naît... Un enfant vient au monde, un enfant si puissant et si terrible déjà que le plus efficace et rayonnant des verbes qui se pavanent dans l'inconditionnel ne pourrait même pas...

– ... l'anéantir?

– ... ne pourrait même pas l'imiter. L'imiter. Sonnez, les clairons, les cymbales! Un homme naît... Tout recommence... Tout recommence...

– Mais Permaille?

– Devenue la sagesse verbale, déjà défunte quand elle s'exprime, et à qui les habilleuses des morts attachent le masque d'or du soleil, elle vole plus loin, toujours relancée, comme n'importe quelle âme, par d'autres visages d'elle-même à rejoindre et à remplir, jusqu'à ce que, là-bas, ayant filé, comme une flèche, à travers la gemme noire et tigrée, elle explose dans cette tête d'épingle, concrétion de l'absence absolue, qui se trouve au centre des centres, la sinistre Lilith... Bien plutôt, après qu'elle anima de soleils défalqués d'eux-mêmes comme la boule de neige plus énorme à chaque pas, elle renaîtra cellule de houille, sphérule de pollen, broutille de froment dans quelque Terre sœur de la nôtre, mais des milliards et des milliards de fois, et encore quelques milliards, plus volumineuse que la nôtre... Déductibles déductions de déduites déductions... Escaliers d'escaliers... Une olive?

– Merci. J'ai la gorge serrée. Mais qui êtes-vous donc?

– Un cultivateur. Et un chevalier.

– Seriez-vous décoré du Mérite agricole?

– Je suis un chevalier de la blanche campagne. Quand l'Atlantide, peuplée de géants, rectangulaires par la figure, qui fréquentaient l'espace sur des alligators scintillants, ne s'était pas encore écroulée, et que les hommes se reproduisaient par scissiparité ou par le mode des sueurs, nous nous heurtâmes, dans le cirque de Miribi, entre les montagnes d'Abur, blancs contre noirs, comme aux échecs, comme au Soudan. Les escadres volantes confrontaient leurs assauts et suscitaient de gigantesques dattiers d'étincelles que les habitants des pôles apercevaient du fond de leur superstition. « Une verte! Une rouge! » s'écriaient-ils dans leur langage. Nous finîmes par l'emporter. Sur tous les plans, à tous les étages de l'univers, le même combat se développait, avec une prosodie identique, entre les anges et les démons, les nickels et les charbonnages, les tenants de l'amour et les champions de Satan, père de Judas et oncle du Christ. Vos légendes ont conservé le souvenir de ces épopées. Dans le rêve des jeunes campagnardes, elles ne réveillent, en octobre, avec un furieux fracas. « C'est la chasse de Saint-Léger qui passe... » disent, sous la coite couette, les garces frissonnantes.

« L'Atlantide liquidée, la taille des hommes s'abaissa. Ils commencèrent à vous ressembler, sacs d'excréments, coteaux de fistule, mais régis par la baguette des monarques jeteurs de sorts. On nomma lémures ces hommes. Aujourd'hui, dans les forêts africaines, des nègres, mécanisés par un archaïsme aveugle, observent encore les rites de la race lémurique dont ils rappellent l'apparence physique. Une exposition permanente de ces vieilles coutumes existe – me suis-je laissé dire – dans la Haute-Péri, du côté d'Assabouïam, là que le roitelet Onabulas prévaut.

« Dans l'infinie procession des êtres, quelques-uns remplissent des tâches provisoires, mais définies. Il y a ceux qui contrôlent le fardeau et les titres des âmes. D'autres surveillent certaines réalisations d'intérêt général. A votre Dieu incomba le soin de fabriquer Adam, le premier des hommes actuels. Chacune des époques précédentes avait eu son propre Adam... Mais mon petit doigt me dit que celui-ci vous intéresse particulièrement. Votre Dieu, donc, tout glorieux, et tout ému, d'insérer l'illusion de son caprice et de ses capacités dans l'économie universelle, se mit à l'œuvre. Duquel de ces danseurs sylvestres de la Lémurie, nourris de pommades engendrées par la satisfaisante prononciation de certaines syllabes à l'heure où la pluie commence, ferait-il le premier des hommes passionnés, barbares, maladifs et terribles, assis et contenus entre la plus basse – la pinéale – des trois vertus cérébrales et la plus basse – la prostatique – des trois vertus abdominales? Qui serait le premier de votre farouche lignée, la plus exilée des noblesses natales, mais la plus acharnée à les reconquérir, ô Colomb, ô Bonaparte?

« Jusque-là, la fécondation s'opérait de sternum à sternum, ou par l'imposition réciproque des pieds, suivant un procédé d'échange fluidique analogue à celui qui prévaut acutellement chez les myrmélides et les rouflapodes et que sir Jeremiah Paterson et l'inoubliable Karambolsky décrivirent si lumineusement. Leur peau complantée de capillarités mucilagineuses pareilles aux barbes du boa des élégantes, les époux lémuriens marchaient l'un vers l'autre, en présence de la tribu rassemblée. Ils portaient leur buste comme un beffroi de porcelaine, et leurs prunelles claires brasillaient avec immobilité. Face à face, ils s'arrêtaient. Du talon, trois fois, ils frappaient le sol de leur village. Puis chacun d'eux étendait son bras droit et le posait sur l'épaule droite de son fiancé, qui, par la taille, l'égalait. Quand, le plus souvent, d'ailleurs, le couple se composait d'un mâle et d'une femelle, et non de deux mâles, ou de deux femelles, rien ne distinguait les conjoints que le sexe de l'époux. Ce sexe, détail explétif, modeste et silencieux, n'obtenait pas, de la part de certains médecins d'alors, plus de considération que, dans l'avenir, vers 1900 après Jésus-Christ, l'appendice vermiculaire. Seul, le clergé, qui détenait et répandait la vérité et non l'ombre de la vérité, savait que ce minuscule lambeau ébauchait l'organe promis à signifier la plus centrale et la plus tragique aptitude de la race humaine à se souder à l'opacité glauque et infernale, mais qui chanterait aussi l'essor cyclopéen et l'élan pulsatile vers la source *lo-go-ï-que* (Sosthène Pouttlart prononçait de tels vocables avec un bouillonnement un peu pion, un peu Conservatoire, qui, bizarrement, me rassurait...) d'où tout descend et où tout remonte pendant la durée d'un logos, c'est-à-dire de la solaire suprématie de n'importe quelle âme d'homme parvenue à son point le plus élevé après maintes modifications. Les ères évanouies, et celle de l'Atlandide et celle de la Lémurgie, renaîtront et renaissent sans cesse, derrière nos églises campagnardes et nos collines, car, à chaque instant, part un train complet de généalogies, jumeau de celui qui le précède comme de celui qui le suit. Dans ses flancs, il emporte la Terre, la maison de notre enfance, la barcelonnette de Charlemagne, les boulons de la Tour Eiffel, les natures de la divine comédie. Les combinaisons ioniques ne sont pas infinies. Dans l'immensité, l'immensité rectiligne et successorale autant que spatiale et concomitante, notre affabulation se reproduit mille fois, comme dans un hangar de miroirs. Pour nous en tenir à la cascade d'anecdotes et de cataclysmes dont vous vous sentez et prétendez, vous et vos contemporains, cher monsieur Rothon, la présente progéniture, sachez que vos femmes...

– Oh! mes femmes... c'est beaucoup dire...

– Vos femmes ont sauvegardé la plastique pureté, la généreuse et désertique platitude des ventres de l'Atlantide et de la Lémurie. La belle peau du ventre de vos femmes, cuirasse hypocrite et flexible des puisards de la bassesse et des soupiraux de la sublime réintégration, vous irrite. Elle suscite la torche et le poignard. Du moins, je l'imagine, car, moi, j'ai dépassé l'étape de la pieuvre et des abonnements pornographiques...

– Mais comment, au juste, dans la première Lémurie, les enfants venaient-ils au monde?

– Au bout d'un nombre de mois dont il ne me fut pas possible d'établir le compte exact, les prêtres trouvaient sur la poitrine de l'homme ou sur celle de la femelle, un crapaud nébuleux au crâne béant par en haut. Ce petit être consistait si peu que son père, ou sa mère, devait, quelque temps encore, le porter, écartelé, comme un eczéma pectoral ou comme le hausse-col de la gendarmerie prussienne. Ses paumes, collées à la fraise mauve des mamelles sans relief du géant ou de la géante, buvardaient à son profit les humeurs de la vie. Plus tard, bien plus tard, quand le soin de pouponner l'héritier appartint seulement aux femmes, la poitrine de celles-ci se rengorgea, et, aussi, parce qu'il importait qu'entre elles et les hommes les dissimilitudes s'accentuassent afin de commanditer le désir, et la haine, et d'acheminer toute une littérature.

« Alors que la période lémurienne avait déjà tiré plus de la moitié de son temps, et que la stature humaine ne mesurait plus que trois mètres, Jéovah, qui ne s'appelle pas davantage Jéovah que moi Pouttlart, Jéovah se mit à l'œuvre. Assisté des trônes boitant sur leurs pattes de chêne, vernis à l'œuf, et fronçant le sourcil derrière leurs faces-à-main, groupe bien maigrelet sitôt qu'on le soupèse au regard de la multitude de multitudes d'esprits, dont la plupart possèdent maison civile et maison militaire, qui, sur toutes les arènes du cosmique, font la pyramide, ou, si mieux aimez, le serpent, il rôda parmi les hautes caroubes de la Lémurie. La Lémurie ligotait ensemble l'Afrique et Golconde, en passant par Madagascar.

D'elle, si l'on en croit les manuels scolaires, rien ne subsiste qu'un petit singe peureux qui se rencontre dans les contrées émergées et qui se plaît aux combes humides. L'Atlantide, elle, ne nous laissa, pour témoigner d'elle, que l'une de ses plantes désormais maritime, la sargasse. Un singe et une algue, et nous, et tant de soleils futurs...

« Jéovah régnait parmi les hautes caroubes de la Lémurie. Les taures membraneuses, caparaçonnées de six ailerons, regardaient passer son train brillamment. Ensuite, assez vaches, elles commentaient entre elles la robe bleue ou ponceau des caudataires. Les montagnes du Congo nageaient dans une athymique rutilance à base de désintéressement. Les bêtes, vastes et qui cèdent, erraient sur les gazons. Des théorèmes croûteux et chlorurés trahissaient, à la surface des fleuves aux majestueuses démarches, le remuement aquatique des dragons aussi longs que les noms érudits sous lesquels ils seraient connus des civilisations éventuelles. Une nageoire postuleuse sabrait la soie du ciel. Une queue se dressait comme un clocher hérissé de pignonnements. Parfois, du côté des bosquets de frangipaniers ventre-de-crevette, le héron faisait entendre, deux fois, la syllabe de la tristesse. Alors, les lézards et la brousse comprenaient qu'un sel d'atrocité, cette année, sucrerait le sang et la sève, et leur cœur se serrait.

« Ceinturés d'épis de blé-de-turc aussi serrés que les génies de l'univers, et dont il suffisait de humer l'odeur dense et salubre pour se sentir allègre et dispos, des huttes ectoplasmiques se balançaient ainsi que des nacelles à l'ancre dans le port d'une villégiature. Il était loisible de les agrandir ou de les réduire en cinq sec, ou de leur conférer tel ou tel gabarit : conformément à une technique préalablement renouvelée de celle des maîtres verriers, il suffisait de leur souffler dedans, à l'aide d'un chalumeau de jasmin, par un pertuis ménagé sous les ruchés de leur poupe.

« Tout était avenant, moelleux et dilatoire. Entourés de pensées blanchâtres, gentilles citoyennes des plans voisins, les Lémures consacraient à des siestes intelligentes et à la saltation la majeure partie de leur temps. Otant et remettant, sur un rythme inusable, la première des peaux de leur propre face, ils simulaient, jusque dans le nuançage trigonométrique, le bal des mondes suspendus, chapelet de têtes d'ail dans le monde de notre tête, une des têtes, elle-même, de ce soporifique chapelet que dévide une vieille parmi le jus d'orange et de cerises d'un vitrail.

« Des nuages, sculpturaux comme des cornichons, dans l'azur jaunissant, tournaient sur le pivot de leur entregent modistique. Ils se déformaient, à la longue, moins de se modifier au gré des impalpables ventoulets que de se présenter sous leurs angles les plus abscons avant de disparaître, happés d'un seul coup avec l'élastique où ils pendaient.

« Parfois, un couple humain passait. Avide et sournois, melon enfoncé en avant, les épaules remontées, Jéovah visitait du regard, sur le corps hautain et mécanique des Lémures, l'emplacement des prochaines métamorphoses, cet entrejambe fugace et triangulaire derrière quoi la tradition des acupuncteurs plaçait le point mal saisissable et très subtil où tourne à toute vitesse sur lui-même un aspic fulgurant et ardoisé. Chef-lieu des directions concrètes et flamboyantes de la vitalité corporelle, ce point – je m'excuse de me répéter, mais vous êtes si neuf! – correspond, en s'y opposant, à celui qui, à l'autre pôle de notre guenille, marque l'aiguillée centrale de la couture de notre crâne et préside aux épanouissements libérés.

« Les Lémures jouaient, dormaient, se promenaient, paisibles et nus. Quelques-uns transbahutaient, dans des cornets de feuillage, le cérumen plastifiant avec quoi, depuis les premières aubes de la Lémurie, la liturgie préphilonienne leur imposait de se laver afin de se préciser dans l'espace. D'autres, accroupis à l'ombre d'une ambition impure, tentaient d'assembler des planchettes de bois spongieux et entrevoyaient, pour leurs descendants, de fameuses carrières d'ingénieurs navals et d'inventeurs du fil à couper le beurre. Des cacatois d'aponévrose, charroyant une vis d'écume caoutchoutée, voletaient au-dessus des assemblées circulaires de sages assis avec raideur.

« Un orateur, qui ne cessait de saluer alternativement, tout au long de son exposé, quatre figures, plus trois, debout aux quatre coins, plus trois, de l'espace, servantes du marquis de la rose des vents, racontait le déluge atlantique. Plein de verve, il imitait les grognements des colosses dissous par la fougue des eaux. Il décrivait une vaste main, pareille à une tête ornée des plumes de la guerre, ou, encore, à quelque soleil aux cheveux taillés en magnolia. Longtemps, au-dessus des vagues puantes et vertes, cette main, blanche dans la nuit, noire dans le jour, émut jusqu'au vieux luth des archanges ultérieurs car elle exprimait, orgueilleuse comme la roue d'un paon, mais douloureuse comme un cœur traversé de couteaux, une grande détresse humaine.

« Enfin, chantait l'aède des Lémures, cette main, à plat, s'abîma. L'Atlantique tout frais pissé retentit comme le cuir du plésiosaure d'un de nos tam-tam. A partir du naufrage sonore, les vagues, en se chevauchant, se hâtèrent vers la marge, encore irrésolue, des rivages. Des régiments de scorpions, vomis par cette poussée, se mirent à demander aux salades et aux fougères du darwinisme le plus court chemin vers les appareils qui distribuent le venin. A l'heure qu'il est, ils ne doivent plus en être bien loin... »

« A part lui, Jéovah, tout en écoutant de contrebande, murmurait : « Je voudrais recevoir le baiser d'une femme... »

« ... Alors, chantait le Lémure, le bel âge de notre chère Lémurie commença. Jusque-là, nous n'avions été que les débiteurs des Atlantes que notre admiration malotrue parodiait humblement. Nous devînmes, d'un seul coup, la race qui mène les races. Nos vertus s'exaltèrent jusqu'à une originale, un inventive dignité. Sous leurs humbles toits les provinces hyperboréennes, nos vassales, eurent en dépôt le trésor de nos devanciers. Dans ce trésor, le calumet atlante voisine avec les talismans des empires plus anciens, le trident hyperboréen et le diadème nébuleux, calumet, trident et diadème présents, comme de juste, sous leurs strictes espèces allégoriques, les plus idoines, les plus maniables. Ce trésor, qui, de notre continent tout entier, forme la très secrète et très haute raison, implique, aussi, pareille à un tampon d'ouate, une écaille du sureau formidable qui fournit la substance de l'arche de Noé d'entre Atlantide et Lémurie. Il existe un Noé par déluge, un déluge par genèse, et bien plus de septante fois sept genèses par septième de minute. Voilà qui vous en bouche un coin, je gage. Hélas! Notre Lémurie, à son tour (chantait le Lémure), écoutera la pluie marteler son académie bien-aimée. De grandes lèches du territoire national finiront en queue de poisson. Le quaternaire, capitale Rome, sous-préfectures Londres et Paris, surgira, où régnera le métis blanchâtre qui méprisera jusqu'au sang et traitera de sales nègres nos fils les plus directs, dégénérés d'ailleurs par la conservation, honorable, mais, pour eux, provisoirement maléfique, de rites où ils ne comprendront plus grand-chose et d'une efficacité fort diminuée... »

« A part lui, Jéovah, tout en écoutant de contrebande, murmurait : « Je voudrais recevoir le baiser d'une femme... »

« L'orateur lémure poursuivait : « Le quaternaire plafonnera de 1930 à 1960. Au maximum de son autonomie, l'homme envisagera de renoncer à la vieille, à la bonne Terre. Son petit corps revêche, fréquemment carbonisé dans le ventre des léviathans construits par sa rage ambulatoire, il s'essaiera, armé de sa logique physique portée au carré d'elle-même et de plus en plus voisine de la poétique intuition, à des bonds prodigieux dans les régions angéliques. Des spectateurs pétris de poussière violette, aux fenêtres des pays invisibles, pousseront des cris d'admiration. Puis le déluge du quaternaire s'accomplira. Une impitoyable vague, couronnée de croiseurs drossés, s'érigera par le travers de l'Angleterre et se courbera sur l'Occident. L'Occident en éprouvera l'ombre avant d'en ressentir la mouillure pesante. Paris, au fond d'une Manche étendue, côtoiera le fantôme des Paris d'autrefois. La Germanie, en quelques heures, deviendra, sous des mètres d'eau, une plaine de sable où lourdement se pose l'holocanthus galonné de carmin. L'Italie disparaîtra comme une phalange de cambrioleur entre les lames d'une persienne céruléenne. Ne demeurera d'elle que son moignon de granit et de glaciers. Dépasseront, çà et là, des croupes rocheuses habillées de sapinières, des puys où gambadent des espèces nouvelles, chèvres au torse de danseuse, cochons à tête de juge (y compris la toque en muqueuse rouge vif)... Une humanité moins charnelle que celle qui, tout de suite auparavant, se débattait dans la démence et la réussite, tentera ses premiers pas qui, d'emblée, couvriront deux mètres. Comprenez bien, mes enfants! que les hommes, avant de quitter cette planète pour laisser la place à de nouvelles équipes, passeront par des stades assez semblables à ceux qu'ils occupèrent, depuis l'Adam initial et nébuleux, l'Adam des Adams. Le cinquième jour de la création, qui succédera au jour quaternaire, romain, parisien et londonien, sera de style lémurien ou atlantique. Le sixième et le septième fourmilleront d'allusions hyperboréennes ou nébuleuses. Mais, au fur et à mesure que les hommes se rapprocheront de la planète suivante, Vénus (qui n'est pas plus Vénus, entre nous, que la Terre n'est la Terre), leur force et leur pureté augmenteront. Dès le milieu du quaternaire, c'est-à-dire vers 1948 de l'ère chrétienne, la femme verra décroître ses mamelles, qui, au cours des siècles précédents, avaient acquis une grosseur juteuse et fruitée. Ses jambes, par contre, gagneront sans cesse en longueur, en musculature. Au véhément crépuscule du quaternaire, où l'exaspération scientifique et voluptueuse, entretenue et relancée par des guerres atroces, entassera sur ce globule tout ce qu'en fait de monuments insolents il est normal d'attendre d'une race de parvenus, l'androgynat se développera. Les accouplements s'accompliront de la bouche à la bouche. On aura, en effet, découvert dans le pharynx la résidence de la parcelle ultime, de la cellule imperceptible aux plus puissants microscopes et, pourtant, solide, ou presque, d'une abominable et délectable dureté, qui survit aux carcasses et accompagne l'âme afin de fournir la graine des domiciles charnels que celle-ci emprunte successivement... »

Là-dessus, j'interrompis Sosthène Pouttlart : « Dans le pharynx? Vous avez dit dans le pharynx? Pensez-vous que l'on pourrait, en absorbant des pharynx humains prélevés sous certaines conditions, s'incorporer du même coup la parcelle dont vous parlez?

– Certes. Mais un tel procédé ne saurait séduire que de très mauvais garçons de l'initiation. Condamnés, en raison de quelque manquement, à séjourner dans les bagnes d'entre les astres, ils y recourraient pour tenter je ne sais quelle subversion des filières. Un véritable coup d'État... Mais l'heure s'avance. Abandonnons les prophéties du Lémure et revenons à Jéovah.

– Oh! oui... Revenons-y!

– Il flâne, anxieux et gonflé, aux alentours de la caverne des Trésors, du côté d'Assabouïam, en Afrique lémurienne. Barrant le seuil abstrait de la caverne, roupille le gardien. Celui-ci appartient à l'ordre viril et n'en est pas plus fier. Son collègue, l'autre gardien, à qui fait défaut la virgule séminale, joue, parmi les roseaux, avec un cabri de cartilage. L'heure est calme. On ne perçoit pas de flûtes d'oiseau, de parfums de fleur, de murmure de ruisseau. La nature n'a pas à se détendre entre les crimes de la famine et de la passion, ni à se les faire pardonner. Glissant sur son aile abstruse, Jéovah, respirant mal, décrit, gros bourdon en chapeau melon, des tonneaux, des demi-tonneaux et des feuilles mortes au-dessus du grand corps chaste et abandonné. Jéovah rêve pour lui-même d'un tel étui, auquel il adhérerait et se fierait, et dont il épouserait les épopées militaires et érotiques. Il murmure : « Je voudrais épouser la forme de ce gandin pour pouvoir recevoir le baiser d'une femme... » Son horrible affection va vers ce gaillard mal scellé, vers ce cheval virginal aux membres divergents comme les quatre spirilles des notions suprêmes, vers ce gisant dont les veines, bientôt, rouleront un salace poison de visages imberbes et fardés.

« Signifiant, par un geste du bras, à ses brillants séides qu'il désire se croire seul et prépondérant, votre Dieu, orné de lambeaux de climat paradisiaque qui tremblent dans la brise légère des saisons de l'indifférence comme le grand pavois de *l'Anatole-France* ou de *l'Ernest-Renan*, atterrit en poussant un soupir de fatigue. A petits pas, il s'approche du dormeur. Il rejette sur sa nuque son melon verdâtre. Il passe son factice doigt entre son cou d'illusion et les nombreuses volutes de sa toge bleu de Prusse.

« Comme un père, il se penche sur le sommeil de

l'imminent Adam. « Ho! chantonne-t-il, salaud, salisson, niguedouille, bordiguière, mon crubazon, ma grande fringue, mon chambouleur, mon roucairol, mon samozin, je vais procéder, sur ta personne, à une petite opération dont tu me diras des nouvelles. Si tu savais, mon beau, ce qui te pend au nez! J'en ris tout seul dans ma barbe en trompe-l'œil. J'en ris mais j'en pleure. J'en pleure, car, après tout, ce sera toi qui profiteras des dispositifs que je méditais pour ma réjouissance, fol que je suis, moi qui me flatte que tu me traduis quand tu ne traduis, dans quelques instants, que ta propre aptitude à des plaisirs que je ne connaîtrai jamais, sinon à travers l'écran que tu es, où ils perdent le plus clair de leur fraîcheur et de leur jaillissement. Mais tu me la paieras, va, tu me la paieras cher, cette aptitude, comme je l'appelle (pour le moment). Je vais arracher de ton flanc une côte. Ah! désormais fussé-je toi! Autour de l'os tragique et doux de cette côte, je bâtirai ta compagne. Faute d'un tel axe, elle ne serait que cet associé spirituel et inoffensif qui figure dans vos mariages actuels. Je bâtirai, autour de cet os, la démesurée qui se dissipe de ta propre dissipation et qui se recompose aussitôt, vaine et cruelle quand tu la désires, vaine et cruelle quand tu la possèdes, mais ni vaine ni cruelle, malheur sur moi! (et malheur sur toi!) quand tes paumes pieuses et dévorantes, aux confins de la quête et de la rapine, atteignent ses bras musicaux, la touffe de sa chevelure. A ton femelle compagnon en cette conciergerie ne faisait ni chaud ni froid le mince supplément, le dérisoire vipereau qui, au bas de ta statue, m'inspire et me conseille quand je dois promouvoir en toi le chef du droit et des vices encore inédits. Je vais creuser ton compagnon à la juste mesure de cet os triomphant que je t'arrache (et toi tu viens avec...) et qui déjà s'élève, entre mes mains grelottantes, contre la mayonnaise du couchant derrière quoi le Dieu véritable m'épie et ricane. De vastes clavicules d'azur insoupçonné s'ouvrent sur le mystère des espaces charnels où les hommes divins, chacun avec la sienne, apprivoisent la mort... Aménagé par mes soins, ton femelle compagnon va se dilater en profondeur humorale. Ses charmes superficiels, ceux de sa moulure duvetée et de son miroitement ivoiré, et tous les atroces pouvoirs de son aspect flairé t'opprimeront si fort que tu ne t'abstiendras pas d'y déceler et d'y maudire une autre profondeur, celle de ma haine, et une encore plus profonde profondeur, celle de la nullité primordiale qui me charge de fabriquer l'homme viril, au nom du noir désir que du désir elle a... Je dis bien, si je dis que je te hais. Même, à l'endroit de cette haine haute en couleur et de son goût amer mais terrestre et concret, je me sens ton débiteur, ton obligé. Je te détesterai et je te hanterai aussi longtemps que, sur le lit criant des auberges, ou parmi les avoines, sous les nuages de l'été, tu presseras dans tes bras la suçante aux fauves tignasses, aux yeux d'absinthe, aux genoux d'amour, et que vous échangerez des hommages traversés de rivières de pus, de mèches d'immondices, d'une rogation de punaises pesteuses et que vous ne relâcherez vos étreintes que pour panser vos blessures. Contre elle, qui représente de la manière la plus sensationnelle l'interminable nuit qui me dépasse trop, contre elle qui travaille pour le prince des nuits, pour celui que les hommes appelleront Satan, Belzébuth et roi des mouches, je fais alliance avec toi et, pour marquer cette alliance, j'entends que tu me voues l'ignoble extrémité de ton érection. Mais je fais, contre toi, alliance avec l'enfer rosâtre de son ventre, la farouche monotonie de ce que davantage elle peut te donner. Écoute-moi bien. Tu es bien réveillé, maintenant. N'ouvre, cependant, pas les yeux. Ainsi tu me verras mieux, ô mon fils, puisque, au demeurant, je ne suis qu'un des fils de ta tête...

« Tu le connais, ce pommier, ce joli pommier qui fleurit au bout du champ, au bout du champ qui recouvre d'un toit verdissant la caverne, la caverne du trésor? Il porte une pomme d'or, non soumise à la dent du ver, du soleil ou des pluies. Incorruptible, éternelle, et, pourtant, bonne, renflée, cette pomme, la première en date et en qualité de toutes les pommes, fait partie du trésor, couronne le trésor. Tout ce qui peut tenir d'acide lustral et de perçante mélisse dans l'achèvement d'une sphère t'appartiendra si tu tâtes de cette pomme. Je t'interdis donc d'en tâter. C'est une belle pomme. Prends garde à toi si tu... Évidemment, celui qui met de cette pomme un triangle dans sa bouche, il sent que coule en lui le Jourdain des réponses et que le sel de la philosophique soif fond sous une douche chérissable. Supposons, vilain! coquin! que tu me désobéisses, et que tu en manges, de cette chic, de cette maousmaous, de cette épatante pomme. Qu'arrivera-t-il? Hé! que veux-tu qu'il arrive, mon gros nigaud, sinon cela même que j'envisage en vous façonnant, toi et l'autre, pour les rixes abominables et succulentes où vous succomberez ensemble à cet épieu que j'affûte. Il est donc abondamment décidé que tu me désobéiras, que tu tâteras de la pomme, puisque les voluptés que je mets sur pied à ton profit constitueront à la fois le diabolique salaire et le paternel châtiment du péché que tu vas commettre. J'ornerai de douces pommes Ève qui te tendra la pomme.

« Quand vous aurez consommé, sur la table de la donzelle et à l'ombre du pommier debout, les intentions du reptile, l'un l'autre vous vous guetterez. Elle, ses cils noirs et frisés battront précipitamment. Toi, qui frémis de t'engager, du même glissement obscène, sur le sentier du stupre et sur celui de la connaissance, tes mains trembleront. Troublés avec douleur par le spectacle de vos nudités, vous détournerez vos regards. Et de vous sentir si infâmes, huilés chacun par les huiles du partenaire, vous inventerez les habillements. Avec une vélocité contentieuse, Ève jacassera : « Ce qu'il me faut, chéri, c'est une *combinaison*. Vous ne savez pas, chéri, ce que c'est, peut-être? A quoi vous sert donc, chéri, de vous être, comme un gros cochon, repu de la pomme instructive? Je dis, chéri, une *combinaison*, une com-bi-nai-son. Je la vois, pour commencer, lie-de-vin avec deux doigts de valenciennes mécanique. Ah! surtout, pour l'amour de Dieu, ne prenez pas l'air ahuri. S'il vous plaît que votre femme aille toute nue, c'est votre affaire, et non la mienne. Oh! tu es fâché, Adam? C'est la première fois que cela t'arrive. Viens... Nous allons inaugurer le pont de ton ressentiment, ce pont, encore, entre nous. Nous allons de nouveau, avec tes ciseaux durs et cruels, trancher le ruban. » Ah! Tripes de minuit! Cervelle d'Origène! Je n'en peux plus, de ses bras autour de ton cou, de sa pâle main, branchette de lilas sur ton scapulaire de nacre. Je te déteste. Je vais faire défiler devant toi les bêtes dont, sur le plan du matrimonion, tu seras le semblable. Voici la hyène, voici le rat, voici la taupe, la taupe, le rat et la hyène de ton alacrité gynécologique. Sans cesse ce troupeau reniflant et délétère trottera par la blanche piste de tes nerfs, te mordant, te griffant, t'asphyxiant et, de l'intérieur de toi-même, te traînant vers le jardinet de la furie. Sous le signe du chiffre deux, qui est celui de Mars armé et botté, homme et femme, chair et âme, gaine, lame, bats-toi. Sans trêve et sans merci, bats-toi avec le spectre brun en toi et hors de toi et maudis-moi comme je te maudis!

– Vous m'épouvantez, monsieur Pouttlart. On dirait que c'est à moi que vous en avez. Excusez-moi, mais je voudrais savoir l'heure.

– Il est minuit. Les cloches sonnent. Entendez-vous?

– En effet. Mais pourquoi les cloches sonnent-elles à minuit? Je ne pensais pas que ce fût l'usage.

– Les Types Hautains, tous les dix ans, enjoignent au pape de lui louer ses campaniles, car, eux aussi, ils veulent faire pleuvoir sur les villes et sur les champs les bienfaits que dispense la musique des cloches.

– Les Types Hautains?

– Oui, les impassibles barons qui règnent au-dessus de la turpitude et de la lubie. Sur l'acajou luisant de la table des cieux, ils défilent dans leur vibrante immobilité, comme une très longue rangée de bibelots jumeaux qui viendraient de sortir du tunnel de refroidissement et de durcissement prudents et dosés où voyagent les chefs-d'œuvre de la céramique quand ils quittent le four. Contrairement aux lois de la perspective usuelle, ils apparaîtraient d'autant plus grands que plus éloignés du spectateur terrestre. Les Types Hautains se disposent aussi à la manière d'un paysage montueux par un matin incertain. Le rideau gris des heures mal formées se déchire. Les premières pentes s'éveillent, mauves de bourrache sous leurs paupières gazonnées. Dans le retour à la conscience par le biais des impressions oculaires, les suivent de rigides pentes de basalte où le patient ciseau des pluies dessina des masques pensifs ou grimaçants. Des cônes, maintenant, surgissent. Ils annoncent des buttes rondes qui, mettant à profit l'accélérée carence des brumes, laissent se préciser, là-bas, là-bas, la robe de pierre de leurs éboulis. Derrière ces ouvreuses ou ces sentinelles, soudain, des cimes qu'on croirait détachées et planantes sollicitent en vous l'amateur des nobles altitudes. Votre admiration s'occupe à caresser, à l'extrémité de votre regard, ces massifs bleuâtres et fondus, quand vous découvrez, près du blême sommet de l'image, un vol minuscule et frémissant de mouettes, le sucre froid du

Kilimandjaro – d'un Kilimandjaro qui, lui-même, ne pèserait guère au prix des carnavals de schiste et de gel qui, fantômes bleutés au fond de l'espace sensible, surexcitent votre rétine à la limite de sa puissance. Votre rétine, trop tendue, se décollât-elle, vous contempleriez, à l'aide de votre œil secret, au-delà de ces taupinières et de ces collines, des montagnes, enfin, qui seraient des montagnes. Mais ces montagnes auraient leurs propres montagnes...

– Les Types Hautains, comment se nomment-ils?

– Enfant! Apprenti! Bourgeon! Celui qui connaîtrait un nom, un nom véritable, le nom de la plus retirée des cartomanciennes ou du plus mélancolique des commis de perception, il ferait sauter le monde dans sa main. Les Hautains, eux-mêmes, ignorent leur nom.

– Mon nom, alors, et le vôtre, ne signifient rien?

– Tous les noms, mon cher, sont des noms de guerre, puisque ce monde est un champ de bataille. Quelques êtres, toutefois, fortunés entre tous, portent des noms qui annoncent ou qui rappellent leur nom fondamental, connu du seul verbe et prononçable par lui seul. La plupart des hommes répondent à des vocables dont la vulgarité falote ou le comique insidieux ne s'applique que de très loin au dieu qu'ils deviendront et qui les attend, embusqué entre une agonie et une germination, au prochain tournant de l'infini. Les Types Hautains ne se désintéressent pas des pauvres hommes. En leur faveur, ils récitent les prières et respectent les signes. Et ils les empêchent de plonger tous ensemble aux abîmes du vent. Leur sollicitude, discrètement, organise et contrôle. Quand elle néglige d'éviter à votre viande les brûlures et les coupures qui sont de favorable augure pour la destinée de l'âme que cette viande opprime et dessert, elle est encore la face de l'amour. Chacun doit, ici-bas, marcher dans son chemin, réagir sainement et suivant son génie aux invites et aux bourrades de la vie, et fréquenter sa femme, et payer le prêtre, et saluer l'officier. Un homme sera sauvé, s'il croit au goût du pain, à la fraîcheur de l'eau, à l'odeur des mauvaises dents, à la force de son poing ou à la faiblesse de ses bronches. Mais je ne prédis rien de bon à celui qu'aura touché un rayon de la connaissance peu banale et qui, se déclarant adepte, consacrera aux méprisables fins d'une illustration temporelle ou d'un agrément séculier les formules que lui aura procurées la fréquentation des manuels immanuels! Il errera dans une dégringolade sordide. Il deviendra Napoléon qui, n'ayant pas hésité, bien que fils de Vénus, à se faire déifier par un Sénat hernieux et cravaté, aboutit à des margoulins fous d'Empire qui, entre les murs bon marché d'une chambre d'hôtel ou dans la cellule capitonnée des asiles, hurlent, valablement, qu'ils sont Napoléon, ou papa Déous.

« Dans les déserts de l'Asie, le roi de la Terre est assis au sein d'une ville d'or gardée par des démons jaune d'œuf qui jettent, à longueur de journée, des bâtons de turquoise dans la roue éparse des boussoles. Cette ville s'étend sur deux kilomètres carrés qui présentent tous les caractères d'une idéale exterritorialité et, néanmoins, tous ceux de la présence concrète. Elle se raccorde à l'ambiance topographique, mais, par le procédé de la rétention magnétique que Gossard, d'Iéna, a tenté d'expliquer avec quelque succès, elle échappa toujours aux fourrageurs des cavaleries soviétique et japonaise (sans parler de la britannique). Les avions qui entreprirent de survoler son emplacement exquis se résorbèrent dans l'azur avec un délicat bruissement d'aubépine frictionnée. Le roi, beau comme le cuisseau des jeunes filles, a seize ans. Des colombes non physiologiques le tapissent. Parfois, il bouge un de ses doigts orné d'une émeraude dodécaédrique où congressent les sirènes et ces veinards de naufragés. Ses prunelles brillent comme les mamelles du sphinx. Du solaire duvet qui cerne ses lèvres, telles que la figue entrouverte, un seul fil suffirait à fournir le tissage de tous les lis et de tous les lions brodés sur la roupane des ambassadeurs et des académiciens. Par le truchement de ses subordonnés qui parcourent sans cesse les nations (on voit s'ouvrir lentement devant leur insistance feutrée la porte des cabinets ministériels), il cantonne dans des directions pratiques les conflits internationaux et les révolutions. Sur des parchemins d'écorce violette, qui sont, à vrai dire, des troupeaux entiers de tigres dociles, il trace les schèmes et le plan des fécondes dissensions, des massacres utiles, de tous les épisodes qui concourent à l'illustration de l'ordre, à sa variété et à son maintien.

– Comment le roi s'appelle-t-il?

– Sa sept cent septième allusion nominale est Doupancéa. Doupancéa... Ah! si je savais son nom, le vrai! Si je savais son nom, le roi de la Terre se coucherait à mes pieds. Le quadrisyllabe que je viens d'articuler, même s'il n'héberge du titre exact et royal qu'un écho très sanscrit et très modifié, ce qui, de la vertu principale, résista aux perversions et aux décalages, il suscite, néanmoins, dès qu'il résonne avec son petit bagage de lettres humaines, une euphorie panifiable qui vous prend au-dedans des jambes. Vous sentez-vous flotter à deux doigts de votre siège? Doupancéa... Rafale de bonté... Palette de pitié... Galette des panthères... Amour... Amour... Je vais vous décrire les autres Types Hautains. Travaillons.

– Ma pauvre tête va cracher par les oreilles le vinaigre de tous ces monstres. La chambre grouille d'Atlantes et de Lémures, de Types Hautains et d'archanges faits comme des potirons ou des cuirassés. L'archange Gabriel, surtout, me préoccupe. Parfois, il me semble qu'il s'incorpore à moi. Alors je sens trois cornes me pousser, brillantes comme de l'acajou, et pointues. Ou bien je deviens, par les épaules, un arbre irrégulier que terminent des fleurs en grappes blanches. Deux de ces grappes, les plus hautes, se comportent comme des mains. Elles serrent, et non sans leur faire un peu mal, un petit enfant rose et nu. Soudain, ce n'est plus un petit enfant, mais un singe... Vous êtes en train de me damner. Où sommes-nous?

– Au fond du palais de ma ville. Contemplez, contre les murailles, les plans de la Terre septuple. Dans la pénombre encensée défilent les colonnes d'or, religions irrévélées. Derrière ces portes cloutées de clous à cinq branches, eux-mêmes disposés en façon d'étoile à cinq branches, vous verriez des chapelets dont les grains offrent un pôle humide et rose. Chacun de ces chapelets figure l'assemblage des personnes humaines que relie entre elles la pérégrination d'une âme. Ah! mes beaux chapelets, mes oignons, mes liards percés, mes ganglions! Ils s'entrechoquent quand mes yeux le désirent et la musique ainsi créée fait mes délices. Sois comme un cygne.

– Moi?

– Sois comme un cygne. Que les vaguelettes de l'étang putride glissent le long de tes flancs. Sois comme un cygne et flotte sur les eaux de l'étang. Sois aussi comme quatre croix solaires. Se superposant sans se confondre, elles retracent le mouvement, contradictoire et réconcilié, du mal et du bien, du bas et du haut, du treize et du sept, de toi et de toi. Sois comme la croix sur le jabot du Comte. Nourris-toi de lait condensé, d'olives, de papiers brillants que tu regardes, de numérations solitaires. L'une part de zéro, l'autre d'où tu voudras. Quand elles se rencontrent, cela fait dans ta tête un bruit de festins, et tu entends distinctement le choc velouté des roses qui tombent sur le cristal des aiguières. Quitte ton père et ta mère, ta femme et tes enfants et considère ton nombril abstrait. Tu en verras sortir une échelle où s'assiéront les hiérarchies, tes propres étapes vers le soleil en magnifique chasuble dans les sables de la Syrie, ou bas et framboisé derrière les cheminées d'usine au nombre de sept du côté de Bercy. Pratique la philosophie respiratoire. Apprends le noble langage des chevaux. Alors tu t'appelleras Amâkana, celui-dont-on-attend-le-retour, ou Saintamôna, celui-dont-on-n'attend-pas-le-retour. Vis hautement.

– Je ne peux pas. Je dois nourrir ma femme et mes enfants, faire ma semaine.

– Fais ta semaine. Tous les chemins mènent à l'homme. Ne commets pas de péché. Le seul péché, c'est de trahir l'homme.

– Et comment trahit-on l'homme?

– En reniant Dieu... De grandes ailes faites de baïonnettes plates crissent dans le secret des amplitudes décollées par le doigt de la souffrance. Une réflexion tapissée d'hémisphères par le martellement des pluies couvre l'asphalte et le pavé, et l'homme triomphant s'extasie à ce ciel qui crépite à ses pieds. Chaque soir meurt le soleil, chaque matin il renaît, palais d'un verbe nouveau qui fut jadis un forgeron, un tailleur de pierre ou un prisonnier. Du soir au matin, longue est la nuit. On y rencontre de sages figures, et singulièrement, la combattante aux cheveux d'espérance, authentique messie sous les flammes d'azur, et ce surprenant aristocrate qui se laisse appeler le Comte. Face aiguë et petite, les sourcils très noirs et le front très vaste, il rêve en présence de quatre serviteurs en jupons de dentelles, la faux à la main, le chêne au chapeau. Parfois il se lève, et vous verriez alors le rouge de ses hauts talons. Sans quitter son château, il se rend, en prenant au plus court par les Terres associées, auprès de Doupancéa, ou bien à Massourah, dans les États-Unis, où l'Atlantide institua une posthume colonie. Par la cheminée des neiges, il lui arrive de dévaler auprès de l'Ours Équivoque qui le salue en ouvrant les bras. Ensuite, il va prendre langue avec le Répartiteur Corallin, le Petit Bossu, la Femme Décapitée, le Mexicain de Minuit ou tel autre des fonctionnaires du système solaire, concrétion sublime du verbe, lequel a pour dieu, vous ai-je dit, le soleil de demain. Mais le soleil de demain connaît, aussi, un dieu.

– Quel est-il?

– Cet astre rose que vous apercevez, là-bas, au fond de la nuit, à vingt-cinq centimètres à droite de la girouette de la maison du boucher chevalin.

– Le Boucher Chevalin? Est-ce un Type Hautain?

– Mais non, voyons. Je parle du boucher chevalin du 44 de la rue de la Liberté. Un brave homme.

– Ces Types Hautains, ne peut-on vraiment pas les voir, leur parler? Ils ont certainement des déclarations à faire. Ne pourriez-vous me donner l'adresse de l'un d'eux?

– Rien de plus facile. Ubiquitaires et hyperchroniques, ils possèdent, outre leur apparence et leur demeure ésotériques et principales, divers pseudopodes charnels et des états civils réguliers. C'est ainsi que l'Ours Équivoque, un des dignitaires les plus élevés, celui que les soufistes appellent Chef du Pôle, vend du nougat dans les foires. Quant à la combattante aux cheveux d'espérance, celle que vos bouquins réputent Jeanne d'Arc, elle répond, aujourd'hui, au nom d'Ambiravari et, jeune homme à barbe noire, elle enseigne le catéchisme monophysite, dans une basse église de chaux, en Abyssinie.

– Cher monsieur Pouttlart, il vaudrait mieux que je m'en aille. L'heure avance.

– Il s'en faut de trois heures encore que le soleil se lève, le cadavre inexpert, petit enfant de feu barbouillé de pourpre, tout de suite pareil au soleil qui se couche, capitaine de marbre, lui, aux jambières de renoncement. Maintenant, dans les carrières abandonnées de Romainville j'ai à faire.

Sosthène Pouttlard mit son feutre. La calotte en était comme affûtée en avant et en arrière par la fréquente pression des doigts électriques de l'initié. Celui-ci enfila son pardessus, taillé comme une redingote et caca-de-bébé. Agressivement, il noua, autour de son cou, un foulard citron. Ainsi arrangé, il me fixa en se taisant. Il m'apparut alors si atrocement laid, si prodigieusement pernicieux que mon cœur se demanda s'il allait s'arrêter de battre, mes ongles s'ils se détacheraient et tomberaient.

Je me représentais sans agrément qu'il me faudrait passer devant lui pour gagner la porte et qu'il y avait sept étages à descendre, dans le silence, dans la noirceur, ce démon derrière moi. Il me fixait, hermétique, sarcastique, fascinant. Une atroce malice se lisait sur son visage. Ses babines, petit à petit, se retroussaient. Pour l'apprivoiser, pour tirer de lui une parole rassurante, je lui envoyais de tout petits coups de poing sur son maigre bras. Je lui disais, en riant : « Holà! Holà! Monsieur Poutt... Pouttlart!... Sacré Pouttlart! Ce bon, ce vieux Pouttlart! » Mais il demeurait impassible.

Bien que je ne doutasse pas qu'il pût voir à travers les obstacles opaques, je laissai ma main, derrière mon dos, se marier avec le goulot d'une carafe posée sur la modeste table de nuit. Si la criminelle contention de Pouttlart se fût prolongée, j'aurais, au paroxysme de la terreur, fendu le crâne de cet ostrogoth. Dans l'instant où le pire était sur le point de s'accomplir, il remua, enfin, et, s'inclinant, me montra la porte. (Peut-être, après tout, avait-il eu peur...) J'abandonnai la carafe.

En bas, il me parut très grand. La pluie, bégayante plainte, travaillait avec opiniâtreté la banlieue dont les yeux et les membres se fermaient et se repliaient sur une redoutable préhistoricité. Avec un salut coupant, il prit congé, et s'en fut. Je demeurais dans la seule compagnie de cette envie de boire frais qui est ma véritable épouse, la garce! Tous les bistrots étaient fermés. Le derrière et la nuque soudés ensemble, de longs pendus d'anémone et d'hamamélis gambadaient autour de moi et me faisaient la révérence. Maintenant que Sosthène Pouttlart n'était plus là pour infirmer ses révélations tout de suite après les avoir proférées et m'ahurir en spécifiant que le chaos n'est pas le chaos, ni le Tao le Tao, ni moi moi, ni tout tout, ni l'eau l'eau, ni lui lui, je me réjouissais comme un voleur, et, presque, comme un assassin, de m'en retourner chez moi avec un gluant butin de riches notions. Je ne soupçonnais guère que, le lendemain, mes amis et ma femme me diraient qu'elles cavalent (c'est le mot dont se servirait Berlingen) dans des tas de bouquins et qu'elles figurent même au programme du concours de surnuméraire de l'administration des douanes! Berlingen ajouterait même que mon maître improvisé, si toutefois j'avais fidèlement rapporté ses paroles, n'y entendait rien. Le naufrage de la Lémurie aurait précédé plutôt que suivi celui de l'Atlantide. Mais, moi, j'étais certain de détenir, maintenant, le grand quoi du grand tuyau du grand truc du grand morceau, et je commençais à me martyriser en refusant de gagner à la loterie et de séduire les femmes dans la rue. Il m'eût suffi, cependant, de murmurer : « Au nom de l'Ours Équivoque... » dans l'acte d'acheter un billet ou de cligner de l'œil.

Tout fier de m'être ainsi administré la preuve de ma noblesse morale, je jugeai que, sans risquer de mécontenter les despotes secrets, je pouvais expérimenter gratuitement l'autorité que la leçon de Pouttlart me fournissait le moyen d'acquérir et que mon intime et récente résolution de ne la point galvauder ou exploiter devait certainement confirmer. La plus élémentaire politesse à l'égard des esprits majeurs, embusqués quelque part derrière le Petit Bossu ou le Mexicain de Minuit, me commandait, en outre, de leur témoigner ma déférence en leur montrant que je réagissais aux paroles de leur apologiste, dans le sens de l'adhésion et de l'émulation.

Seul, sous un réverbère, je me demandais par quel miracle je commencerais. Par la dureté plastique, l'enrochement terrestre, l'écartement aérien, la contorsion dans les limites de l'inévitable, les arbres, toujours, m'attirèrent, mes frères, mes amis. Un platane – à Antibes, à Nice, ils disent une platane – un platane était là, captif habituel de nos voieries. Je m'approchais de lui. Sur sa peau claire, l'écorce lacunaire dessinait tous les continents possibles. Je caressai le cylindre du tronc, gros serpent, long bras de femme, raison suffisante hors du sol. Montreuil, à l'entour, se taisait, où, jadis, les fraises venaient. J'ôtai mon chapeau devant l'arbre et j'improvisai l'incantation : « Au nom de ceux qui veillent sur moi, par la tradition, la lumière et la nuit, et par les pouvoirs que j'emprunte au dieu futur que je suis, ô platane, écoute-moi ! Platane, déracine-toi ! Platane, mets-toi en route ! » (Si un agent cycliste m'avait entendu, j'étais bon pour l'infirmerie spéciale...) Ayant fini de parler, je me pris à sourire, plein de compassion méprisante pour mes louches manies, celle, par exemple, de simuler la démence, de tremper le bout des doigts dans la démence qui ne m'emportera jamais, qui ne me roulera jamais, mais que je roule, moi, mais que je couillonne.

Je fis un bond en arrière.

Une écaille d'écorce venait de tomber du tronc du platane.

Décidément, je suis incorrigible. Je redoute tout. Il se peut que ma constante peur soit une cauteleuse méthode d'éviction (comme dirait l'archevêque) du danger, du danger, trop redouté, trop appelé, trop attendu, trop préfiguré pour qu'il consente à intervenir une fois démasqué d'avance. Elle est certainement ma honte la plus indiscutable. Retournons vers l'arbre!

Une nouvelle écaille tomba. Je frémis, mais je me maîtrisai. Pour me réconforter au contact de cela même qui me menace ou m'inquiète, j'étendis la main, comme un dompteur, comme un amant.

Sur ma main, avant qu'elle ait atteint son but, tombèrent trois, quatre sombres taches d'écorce en forme d'Afrique ou de Ceylan. En même temps, discrètement, le sol ondula sous mon pied. J'entendis un soupir. Je perçus une suante odeur où le bouquet du calvados épousait celui du benjoin. D'autres écailles de mince bois se détachèrent, confirmant une verticale luminosité qui se prit à osciller. Le platane, nu, bougeait... Le platane bougeait! Il m'obéissait.

Poussant l'ignoble cri d'une locomotive qui serait une sensitive, je m'enfuis. Derrière moi, l'arbre courait. La chemise crème qui drapait mon torse et mon ventre sortait peu à peu du pantalon. De Montreuil, de Bagnolet, de Romainville, cuves de sépia méditante, elle émergeait, bannière panique, vers la capitale qui la regarde venir et grossir. Tous les cent centimètres, je criai.

Derrière moi, le platane miraculé, marchant sur ses tentacules déterrées et s'aidant du battement de ses feuilles, poulpe et moineau se hâtait sous son turban vert et pyramidal. On imagine fort bien la ramure aspirée en arrière, pour freiner l'élan du corps et l'empêcher de s'abattre. Quelquefois, des paquets de feuillage, humides et douloureux, restaient pris dans le bavolet ouvragé de la marquise des petits cafés. Je courais... Le platane courait... Il ne nourrissait à mon endroit aucune intention mauvaise. Il n'eût pu, d'ailleurs, me mordre ni me griffer, ni me manger. Il ne me suivait avec une si fâcheuse docilité que parce que je l'avais persuadé que j'étais son souverain. Sans doute croyait-il me faire sa cour et se montrer bon sujet en ne me permettant pas de le distancer. Il m'apparaît aujourd'hui qu'un bon moyen de me soustraire à cet empressement végétal eût été de me lancer avec la plus grande vitesse possible contre une façade et, à la seconde de m'y aplatir, de me jeter de côté. Le pauvre platane, lui, s'y serait écrasé, enfoncé! Je bénis ma lâcheté qui, m'interdisant de penser à autre chose qu'à filer en gueulant, m'épargna cette vilenie, pourtant bien dans ma note, de me venger, sur la créature compatissante, ingénue et platanière qui se rend à mon appel, du silencieux mépris où toutes les autres m'accablent. Mais pourquoi ne me suis-je pas arrêté, et, en répétant les formules qui m'avaient précédemment si bien réussi, n'ai-je pas à mon compagnon ordonné de s'arrêter lui-même et d'aller s'enraciner à sa place habituelle?

Frappé de gâtisme carapateur, mon cœur sautant sur mon diaphragme comme une balle sur le boyau d'une raquette, je m'abandonnais sans retenue à l'énorme ivresse de fuir. Parfois, j'exécutais un saut un peu plus long, que mon stupide disciple répétait avec une exaspérante docilité. Enfin, j'entrevis les coupoles couleur de perle des immeubles babyloniens de la porte de Ménimontant, là que j'ai mon lit, ma femme et mes drames. Pour y atteindre, il me fallait traverser la zone par cette allée large et sans trottoir qui débouche sur le rond-point des autobus 0 bis, en haut de la rue Louis-Gérôme, non loin du boulevard Charcutier. Cette allée, interdite à la circulation des véhicules et, vraisemblablement, des platanes, est fermée, à chacune de ses extrémités, par deux poutrelles de fer placées sur de courts piliers. Une personne, entre elles, peut passer. Hurlant comme à l'instant d'entrer en gare, j'attaquai l'allée, au sommet d'un dernier virage. Mon platane, lui, reproduisit ma courbe, mais son imitation manqua de fidélité. Une des poutrelles le prit au fémur. Il s'abattit, au sein d'un grand tremblement de mouchoirs de papiers verts. Ses racines, longtemps, se crispèrent et se détendirent, en l'air, devant la lune. Incapable de se remettre debout et considérant, à bon droit, comme suffisantes les marques de soumission données par lui au déconcertant détenteur des formules, il s'endormit bientôt dans la paix d'une heureuse tristesse.

Chez nous, je pris un bain, car nous avons l'eau courante chaude et froide et je m'attelai à un conte...

Ce conte, laissez que je vous le raconte.

Un médecin à cheveux blancs, dans la force de l'âge, maigre, haut, costaud, ouvre à un homme, son propre frère, plus costaud encore, et plus haut. Ils s'étreignent : « Ce vieil Oscar! Ce vieux Philippe! » Philippe, le maître de la maison, recommande à sa femme de soigner, ce soir, le menu.

Cela l'émeut beaucoup de traiter son frère, lequel, présentement, s'ébroue dans le cabinet de toilette. Ils étaient tout petits ensemble, damnés mes os! (l'histoire se passe en Amérique). Voilà le chapeau d'Oscar, en feutre, vert, une sorte de casque à assommer les ours gris. Voici son veston. Quelles épaules! Il n'a pas changé, Oscar. Il laisse traîner ses affaires partout. Philippe met sur son bras le veston d'Oscar. Il se congratule de n'avoir pas, aujourd'hui, cédé à son penchant naturel qui est d'en vouloir à son frère de l'emporter sur lui par la stature et par la musculature. Soudain, le portefeuille d'Oscar tombe du veston. Le portefeuille d'Oscar... Philippe le ramasse et, avant de le placer, de nouveau, dans cette poche intérieure (la pochefosse), le soupèse. Il est bien lourd, ce portefeuille... Voyons un peu... Oh! un simple coup d'œil... Cristi... Mille, deux mille, dix mille, cinquante, cent mille dollars. Arrêtons-nous... Il se met bien, le frère! Dire que moi (maintenant, c'est Philippe qui parle) dans les bons mois, je me fais à peine de quoi ne pas crever. Qu'est-ce qu'il fabrique, avec toute cette monnaie (*money*)? Et, par-dessus le marché, Oscar a des poings plus gros que les miens, plus velus, et des yeux plus durs... Je vais commettre une idiotie. Je replace le veston sur la chaise. Le portefeuille entre les mains, je vais, je viens. Ma démarche bafouille. Volerai-je? Volerai-je mon frère Oscar? J'entends la voix métallique d'Oscar : « Hé, grand! tu n'aurais pas une serviette, ou deux? » Je réponds : « Tout de suite! Tout de suite! » et sans lâcher le portefeuille, j'entre dans ma chambre. Les mains grelottantes, j'ouvre l'armoire. Je démolis une pile de chemises. Je jette bas des donjons de mouchoirs. Je glisse le portefeuille sous un cube de draps. Je repas en courant, mais il y a les serviettes. Je retourne à l'armoire. Je saisis une serviette. Je reprends le portefeuille, décidé à le restituer au veston d'Oscar. Mais Oscar, maintenant, a quitté le cabinet de toilette. Il est dans la salle à manger, sa rude tête à deux toits du plafond. « Ma serviette, coco! » qu'il crie... Moi, son aîné, je balbutie... « J'arrive... J'arrive... » et je glisse le portefeuille entre le matelas et le sommier de mon lit. Maintenant, nous sommes tous foutus... J'ai volé mon frère Oscar. Raconterai-je les heures qui suivirent et ce dîner où, de bouchée en bouchée, je pâlissais, et le travail intense auquel je soumettais mon cerveau pour lui faire avouer – je ne trouve pas d'autres mots – la solution élégante qui arrangerait tout. Aux ananas (oui, nous avions servi des ananas) je souris, et, la défervescence jouant, je me mis à suer et à légèrement uriner et écumer. « Ça va mieux? » me demanda Oscar qui, jusque-là, n'avait pas été sans remarquer, comme le prouvait sa question, ma pâleur et mon anxiété. « Oh! oui, ça va mieux », répondis-je. Je venais en effet de conclure qu'il me suffirait, quand Oscar s'apercevrait que sa pochefosse était vide, de feindre une mystification délibérée. Je le laisserais chercher pendant quelques instants et, triomphalement, je lui mettrais son portefeuille sous le nez en lui disant : « Tu mériterais d'être grondé! Sais-tu où je l'ai trouvé? » Je n'eus pas le temps de trouver l'emplacement à la fois inattendu et plausible où j'aurais trouvé le portefeuille. Oscar, qui était en train d'exposer complaisamment ses succès variés, atteignait la partie de son discours où aux nomenclatures les images devaient céder le pas. Mais il n'avait à sa disposition d'autres images que photographiques. Il se leva pour aller chercher, dans son portefeuille, dont il se plut à préciser qu'il se trouvait dans la pochefosse de son veston, une épreuve particulièrement réussie de la hutte de chasse qu'il venait d'acquérir dans ma propre contrée. Cette seule circonstance sportive et honorifique me valait de recevoir mon frère sous mon toit en ce pays de loups où, moi, je ne chasse qu'à la pièce de cent sous.

Oscar se dirigea vers son veston. En m'essuyant les lèvres, je le suivis. D'un seul coup, il constata la catastrophe. Je n'eus pas le temps de réciter mon petit compliment. Avec une scandaleuse incorrection, il projeta un violent coup de pied dans notre meuble radiophonique et, de toutes ses forces, à la cantonade, il se mit à hurler : « Mon portefeuille! Mon portefeuille! » Puis, pour la plus grande honte de la race supérieure, il tomba à quatre pattes. Grognant et reniflant, il flaira le parquet, cependant que ma femme, blanche comme une morte, pétrissait nerveusement (et pourquoi pas?) son mignon tablier de cuisinière. « Cherchez! Cherchez! » criait-il.

« Ne restez pas là comme des judieux! » Les judieux, ou juifs, sont des bonshommes de bois représentant Jésus-Christ, Saint-Pierre et Saint-Paul, Saint-Jean et Saint-Mayme et quelques autres saints. Ils bordent la route poudreuse qui, de notre ville natale, dans le Texas, rejoint le premier village mexicain. Cette évocation des judieux d'autrefois me fit venir la larme à l'œil. Cet homme et moi, nous avons tété la même mamelle. « Oscar, commençai-je, mon petit Oscar... » Furibond, il m'interrompit : « Cherche! Ah! mon portefeuille! »

Il mit à sac la cuisine, la salle à manger, le cabinet de toilette. D'un seul coup, il vida le buffet, en l'inclinant sans ménagements, toutes portes béantes, et nous le vîmes épancher la poubelle sur notre linoléum. Le plus surprenant, c'est que, quand j'essayais moi-même de fouiller un meuble, ou d'inspecter une portion quelconque du parquet, il haussait les épaules et, de la manière la plus désagréable, criait qu'il avait déjà visité ce coin-là et que, si je ne faisais pas preuve d'un peu plus d'initiative, on n'arriverait à rien. C'est à peine s'il n'ajoutait pas qu'il comprenait pourquoi, maintenant, je rampais loin derrière lui dans une subalterne carrière de praticien au rabais. Je l'entraînai vers la chambre à coucher bien qu'il criât : « Jamais je n'aurais pu le perdre ici! Dans cette pièce je n'ai fait que jeter, de la porte, un coup d'œil. »

Cependant, il s'attaqua à l'armoire, et se mit en devoir de tout flanquer en l'air. Ma pauvre femme murmurait : « Mon Dieu... Mon Dieu... » mais mon terrible frère n'en avait cure. Les linges les plus intimes volaient. Les sphères de naphtaline éclataient sous ses pieds. Ces viols et ces crimes sentaient bon le vétiver et la lavande. Certain, pour d'excellentes raisons, que ravager l'armoire ne donnerait rien, je voulus cependant aller jusqu'au bout de ma démonstration, faire voir à mon frère que je ne manquais pas de toute jugeote en matière de portefeuilles subtilisés. Je passai ma main, mais très vite, entre le sommier et le matelas, à quarante pouces au moins de l'endroit où j'avais logé ce maudit portefeuille. Oscar, à condition qu'il eût à la fois le moindre flair et qu'il persistât à ne nourrir aucun soupçon contre moi, devait rendre hommage à la pertinence policière de mon geste. Au contraire, il s'emballa de nouveau : « Qu'est-ce que tu fiches là, au lieu de m'aider! » Moi, la moutarde me monta au nez. « Comment, qu'est-ce que je fiche là? » Et, rageusement, j'introduisis à nouveau mon bras entre le sommier et le matelas, beaucoup plus près, maintenant, du portefeuille. Oscar me tira par les épaules. « Laisse ça! Nous n'avons pas de temps à perdre! Tu n'y entends rien! » Et lui, qu'est-ce qu'il y entendait, ce navet, ce miché? « Ah! je n'y entends rien. » Je le regardais. Mon visage, tout flambant sous les cheveux blancs, identique, ou presque, au sien, le fit reculer.

« Ah je n'y entends rien. » Happant, d'un coup de dents, la courtepointe en tulle vieil or, j'enfonçais, comme un accoucheur d'éléphantes, mes deux bras sous le matelas et, d'un seul coup, j'envoyais dinguer toute la partie supérieure de la literie. Le sommier apparut rayé comme un convaincu (*convict*). *Le portefeuille n'était plus là...*

Je finis par m'assoupir, peu rassuré quant aux conséquences de mes frasques. (Maintenant c'est moi qui parle, moi, celui qui revint, comme vous le savez, de chez Pouttlart, avec le platane). Serai-je inquiété à propos du platane? Faudra-t-il que j'en rembourse le montant? Un platane, qu'est-ce que cela peut aller chercher?

J'essayai de chasser ces préoccupations et, par exemple, en trouvant une autre fin à l'histoire des deux frères. Philippe ayant fait sauter le matelas, le portefeuille apparaît. Oscar s'en saisit et éclate de rire. L'autre l'imite. Tous deux, se flanquant de grosses tapes, regagnent la salle à manger et le repas s'achève on ne peut plus gaiement. Enfin Oscar met sa vareuse, coiffe son bizarre chapeau composé d'une haute calotte et d'une visière et part sous la pluie. Un peu plus tard, Philippe s'aperçoit que ses économies, qui se trouvaient dans l'armoire, ont disparu jusqu'au dernier centime (*cent*).

Le matin du surlendemain offusqua de bonne heure mes paupières. J'avais passé une partie de la nuit à chercher une autre évolution à cette satanée histoire de portefeuille, et, par exemple, en la compliquant d'un nouveau personnage, vêtu de bleu et élevé par une vieille bonne aux joues blanches d'érésipèle. Mais il ne m'échappa guère que cette misérable anecdote ne pouvait guère prétendre à dépasser le niveau des faits-divers imaginaires, infiniment moins beaux, vivants et colorés que les authentiques. Je résolus donc de renvoyer Oscar et Philippe vers les parcs comateux du brouillon qui dans mon cabinet de travail, rappellent les limbes dont la notion dogmatique calfate, vaille que vaille, une des rares fissures, une des rares insuffisances de la doctrine catholique. En hâte, je descendis acheter le journal. On n'y parlait pas du platane, et je respirai... Mais un titre, où figurait le nom de

Montreuil-sous-Bois dans l'une des rubriques cardinales, celle des rixes, accrocha mon regard. Naturellement, il s'agissait encore d'une affaire de sang. Je lus ceci... « *Au numéro* 19 *de la rue Azraël, à Montreuil-sous-Bois, dans un grêle paysage de bicoques, s'élève une haute maison grise, véritable caravansérail de petites chambres meublées, louées, à la semaine ou au mois, à des travailleurs du cru. Un jeune homme d'excellente famille, M. Sosthène Pouttlart, dont les parents gèrent un salon de coiffure, avenue Victor-Hugo, à Paris, eut la fantaisie de louer une de ces chambres, afin, sans doute, de se bercer, parmi ses livres, et relativement loin de sa famille, des illusions de l'indépendance. Il recevait, parfois, quelque ami, étudiant ou poète et souvent l'un et l'autre. Ainsi en advint-il l'autre soir. Le visiteur, gros homme d'un certain âge, demanda après M. Pouttlart aux tenanciers de la maison meublée, à savoir M. Jean Diminche, âgé de cinquante-six ans, et son épouse, Lucie, née Cottecotte, de six ans la cadette du précédent. Il parlait entre ses dents et son intelligence semblait manquer, ce qui amena Mme Diminche à dire, un peu plus tard, à son mari : « Ces philosophes ! Tu vas voir que nous allons retrouver celui-ci dans le charbon ou dans les poules. Tu aurais mieux fait de l'accompagner ».*

Vers minuit, le visiteur, tout en menant grand tapage, redescendit l'escalier où ne régnait aucun éclairage. Il était seul. Le ménage est formel sur ce point. Traversant la salle commune, l'étranger salua courtoisement au passage les débitants et gagna la rue, non sans avoir, au passage, renversé une chaise où dormait un chat feu (sic).

Le lendemain, vers dix heures, M. Diminche monta chez M. Pouttlart. Il avait une lettre à lui remettre, une lettre venant de Syrie. La porte de la chambre dix-huit n'était pas fermée. Il frappa. Et il prenait soin de frapper assez fort pour que, petit à petit et sans en avoir l'air, l'ouverture s'accentuât. Soudain, glacé d'horreur par le spectacle terrifiant qui s'offrait à lui, l'homme recula. Sur la descente de lit, toute maculée de sang, la tête du locataire, blanche, pitoyable, reposait entre les branches d'or des lunettes intactes. Les fragments, en verre épais, d'une carafe brisée hérissaient le sol autour du cadavre. Mêlée à ces débris translucides figurait une carte postale en couleurs représentant une jeune femme au torse nu assise au centre d'un cercle de volcans. Elle sourit et regarde un chien en train de tirer avec les dents le foie d'un homme qui paraît vivant.

Quelques instants après la macabre découverte, accoururent le commissaire de la circonscription et le médecin légiste, bientôt rejoints par les experts judiciaires qui relevèrent des empreintes excellentes pour identifier l'assassin pas plus tôt qu'il aurait été arrêté par l'appariteur de la mairie de Montreuil ou par l'employé d'octroi de service à la porte de Ménilmontant.

L'atmosphère de la chambre était si lourde et si épaisse que le brigadier Biauviau, une grosse nature pourtant, se sentit prit de malaise et dut sortir. Un fait bizarre se produisit ensuite. Le chapeau du commissaire s'envola et alla se loger dans un angle du plafond. Ni les prières ni les menaces ne réussirent à le faire revenir.

Est-il utile d'ajouter que les soupçons les plus légitimes et les plus indignés se portent sur le personnage ventripotent que sa maladresse à descendre les escaliers n'empêche pas de jouer habilement de la carafe ?

Le monstre est activement recherché.

ACTE VII

« Nous nous amusons comme nous pouvons. Le nouveau dentiste nous rend beaucoup plus de services que le précédent. Il est devenu l'amant de la grainetière et cela nous a fait passer une dizaine de jours. Le quincaillier de la place Gambetta n'est pas négligeable non plus. Il a séduit la femme du maire et les trois femmes du notaire. Oh! Cette grippe! Je suis tout abrutie! Je voulais dire la femme des trois notaires. Mais sa femme, à lui, la quincaillière, une créature haute comme une maison, c'est une timide, une pauvrette. Elle n'a jamais mis les pieds au café du Commerce! « Madame Angèle, madame Angèle! me dit-elle, je vous en supplie! Faites que je le voie, ce café du Commerce! Emmenez-m'y. Emmenez-moi-z-y! M'y! Moi-z-y! M'y! Moi-z-y! Je vais finir par croire qu'il n'existe pas, que c'est une invention des journaux et de la polémique. »

« Quelle imbécile! Songer qu'elle a trente-deux ans, des lèvres comme des escalopes, une poitrine de sirène, et qu'elle deviendra, tout doucement, un vieux chton sans avoir même vu le café du Commerce, de la Ferté, ses palmiers, ses garçons et *l'Illustration!* Là, Bobby! là! Mon vieux, je ne peux rien pour toi ! Eh bien ! Eh bien ! Eh bien ! Veux-tu retirer ta patte ! Je ne peux rien. Il va finir par devenir enragé. Allons, Bobby, allons ! Surtout, ne pleure pas ! Mais enfin, mon vieux je ne suis pas Rosita. J'ai sur moi le sang de Rosita, mais Rosita est là-haut, tout aussi embêtée que toi, va ! Pauvre, pauvre Bobby ! Il est bien tranquille, d'habitude, vous savez... Mais Rosita est en chasse et ce n'est pas drôle pour lui. Je suis bien sûre, d'ailleurs, que vous ne savez pas ce que cela veut dire, pour une chienne, être en chasse... Dans le sixième arrondissement, naturellement, on ne s'occupe pas de tout cela. Ce sont les affaires de la province. Eh bien ! Apprenez que, deux fois par an, une chienne perd du sang. Qu'un chien, paisible et de bonne famille, et qui jouait, sans penser à mal, avec cette chienne, sente ce sang, il devient fou, il n'en peut plus, il gratte aux portes, il dévore jusqu'à l'os le pied des tables et, si vous le confiez au garde-chasse, il revient seul de la forêt, sans boire ni manger, durci jusqu'à la moelle et habité par un autre chien qui veut sortir de lui, et qui pèse, et qui tremble, et qui tremble, et qui pèse. Rosita, de son côté, se démène. Elle crie : « Bobby ! Bobby ! C'est le moment... Je t'attends... » et il aperçoit partout le fantôme de Rosita et, quelquefois, sur moi, qui soigne Rosita, qui lui met des linges, comme si c'était une quincaillière, une grainetière, il saute, goûtant l'odeur restée à mon corsage, à ma jupe, une tache, parfois, de sang de chienne, et il a des yeux si tristes, et je comprends si profondément sa passion que, malgré ma grippe, je l'emmène, avec moi, dans la neige, avec l'espoir de trouver, par là, quelque vieille chienne, mais il fait si froid qu'il n'y a, dehors, que lui et moi. Pourquoi je ne le mets pas tout simplement en présence de Rosita ? Mais, mon cher, Bobby, comme vous le voyez, a la taille d'un bourricot et Rosita celle d'une souris. Assez ! Tu vas me déchirer ! Guillaume! Marcel! Gaétan! Philippule! Emmenez-le dans le parc avec vous. Ce qu'il a? Toi, Gaétan, tu me demandes ce qu'il a? Eh bien! Il veut une femme. Es-tu content? Allez jouer, mais ne faites pas de glissades sur l'étang et ne boulottez pas les petites tomates des rosiers! Non, non, je ne peux pas aller avec vous. Vous voyez bien que j'ai de la visite. Au revoir! Ah! ces gosses. Huit ans, douze ans, treize ans. Treize ans! Et malins! Le plus petit n'est pas le plus lent. Avec son dos voûté et sa casquette grise, on dirait un vieux milliardaire, n'est-ce pas? Il se frotte à moi. Il me pose des questions. Tous, d'ailleurs, ils en veulent. Oui, oui, même à leur âge. C'est comme pour les chiens, vous n'y entendez rien... Leur maison, c'est juste à ma taille qu'ils l'ont faite, oui, leur maison au fond du parc, avec des pierres, de la boue et du crachat, mais couverte en tuiles, les tuiles du mur, qu'ils ont chipées. Quand il a vu qu'elle prenait tournure, le jardinier leur a donné un coup de main. Elle est drôle, cette maison! On y rentre en se courbant et il y fait absolument noir, même en juillet. On y est serré comme des bêtes dans un trou. La porte close, ils s'en donnent. Madame Angèle, prête-moi ton mouchoir! Madame Angèle, alors, tu n'as pas de mari? Les petits salauds! Et voilà! Voilà la vie que je mène à la Ferté. Oui, en effet, quand on arrive, ça a l'air d'une grande ville. Il semble que si, de Paris, l'on ôtait la superficie de la Ferté, cela dessinerait une belle lucarne. L'Opéra, Saint-Lazare et peut-être le Louvre y tomberaient en vrac. Mais nous ne comptons que quinze mille habitants et quelque. Moi, je m'y fais. Mon malade me regarde parfois, et il me dit : « Vous m'effrayez. Vous avez vu tant de visages! J'ai peur qu'ils sortent du vôtre. » Je lui réponds « Eh bien, mon vieux, ne me regardez pas ». Il réplique : « Vous n'y pensez pas! Pour une fois que je réussis à regarder quelqu'un en face! » Entre sa mère et lui, il n'y a aucune intimité. Parfois elle le rabroue, elle lui dit de sortir, d'aller à Paris, de s'acheter des raquettes, un costume. On prend l'auto. On va à Paris, dans un magasin. Eh bien! Quel costume veux-tu? Celui-là? Bon. On ramène donc le costume. Il ne le mettra jamais. Sa mère en a pris son parti. Ce qu'elle est matérielle, cette femme! Elle ne vit que pour bouffer. Elle est aux petits soins pour moi. « Madame Angèle, aujourd'hui, que voulez-vous manger? Exprimez un désir. – Un œuf à la coque et des pommes frites. – Mais ce n'est pas manger, cela! On ne se nourrit pas comme cela! » Sa cuisinière, qui est à son service depuis cinquante ans et qui ne s'est jamais absentée un jour de sa cuisine, monte à huit heures chez elle afin d'établir le menu. Et je te discute! Et je te combine! Et après, en avant! Des plats extraordinaires, d'une complication inouïe, et des sauces grand veneur à la confiture de groseilles, et des dindes entières pour nous trois – elle, monsieur René et moi – et des pâtés venus de Strasbourg à petites journées pour éviter l'échauffement, et du jambon, et de l'anchois dans les macaronis et, le vendredi, la carpe à la dieppoise. J'en ai la nausée. Un œuf à la coque, Madame, un œuf à la coque et, si vous y tenez, des frites!... Les lièvres, les volailles, les bœufs découpés en quartiers, les arbres chargés de leurs fruits, les légumes avec leurs cheveux où pendent des boules de terre, et les poissons, et les oiseaux, tout cela, en bon ordre, depuis soixante-dix ans, bondit, glisse, roule et s'engouffre dans cette bouche infatigable et distinguée. Monsieur René et moi nous la regardons avec stupeur. « Mangez », dit-elle, sans cesser de manger, « mais mangez donc! » Nous, toute cette pâtée nous tourne sur le cœur. Et avec ça, à table, d'une éducation, d'un raffinement! Ses services d'argent, une merveille! Elle a des truelles spéciales pour quatorze espèces de poissons, je ne sais combien de raviers et, bientôt, plus un radis, et des couteaux et des haches comme un corsaire, et des fourches et des pelles à se croire au temps des moissons ou sur les chantiers du Nord-Sud.

« Monsieur René, encore que j'aie la tête solide, finit par me passer un peu de ses phobies, de ses angoisses, et j'imagine, quelquefois, que cette grande dame, au fond des territoires, avec le nez de la machine à Cugnot et le menton de la Fontaine, peuplée de bêtes, de végétaux comestibles, va nous exploser en pleine figure, dans la salle à manger aussi grande que la place de la mairie, à la Ferté. Nous serons pris et roulés dans un hourvari de bestiaux, dans un tournoiement de gibiers. Les asperges nous monteront sous les bras. Les artichauts nous chatouilleront la nuque. Toutes ces créatures présenteront, peu ou prou, les traits de la vieille dame, son teint fleuri, sa fossette à droite, ses joues toutes gonflées de Restauration. Il y aura de très vieux lapins avec le casque et la chenille, des poules en coiffe blanche, des bancs de carottes chantant des noëls, et des saumons en chapeau castor, et des castors en gilet saumon. Mon petit ami, je ne sais plus trop ce que je dis... Je deviens comme monsieur René. Ah! celui-là... Quand vous avez sonné, il vous a vu, par la fenêtre. Il s'est écrié : « Qui est-ce, encore? Je parierais que ce monsieur vient de la police. En outre, il a la rage. » Tous les êtres, à l'entendre, ont la rage. A trente ans, il est vierge. Toute la sainte journée, il se tient derrière la vitre, à regarder tomber la neige ou le soleil. Il sait que sa mère est en train de mâcher et de déglutir les derniers sous de leur fortune, qui fut considérable. Des acheteurs, quelquefois, se présentent, pour le château. Mais le château est invendable. Les pierres ont la maladie. Elles se changent en rosée noire. Dans un an, jour pour jour, nous n'aurons plus le rond. Attention! Ils descendent.

Ils vont chez le curé. Je vais vous montrer quelque chose de curieux... »

J'aime beaucoup Mme Angèle. Ce dimanche-là, histoire de respirer la jeune odeur des gares, j'étais venu la surprendre. Son humour, sa psychologie dessalée m'enchantent, non moins que le français qu'elle parle, correct et fluide, où il est impossible de saisir au passage les *que*, les *qui*, les *dont*, toutes les charnières et toutes les ficelles qui, pour peu que j'écrive, grincent, montrent la corde, la corde qui se balance dans la case du mort. Voilà dix ans que Mme Angèle travaille comme infirmière privée. Quand je la vois, une ou deux fois par an, elle m'en raconte!... Il y avait, par exemple, cette femme de soixante ans qui mourait froidement d'un cancer. Avec sa vie, peu à peu mordue et étouffée, elle perdait tout, l'argent, la santé, les danseurs, les plages, mais elle gardait son dos. Jusqu'au bout elle garderait son dos, son très long dos de blonde brunie par les voyages, le fosseté, le duveté, le tendre, le musclé, l'incurvé phénomène de la stature humaine. Ce dos éblouissait la clinique. La malade, les seins cachés par un mouchoir rouge à pois blancs, assise dans son lit au milieu de la chambre, se taisait, les cuisses poivrées de morphine, mais la fastueuse échine, flamme de force et de souplesse, descente remontée, caresse fixée dans l'espace, chantait hautement l'orgueil de nos vies. Tout le monde, à la clinique, et, bientôt, dans le quartier, en tombait amoureux. « Est-ce qu'elle l'a toujours, son dos? » demandait le garçon boucher à la laveuse d'assiettes. La mère de la malade venait, chaque jour, avec ses gros yeux dehors, ses noirs satins déchirés et sa fourrure roussie. Elle s'asseyait sur le bord d'une chaise et paraissait confuse et repentante de survivre avec ces biens sordides. Quand vint le moment, Mme Angèle, qui avait des ordres, retourna l'agonisante sur le ventre. Masqué par les cheveux d'or comme aux jours anciens et par l'aveugle et juvénile nudité, le corps périssable modelait un offertoire fromental au-dessus de quoi tremblait une buée de lumière. La famille formait le cercle. L'un des fils, en douce, s'était emparé du sac à main de la défunte. Par-derrière, il tenta de le lancer à sa femme. Mais un beau-frère intercepta l'objet. Et, pleurant et gémissant avec leurs figures, les héritiers, les mains ouvertes et promptes derrière eux, se disputèrent, sans le voir, le sac à main qui, de croupe en croupe, déchiré, bondissait comme un ballon de jeu...

Mme Angèle me tendit un cahier qui avait dû, longtemps, être tenu roulé et qu'emplissait un texte au crayon. Ce texte, où me frappèrent les ruptures du rythme graphique, se répandait sur le papier comme une huile brumeuse, un atone varech. Je lus...

« Toute cette pieuvre de jours, cette étoile grise où les rivières, les maisons, les banques et les femmes s'insèrent sans qu'elle se brise, cette absurde surabondance de précisions inutiles, cette fugitive pinède où l'on pousse, et pousse à la roue, tristes, tristes de la voir céder, tristes si elle ne cède pas, si bien que la mortelle vie établit un compromis tâtonnant et, enfin, une équation bâtarde, mais satisfactoire, entre la force de pousser et la force de retenir, tout ce temps, terreau anonyme mais qui porte, aussi, mon nom, où des royaumes restent pris, et les vitraux de Saint-Anatole, et les groseilles de ma jeunesse, comme dans un baba de murailles et de chemins, je le frappe, moi, de mes mains, vers l'abîme, de mes mains à plat contre la vitre bleutée et, de mes mains, je le retiens en l'attirant, je le retiens sur les bords des failles au fond de quoi grelotte l'abominable, la douce voix du néant. Je suis à mon poste. Je ressemblerais, prince d'une vitre, à l'enfant du siècle, s'il existait encore un siècle, un siècle dont quelqu'un puisse se prétendre l'enfant. Mais il n'existe plus qu'un vertigineux siècle des siècles, pas plus grand qu'une minute, pas plus long qu'un jour de pluie. J'écris, bizarrement, le cahier contre la vitre, contre la substance même et les refuges de ma mélancolie, le ciel gris, le jardin d'hiver avec ses capuchons de paille sous quoi déambulent les rosiers dont je sais qu'en février *ils font ça*, comme dit Mme Angèle – je lui demande : ça quoi ? et elle me répond : des pommes rouges, tiens ! – ses grands arbres noirs et, là-bas, la Marne, beige, qui passe devant Saint-Anatole, tout mangé. Chez nous, en cette saison, ce sont les fenêtres du côté de la ville qui me plaisent, et non celles qui donnent sur le parc. Le parc est trop vaste, trop beau, trop menacé, trop moi. Je sais que, bientôt, il faudra le vendre, et que deviendrai-je ? Nous ne pouvons pas garder la voiture et nous devrons prendre un petit appartement. Et puis, un peu plus tard, nous ne pourrons plus garder le petit appartement...

« Je vais avoir trente ans, et je reste innocent, faible et peureux. Un coup de sonnette m'atteint comme un coup de fouet. Tout mon sang, alors, reflue vers mon cœur, et je cours me cacher dans la dernière chambre du château, parmi les aigles en bois, les hallebardes, les cadeaux du Sultan et de M. Witte. Lorsque la visite est partie, je n'ose plus descendre, respirer l'air que quelqu'un d'inusité respira, me commettre avec le dossier des chaises possédées. Je ne redoute pas tant les microbes des maladies que les miasmes de la méchanceté, de l'infernale corruption, qui prospèrent dans le souffle des êtres. Tous, tous ont la rage, celle d'aimer, celle de faire mourir, celle de mourir. Je ne veux pas aimer. Je ne veux pas tuer. Déjà, j'ai juré que je ne mangerai plus de lapin. Les courbes du corps du lapin, dans l'assiette, rappellent trop celles du nôtre, assassiné. Le bœuf, j'y consens encore. De l'entrecôte, c'est comme de l'eau. C'est puisé dans un élément rouge, illimité. Mais les petits lapins vivent sous la terre du parc. Parfois, Bobby, qui a la rage, et chaque jour davantage, en saisit un, et maman, après l'avoir pesé du regard, à deux grammes près, l'envoie à la cuisinière, avec la bave de Bobby injectée derrière l'oreille.

« Je ne veux pas sortir, car je sais que je ne suis pas comme les autres, ou que les autres ne sont pas comme moi. (A la réflexion, si je ne suis pas comme les autres, lesquels ne sont pas comme moi, ces autres et moi, en définitive, nous sommes pareils. Mystère et puissance des mots...)

« Je sais me servir de mes épaules. Je sais tirer, de mes épaules, en y conduisant, en y déposant ma pensée, soigneusement divisée, deux grandes branches horizontales et blanches qui vont chercher, au loin, force boucles d'oreilles et colliers de merveilles pendues à des sapins que vous ne voyez pas. Je sais aussi me rassembler tout entier au creux de mon estomac et puis, en fermant les yeux, exiger qu'une électricité s'avance hors de cette partie de mon corps et forme des personnages qui ressemblent à l'idée que je me fais d'eux ou à l'idée qu'ils s'en font eux-mêmes. C'est ainsi que je fabriquai, ce matin, un ange aux côtes rouges et jaunes qui recula devant moi en dansant.

« Les femmes me plongent dans la stupéfaction. Elles transportent une part considérable des puissances de la vie. Devant elles je tremble, moins de honte, de timidité ou de niaiserie qu'en raison du respect, de l'admiration que m'inspire la vie. La vie! Souvent la nuit, quand je vais m'endormir, bien au chaud dans mon prénom et dans les draps de ma lignée, et que mon souffle s'élève et s'abaisse comme l'océan, et qu'en effet je ne suis plus qu'une certitude rythmée, profonde, verte et suave, et que je peux croire que mon sommeil ne ressemble pas à tous les sommeils, et qu'il représente, lui, un sublime équilibre, un charme d'où dépendent la respiration des éléments et la joie des créatures, une grosse mouche se cogne à la vitre. Son frénétique tambourin me rappelle que d'autres êtres vivent, tout près de moi, que ce monde est une basse-cour de bourreaux menacés, un entrepôt d'esclaves. La perfection de ma sérénité soporifique, loin de signifier une puissance qui me fût particulière, ou quelque infusion de bonté où je baignerais, où vous baigneriez, où nous baignerions, marque, non la densité du repos que je goûte, mais la halte, tout de suite avant le bondissement, du malheur qui va fondre sur moi, sur vous, sur nous. Que le corps, que l'âme croient qu'ils sont sauvés, ils sont perdus ! Je plains les humains qui ne pratiquent pas la secourable angoisse ! Au bruit de la mouche contre la vitre, je me lève, suant, le cœur fou. L'océan, maintenant, me monte à la gorge. Les astres en moi se bousculent, à me crever la peau. Des hordes de chameaux se pressent dans mes veines, montés par d'atroces guenons. En moi, hors de moi, de nuageuses femmes contemplent ma nudité. Je suis la vie. Je suis la divine vie. Ah ! Que sur le pavé, au loin, une voiture maintenant résonne ! Que l'insecte égaré percute, de nouveau, la vitre ! Non moins terrorisé par ma solitude triomphante que par le sentiment d'appartenir, et dans les derniers rangs, au pullulement des espèces, je me débats dans mon corps trop riche et trop touffu qui, à la chevauchée de toutes les souffrances, propose tant d'hectares tendrement céréales, et je connais que l'aventure où j'appartiens, où vous appartenez, où nous appartenons, est longue, longue, et qu'elle passe par bien des points, sauf par le néant, car elle est le néant.

« Tout comme les belles portions d'azur nuageux, au-dessus des peupliers de la campagne, en juin ou en juillet, les dames de la Ferté illustrent et soulignent, quand leurs bras sont ambrés sous une rasade de poils dorés, un côté malgré tout favorable de cette songerie militante ou de ce théorème pensif, très éloigné et très caché, qui nous projeta sur l'écran de la vie et dans une fameuse misère. Ces dames! Au jour de ma mère, je les vois! Elles viennent faire un bridge. A midi, elles n'ont rien pris. Quelques-unes, notamment celle du juge de paix, jeûnent depuis vingt-quatre heures. Aussi, comment qu'elles se lancent sur les sandouiches et les pâtisseries! La nourriture leur met, au coin des lèvres, des rouages gras. Maman, sur sa canne, va de l'une à l'autre, recommande le caviar, le poulet, le foie gras. Ravitaille-t-elle des Arméniens? Organise-t-elle un concours d'endurance et de capacité alimentaires? Maman, d'ailleurs, prêche d'exemple, mais elle s'arrange pour parler, sourire et légiférer, sans qu'un os mal avalé se tienne debout hors de sa bouche ou qu'une feuille de laitue bouge sur sa lèvre, comme il arrive à ses invitées qui, crainte de manquer un coup de dent, et tout de même un peu gênées, s'embrouillent quelquefois, leurs cartes dans une main, deux ou trois assiettes garnies dans l'autre et, devant elles, un bol de chocolat où elles boivent comme des bêtes, en se penchant, la nuque raide. La plus sympathique de toutes, c'est la plus grande, la quincaillière, Mme Dubulbières. Moralement, elle me touche beaucoup. Outre qu'elle comporte, autant que je puisse en juger, les mêmes caractères physiques que les autres dames, sa stature colossale et l'extraordinaire déploiement de substance qui la confirme partout où elle va l'encombrent visiblement. Je la soupçonne de se regarder comme une exhibition ambulante, une montagne de kilogrammes pulpeux ouvertement destinés à la cuisine du mariage comme les lapins à celle de maman. Elle ne peut se retenir de remuer le cou, de tripoter avec fièvre un pli de son corsage ou de sa robe dès qu'elle parle, qu'elle mange (mais ça ne passe pas) ou qu'elle joue aux cartes. Pour peu qu'elle paye de sa personne, en effet, elle éprouve l'insupportable sentiment d'affirmer publiquement sa solidarité avec son corps dont la pauvrette a, sans cesse, présentes à l'esprit, les dimensions monumentales et les scandaleuses fonctions. Moi, qui devine ses pudeurs, qui en assume idéalement le fardeau, sans que pour autant leur poids diminue aux belles épaules de l'infortunée, je me trouble et je rougis, comme devant toutes les Fertoises, quand mon regard croise le sien. Elle, loin de s'en tirer avec cette risée d'orgueil que le spectacle de mon imbécillité suscite sur l'épiderme des teneuses de jupons, elle rougit, comme moi, mécontente qu'on la perce à jour et, cependant, cruellement satisfaite de vérifier que ses alarmes ne sont pas si incongrues que quelqu'un, fût-ce le bêta de la marquise, n'atteigne à les concevoir et, pour comble, à les approuver. Chère quincaillière... Jamais je ne parviendrai à lui murmurer deux mots gentils... « Ma sœur » par exemple, ou bien « Au ciel ». Je ne réussis à m'exprimer avec quelque franchise et, peut-être, quelque bonheur, qu'avec Mme Angèle, qui n'arrive pas à l'épaule de Mme Dubulbières, laquelle ne lui arrive pas à la cheville.

« Les enfants, même, mes neveux et leurs petits camarades, sont pour moi déjà trop grands, trop durs. Ils m'appellent le dingue. J'ai longtemps cru qu'ils m'attribuaient la fièvre dengue. (C'est une fièvre du dictionnaire.) Mais Mme Angèle, avec sa rondeur habituelle, une rondeur où les angles du polygone inscrit, divisés à l'infini, ne m'écorchent pas, mais me chatouillent sainement, m'a expliqué ce que cela voulait dire. C'est comme le rugby. Je pensais qu'il s'agissait d'un jeu autour d'un rubis volé. Les uns sont les voleurs, les autres les policiers. Maintenant je sais de quoi il retourne.

« Je sais également ce que c'est le chômage. Être au chômage, chômer, cela ne veut pas dire, cela ne veut plus dire s'occuper du chaume, dormir dans le chaume, mais manquer d'argent et de nourriture. Je n'ai jamais vu de chômeur, sauf moi-même, à qui rien ne manque, pour en être absolument un, que de manquer de nourriture, ce qui, d'ailleurs, ne saurait tarder beaucoup. Quand je pense aux chômeurs, la faim me prend et, comme dit Mme Angèle, je m'en mets plein la lampe, et maman conclut que je commence à aller mieux. Cela m'ennuie bien un peu de recevoir de la faim des affamés une excitation apéritive, mais si je consens à cette apparente vilenie, c'est par solidarité avec la barque des hommes. Penche-t-elle d'un côté, sous le poids de la famine, je me précipite sur l'autre bord, les bras encombrés de gâteaux de Savoie et de pots de confiture, afin de rétablir l'équilibre.

« Il existe naturellement un grand nombre de mots, trop modernes, trop secrètement courants, qui ne sont pas dans mon vieil ami le dictionnaire, compagnon obligé des neurasthénies solitaires, monument d'un univers ordonné, inoffensif, pittoresque, étalagiste, évacué, le jouet des enfants, des écoliers et des vieillards. Mme Angèle, avec méthode, me les apprend. Elle finira par faire de moi un homme à peu près normal. Mon seul espoir est qu'elle n'y parvienne que quand je serai vieux et au moment de n'avoir plus rien à démêler qu'avec la mort. Que tu aies vécu intelligent ou riche, cordial ou systématique, en quoi cela t'importe-t-il quand tu atteins l'âge de la retraite et que tu regardes devant toi ? Le total des jours de tel ou tel homme, ce n'est qu'un homme. On peut même faire ce total d'avance, dès le premier vagissement, et flanquer ensuite l'enfant dans l'étang. Que n'en a-t-on agi avec moi de cette façon quand je suis sorti de la bouche de papa et du nombril de maman !

« Mme Angèle en use avec moi avec une monstrueuse habileté. Ce n'est pas une infirmière, mais une fée, mauvaise comme toutes les bonnes fées. Elle la connaît, la musique, celle-là ! Je souffre, cependant, de la voir saisir sur le vif, avec ses antennes et ses chalumeaux de courtière philosophe, de masseuse chevronnée, d'ouvreuse entretenue, de basse manucure humaniste des époques de la grande bringue, nos tares et nos ridicules au moment où la puissance et la certitude abandonnent ma famille. Sans se risquer à trop de réflexions et de commentaires, mais en s'abstenant d'un détachement excessif et qui paraîtrait simulé, elle peut à loisir mesurer et mépriser, non seulement mon repliement et mon aboulie, qui ne nuisent à personne, et les fastes culinaires de notre croulante maison, mais aussi les démissions morales et la laideur physique de celles de nos branches qui supportent mal la ruine. Savante belette, elle flaire la chair de mes tantes et de mes cousins, sale et suintante chair dans des emplois modestes, rassemblée, parfois au château, avec un petit brouhaha fétide, à l'occasion de quelque Pentecôte. Mme Angèle, elle, est blindée et vaccinée contre toute amertume. Elle prit la vie comme une cascade bizarrement théorique d'expériences et d'initiations, sauf que ses joies furent pleinement, positivement, des joies. Je le crois, du moins... La dignité avec quoi elle s'accommode de la perte du plus grand, du seul de ses biens, à savoir l'éclat de sa jeunesse, me laisse parfois soupçonner qu'elle n'est pas fâchée, au fond, de vieillir. Ces deux femmes, ma mère et mon infirmière, que chaque jour qui passe écarte davantage, l'une de sa fortune, qui fut la plus considérable du département, l'autre de ses ressources naturelles, je les honore comme deux colosses imperturbables qui s'arrangeraient pour conférer au sort contraire et inévitable la marque et le style d'un résultat, délibéré, de leur préférence et de leur énergie.

« Je tremble que Mme Angèle s'en aille. Qu'un bouton lui vienne au visage, qu'elle tousse un peu, je m'imagine qu'elle va mourir (dirai-je enragée?) et que je perdrai ainsi ma seule chance, sans doute inverse et néfaste, mais de moins en moins indésirable, de glisser à la sociabilité, à la responsabilité... Moi, responsable? Cette idée me tire les racines du nez et me les glace. Cependant, je me surprends, bien souvent, en train de me supposer dans un office, dans une firme, obligé de parler, de compter et, qu'il s'agisse de notions ou d'objets, de saisir, de tenir, moi qui n'ai jamais été fichu de nouer les cordons de mes souliers et dont la seule présence a le don de faire pleurer des larmes de rage au buste de grand-père, taillé dans du hêtre avec sa barbe, son lorgnon, sa rosette, son toupet.

« Dès que j'ai admis le principe de mon utilisation bureaucratique, ou boutiquière, une onde abondante m'enduit de sueur. D'hypothétiques dents, beaucoup de dents, celles des contremaîtres et des directeurs, des collègues et des dactylos, se tendent vers moi, cariées, jaunâtres ou très blanches. Et je les remercie, ces dents, qui me prouvent que je ne suis pas encore guéri. Mais je dois bien convenir que, de plus en plus, je les invite, je les appelle à me persuader que ma folie persiste. Ajouterai-je que mon talent à organiser cette hallucination visuelle me donne à penser que je pourrais peut-être réussir dans la carrière de mécanicien-dentiste qui tente tant de fils de famille sans diplômes ni relations?

« Ici, à la Ferté, rien n'apparaît de bien méchant. Nous ne sommes, c'est vrai, qu'un tout petit coin... La nuit, mon oreille pessimiste n'enregistre pas une seule clameur d'égorgé.

Je n'en conclurai pas, cependant, que le monde décida de se réconcilier. Un condamné à mort, un fugitif, qui sait qu'on lâcha les chiens sur sa trace, il peut, dans un escalier de forteresse ou au détour d'un boqueteau, humer la bonne odeur des pierres historiques ou caresser l'écorce sans malice des trembles. Même dans la perfection provisoire des complicités de l'isolement, il entreprend une inscription au couteau, il commence un herbier. Tout à coup, les chiens ! Tout à coup, les hommes ! Ah ! Mme Angèle ! Mme Angèle !

« Je voudrais bien demander à Mme Angèle des éclaircissements au sujet de certains phénomènes récents à même ma personne. Phénomènes involontaires que j'appréhende mais qui m'amusent. Sans doute, la faim, que la sollicitude maternelle ne laisse pas se développer en moi jusqu'au point où elle engendrerait, pour de bon, son objet (un poulet, par exemple, avec des morilles) exige-t-elle que nous nous commettions et que nous nous adultérions avec la boustifaille, la volaille et le boudin, mais elle noie et enterre son activité et ses appels dans le dessin général de l'organisme. Sans doute, cet organisme lui-même, vertical, instaure-t-il un très physique testament et monument d'orgueil et de défi, un paratonnerre destiné à recevoir largement son compte de coups de chien qui, sans cela, nous atteindraient *nous-mêmes*, mais il se tient avec décence, surtout quand les vêtements le lient, le maçonnent, le calfatent. Ses manifestations végétatives, sa croissance, les modifications de sa corpulence ne rompent pas, ou ne rompent que lentement, ses limites reçues une fois pour toutes.

« Les phénomènes auxquels je fais allusion, outre qu'ils ressortissent à une sorte d'autonomie pimpante ou d'excentricité mécanique dont je me plie à m'efforcer de discerner si elle représente le meilleur de mon être ou si je ne suis que leur témoin, leur support et leur victime, s'accompagnent, comme la faim, de la figuration de leur nourriture. Cette nourriture, ce sont les femmes – bleues, nues, floues, suspendues dans des cages de verdure ou sur les glauques gradins d'une cascade non violente. Je déplore, certes, que, sans leur assentiment et contre ma volonté, des mères, des épouses, des filles, toutes les espèces possibles de jeunes femmes accèdent à la qualité peu recommandable de denrées, encore bien creuses, qui aimantent vers elles mes nouveaux appétits. Mes nouveaux appétits qu'alourdit et renvoie une basse espérance... Suis-je en train de devenir fou, ce qui, pour un fou de mon espèce, équivaudrait à cesser de l'être? Il faut que je m'ouvre à Mme Angèle, carrément.

« Mme Angèle me tient compagnie. Elle fait la conversation de maman. Elle connaît le truc des plantes, les recettes des châtaigniers, le fin mot des scolopendres – créature des grandes villes qui laisse en elle germer les fainages, monter les luzernes. Traînée comme une pèlerine, et trouée comme une bête morte qui ne fut jamais si heureuse, elle ne touche à rien, ne fait rien, pas même son lit ni, parfois, ses dents ou ses ongles. Maman et moi, nous n'imaginons pas qu'elle pourrait, sous notre toit, se livrer à quelque besogne précise. Nous avons si peur qu'elle croie que nous la prenons pour une domestique! Or, c'est précisément une assistance en somme artisanale qu'à certains moments je désirerais obtenir de Mme Angèle. Elle ne compte certes pas au nombre des séduisantes sorcières qui peuplent de leur sabbat mes nuits innocentes et je n'imagine pas qu'elle aurait à quitter, pour le service qu'attend d'elle ma tardive formation, la moindre pièce de ses vêtements mais, enfin, elle est femme, ou le fut, et ce fumet d'aventures qu'elle porte sur elle et qui surexcite jusqu'aux petits enfants ne manque pas d'une certaine responsabilité dans les initiatives saugrenues où se précipite le profil de mon corps. Je n'ose demander à Mme Angèle de concéder à mes assouvissements une part, la plus légère, de ce tact qui fait d'elle une femme bienveillante et fine. Si, fâchée de se voir prier par son malade à une misérable réduction des activités que le respect un peu religieux qu'elle nourrit à leur égard l'ont amenée à tenir pour interdites à son allègre déclin, elle allait se fâcher, me renvoyer au médecin, au jardinier, à la cuisinière? Je pourrais lui rétorquer que nous l'engageâmes comme infirmière et que ce n'est qu'en raison de ma spécialité pathologique qu'elle échappa, chez nous, aux pansements, aux gouttes dans l'œil, au thermomètre inséré, à tous les offices plus ou moins ragoûtants auxquels elle eût dû subvenir chez un infirme plus sérieux.

« L'abondante et printanière quincaillière s'interpose entre ce papier et moi. Elle fait des grâces en rougissant, et l'audace de ses attitudes (et, en même temps, leur maladresse, animée, fécondée par la mienne) la choque elle-même si fort qu'elle baisse les yeux et se dissipe en s'entortillant sur elle-même, tout comme la crème d'un de ces gâteaux appelés, dans nos milieux, cacas de Louis-Philippe. Je pourrais lui faire demander de rendre à mes tendres efforts l'amical service de les couronner. Mais c'est précisément à l'instant où, prenant conscience d'elles-mêmes, mon idiotie et mes phobies méditent de disparaître, qu'elles cessent d'inspirer la pitié. Ainsi Mme Angèle m'a raconté qu'un aveugle à canne blanche, dans les couloirs du métro, faisait peine aux passants qui lui cédaient le pas et le regardaient avec tristesse. Soudain on le surprend qui, lunettes relevées, déchiffre un plan sur un mur. Ce n'était qu'un myope un peu poseur. Ceux qui le plaignaient, qui l'aidaient, se précipitent sur lui, le giflent, le houspillent. En somme, et tout compte fait, *ils le punissaient d'y voir*... Si je me décidais à prier maman de demander à la quincaillière de venir me voir autrement que sous des aspects mondains et vêtus ou nuageux et décevants (pourquoi, après tout, cette quincaillière ne tient-elle pas mieux ses chiens, les chiens de son corps?) maman, je la connais, à ma requête enfin salubre et raisonnable se lèverait de son fauteuil, ou s'y écroulerait, en s'exclamant : « Alors? Et la rage? C'est fini, la rage? Les traitements que tu as suivis nous ont coûté une fortune et voilà que tu te mets à vouloir faire la noce, comme ton père. S'il courait, il avait du moins, à ton âge, quatre cents ouvriers. Lui et sa mère, toute la journée, épiaient le travail des ouvriers par des hublots ménagés dans les cloisons de la fabrique. »

« De toute façon, maman ne se prêterait pas à une telle démarche. La quincaillière, en effet, n'est pas de notre bord. Nous solliciterions, en ma faveur, ses plantureuses charités, elle pourrait croire que nous cherchons à rentrer, d'une façon ou d'une autre, dans nos frais de caviar et de petits-fours, encore que la pauvre Anne-Marie – elle s'appelle Anne-Marie – prévoyant peut-être que la marquise la mettrait en demeure, quelque jour, de nous rendre nos politesses, n'ait jamais touché à nos goûters que du bout des lèvres.

« Anne-Marie, ma quincaillière, viens! Je ne suis plus fou. Si je passais, de nouveau, le conseil de révision, je ne dirais plus, cette fois, que nous nous battons contre la Chine, que j'ai soixante-dix ans, que je suis une fille, et l'on ne rirait plus, autour de moi, les majors, les gendarmes, le maire, à gorge déployée pour, ensuite, me reconduire avec cette déférence et cette admiration, mal déguisées par l'ironie, que mérite le représentant d'une armée étrangère, laquelle doit avoir ses règlements secrets, ses grades et ses épaulettes : l'armée des dingues. Viens, ma quincaillière, viens pendant que Dieu se gratte la fesse en nous guettant par le judas... »

J'interrompis ma lecture et je dis à Mme Angèle qui, dans une poterie sans histoire, disposait des branches de pin : « Hé! chère amie, votre malade, il a l'air de s'y mettre!

– Ah! Tout cela m'ennuie. J'étais si bien dans cette place! Il faudra que je retourne chez de vieux Turcs dont je farderai les ulcères à l'aquarelle ou au pastel et qui, parfois, m'enverront leurs bottines à boutons à travers la figure, histoire de me faire la cour. Peut-être aussi aurai-je à m'occuper de quelque diplomate venteux. Au début de la promenade, il est énorme et tout va bien. Mais, sur le coup de cinq heures, Rond-Point de la Muette, le dégonflement est consommé et le pantalon, à l'improviste, s'écroule dans un fracas de clefs, de petite monnaie. Lisez donc jusqu'au bout. M. René n'est pas si guéri que cela. J'ai encore de l'espoir. »

Je poursuivis ma lecture...

« Les deux maladies de l'homme sont le bonheur et le cercle. Quand je dis le cercle, je n'entends pas le cercle des Chasseurs ou celui du Commerce, où l'on n'aventure que des sommes dérisoires. Le cercle, c'est le piège de la science et de l'art, le chemin infini qui ne conduit l'homme qu'aux talons de l'homme après bien des tourments et d'assommants efforts. Le bonheur, lui, ce sommeil, visqueux, est le leurre qui nous retient dans la servitude. Tournant dans le cercle de son infertile génie, se sucrant les babines avec quelques miettes de bonheur, les hommes, jamais, pour devenir eux-mêmes, d'eux-mêmes ne sortiront. Je voudrais qu'ils soient comme un clapier de rageurs indifférents à leur rage... Un nimbus, tout à coup, s'élève d'entre les formes allongées et muettes. Ce nuage devient un ange au bâton enflammé, aux mamelles de friable azur. Il écoute Dieu. Il écoute Dieu. Qui est Dieu? Qui est Dieu?... Le dévorant... Le dévoré...

« Parmi le silence des causes non encore lancées et pressurées mais arrêtées et tendues, panthères ou sauterelles prêtes à bondir, et dans la forêt des ruisseaux du Gange, un triangle qui ne dépend d'aucune géométrie ambiante, sautille, hésite, monte, descend, s'enroule aux barreaux du possible, se rencogne en frémissant et, pour se distraire et se dénoncer, prend tour à tour la forme d'un pingouin, d'un rapide, d'un marécage, d'un loup, d'un concombre. Sous ces diverses défroques, il se cramponne à sa bissectrice et ne perd pas de vue le vieux nord de son nom. Il est l'errement de la combinaison, l'inemployé de l'espace, le monceau vacant et explosif qu'une vaste chimie plus ou moins spontanée avec tous ses passés et tous ses avenirs sent échapper aux alambics, aux matricules, ne parvient plus à dominer et à sertir. Ce bout d'étincelant fromage gambade pour son propre compte hors de la commune chaudière. Il est le négatif de masses positives, leur résultat, leur parasite bienvenu. Il résulte d'elles mais, plus encore, elles de lui. Qu'elles retournent au néant, il subsisterait dans l'attente de leur immanquable résurrection. Inassimilable, insoluble témoin, aussi paradoxal que tout le reste ensemble, esprit adjacent et, cependant essentiel, incréé puisque non désiré, ni conçu, ni ciselé par nulle main, par nul ventre et par nulle intelligence, éternel parce que non pensable à l'endroit de ses débuts pas plus qu'à celui de son terme, rien ne pourra l'occire, pas même la mort de la nature, car il se sépare, prudent, de la nature. Il faut méditer sur lui devant un arbre hors de la terre. L'arbre instrumente au nom de Dieu qu'il photographie. Il se tient au bord des étangs et le long des routes. Personnage saisissant et romantique, ses gestes et son air, par le mélange du simple et du multiple, du sec et de l'enveloppé, du solitaire et du collectif, font naître et fructifier, dans le cœur et la pensée du promeneur qui s'arrête et contemple, le sentiment de la tristesse et de la majesté, et celui de la fatalité. L'urgence séminale, fille d'un tourbillon aveugle et équilibré, le cloue et le fiche à l'endroit même où il vous fascine. Rien ne peut, sinon la hache dans votre main, faire qu'il n'entre et sorte, à la fois, de la terre, immobile et profondément actif, en ce point précis, en ce point pieux, en ce point splendidement différent de tous les autres points et, pourtant, bien vague et bien insignifiant pour peu que vous pensiez à un autre arbre, dans une forêt lointaine et inconnue, à un arbre que vous pouvez construire, verdir, fixer et considérer à votre guise et qui devient, à son tour, là-bas, et sous votre front, le prépondérant, l'unique. L'arbre proclame la grandeur, l'excentricité de l'individu coiffé de bras, épinglé d'oiseaux, barbu d'inimitables attributs. Il dit aussi, hélas! que l'individu se lamente en silence à l'intersection des forces de l'espèce qui ne l'engendrent qu'afin de le capturer par les jambes, souliers et chaussettes compris, et que, sous les oripeaux de l'orgueil, sous les blasons de l'originalité formelle, il pende et saigne à son propre gibet. La hache... »

Le texte s'arrêtait là. Je rendis le cahier à Mme Angèle.

Ensuite, pour me raccompagner à travers la neige du jardin d'hiver, elle endossa son manteau de fourrure, en forme de guérite, un peu râpé çà et là comme une terrasse de Montparnasse quand les clients commencent à partir. Cette femme que rien n'étonne me laissa à la grille du château menacé. Je pris, pour regagner Paris, un train omnibus, comme faisait mon grand-père pour aller d'Antibes à Nîmes où mon père accomplissait son service au dix-neuvième d'artillerie. Le coude dans la portière, le voyageur se régalait. Une station, surtout, le remplissait d'aise, qui s'appelait Manduel-Redessan. Manduel-Redessan... Par la suite, quand, nous racontant sa vie, dans notre cuisine de la rue du Saint-Esprit, à Antibes, il avait prononcé ce vocable avec solennité, il se taisait. Moi, je prêtais l'oreille. Du côté du noir escalier, je guettais le pas de l'archange Manduel en train de redescendre...

Je pris donc l'omnibus, mais le vieux rythme est mort. A Lagny, je mis pied à terre. Après avoir parlementé avec le chef de gare et versé un léger supplément, je montai dans l'Orient-Express qui, justement, passait par là. Ainsi, je regagnai la capitale sans davantage essayer de me gargariser de vélocité modique et soigneusement nuancée, ni de humer, à la faveur des haltes rustiques, l'odeur de l'herbe-aux-chantres et de la tisane des quatre-voleurs éparse dans les contrées.

Quelques jours plus tard, les journaux, puis une lettre de Mme Angèle, m'apportèrent d'étranges nouvelles de la Ferté. Le dimanche soir, peu après mon départ du château, M. René et sa mère étaient rentrés. La vieille dame se plaignait d'avoir très faim. Elle se rendit à la cuisine afin de voir où en était le coq à la noix et les épinglottes à la Monseigneur. M. René se mit à sa tapisserie, dans le salon. Bientôt, il envoya promener les aiguilles et les pelotes. Il pria Mme Angèle de l'accompagner dans le kiosque de l'île de l'étang. Ils s'y rendirent. Là, au sein de l'obscurité violacée, dans une senteur de moisissure rococo, ils s'assirent sur des chaises véreuses. M. René, difficile et surexcité, cria à Mme Angèle : « Vous allez recevoir mes dernières confidences. Désormais, vous ne pourrez rien pour moi, vous ni personne. Ma désertion et ma contention portent leurs fruits, de terribles fruits. Ce n'est pas impunément que, trente ans durant, j'ai contenu dans ma tête un monde où je n'entrais pas. Je voudrais entrer dans ce monde, qui est le véritable, y vivre, y jouer, y travailler, mais il est trop tard. Ce matin, à l'aide de mon rasoir, j'ai tenté de m'ouvrir le front. J'avais l'intention de me faufiler, par cette brèche, dans le monde qui grouille de royaumes et de femelles, des chers souvenirs de mon enfance, de mille odeurs délicieuses et de tant d'anciennes musiques. Je ne réussis qu'à me faire une graffignure que j'ai achevée à l'encre rouge, afin qu'elle soit au moins visible. Je ne forcerai donc jamais les portes du monde, du monde de ma tête. Je sais ce que vous allez me proposer... Des maîtresses... Un métier... Mais non! je n'ai que faire de votre terre, si plate, et des démarches si humiliantes qu'elle impose à ses adhérents. Je fus le pâle roi d'un songe puissant. Me réveillerai-je le valet des servantes et des valets? Je voudrais, avec mes mains, avec mes jambes, avec ma voix, avec mes appétits aujourd'hui déchaînés, féroces, implacables, courir et me dépenser parmi les richesses qui m'appartiennent, rivages de l'amour, bosquets de la peinture, et toutes ces amantes, à l'inépuisable dévouement, que les vapeurs de mon sang fabriquent et perfectionnent. Mme Angèle, je parle comme un enfant, mais je suis un peu plus qu'un homme, et ça va mal, ça va très mal. Une tête, la vôtre, la mienne, avec l'oiseau de ses sourcils, l'échelle de sa face, la merveille de son front, il ne faut pas s'amuser avec. Une tête est une grave, une formidable institution. Ah! Je comprends, je comprends qu'à la guerre on permette que les morceaux de fer découpent en sifflant notre chair musicale et haute. On désire limiter le nombre des actes et des dieux. Si j'allais, dites! chez un spécialiste, de ceux qui s'occupent des polypes et des végétations, peut-être pourrait-il, avec ses crochets et ses pinces, aller chercher dans les sinus de ma face toutes les formes, toutes les vérités et toutes les perfections qui s'y trouvent? Je me représente ces femmes nues et minuscules qui se démèneraient, sur du coton ensanglanté! Je suis ébloui, poursuivi, harassé par ce que je trimbale de voiliers, de sultanes et de troupeaux, de théorèmes, de vierges divines.

Que faire? Comment plus longtemps emprisonnerai-je, comme un tabernacle ignoré, poussiéreux, la grande étoile orangée, qui signifie la somme la plus complète, jointe à l'émeraude qui supprime les écarts? Je veux m'asseoir dans l'étoile et, l'émeraude sur mon doigt, chanter mon altitude et caresser mes femmes. Que ferai-je d'une épouse, d'une concubine, qui me déchireront à leurs agrafes, aux angles de leur petit prénom couturé, quand je peux régner sur l'enfer et le paradis! »

A grands coups de poing, il se frappait le front. Mme Angèle ne répondit pas tout de suite. Le lyrisme de M. René, haletant et contenu, mendiait, pour repartir de plus belle, la chiquenaude d'une contradiction. Elle lui déclara, enfin, qu'il était guéri, et qu'il fallait qu'il en prît son parti. Il devait, maintenant, se lancer parmi les hommes et les femmes, non que ceux-ci fussent plus attrayants que les créatures confectionnées par une tête efficace, mais parce que les fonds de la famille baissaient. D'ailleurs, la terre réelle, si l'on s'attache à éliminer le plus possible ce qu'elle présente d'inutile et d'illusoire, ressemble assez aux climats de la poésie intime, à la tombée du soir, quand les arbres commencent à parler et que les grilles en bois de la porte des fermes livrent leur message.

Décontenancé par la qualité intellectuelle de son infirmière, M. René se taisait. Ils sortirent du kiosque, dont les vitrages coloriés brillaient faiblement sous la lune dans un paysage de chasse au chevreuil, et gagnèrent le château. Comme d'habitude, Mme Angèle passa la nuit sur un lit de camp devant la chambre du garçon. Elle ne perçut aucun bruit suspect.

Le lendemain, vers onze heures, elle et M. René allèrent faire un tour en ville. M. René paraissait, comme autrefois, prostré, absent. Au pied de la cathédrale Saint-Anatole s'étendait le marché. S'y engagèrent le maniaque et celle qui veille sur lui. Soudain, l'enfant de la marquise lâcha le bras de sa compagne et entra dans l'église, montagne de pierres grises un peu tueuse du sublime qu'elle assied. Mme Angèle le suivit, mais il avait de longues jambes. En hâte, il parcourut le bas-côté de gauche et pénétra dans la sacristie. L'infirmière pensa qu'il se rendait aux cabinets dont, en sa qualité d'ancien enfant de chœur, il connaissait le site.

Elle alla hors de l'église et résolut d'attendre en achetant de l'ail. Mais M. René tardait. Circonspectes, les ménagères tâtaient les viandes blêmes sous les tendelets blancs et rouges. Quelquefois, elles en emportaient dans un journal, vers leur maison.

Mme Angèle, soucieuse, curieuse, observait Saint-Anatole.

Tous les styles s'étaient exercés sur cet édifice.

Il en gardait un air hautement décoiffé.

Ah! l'animal!...

Mme Angèle mordit son index replié. Là-haut, sur la crête des combles d'ardoise, M. René marchait comme un danseur de corde. L'infirmière, entrevit, en surimpression, la trombine rougeaude du capitaine des pompiers. Mais avant que ce personnage ait été prévenu, et qu'il ait rassemblé les échelles et les comparses, un malheur serait arrivé. Les chalandes et les bouchers, déjà, levaient le nez. Mme Angèle, ou plutôt l'une des trois ou sept femmes qui la composent, mesurait combien toute cette aventure, au fond, lui importait peu. Celle des femmes qui était, en elle, préposée à la sensibilité voulut crier, mais elle n'y parvint pas. Une autre des participantes intérieures envisageait déjà les difficultés qu'entraînerait la mort, maintenant très probable, de ce nicodème, et qu'il faudrait s'expliquer devant les autorités, répondre à la mère. Sale histoire!

Renonçant à son funambulisme, M. René, à genoux et presque couché, progressait en étreignant de ses cuisses l'arête du comble. Il chevauchait la cathédrale. Parfois, comme pour houspiller sa monture, il la frappait du poing ou du talon. Une balustrade le cacha. Et puis Mme Angèle ferma les yeux. Elle entendit le cri que les témoins allaient pousser.

Ils poussèrent ce cri. Devant le portail latéral de la rue des Francillons-Morigénés, M. René venait de s'abattre. D'aucuns, plus tard, précisèrent qu'il s'envola de là-haut, comme un plongeur, les bras en avant, empressé à donner de la tête d'abord. Son crâne, sur le pavé, s'était ouvert en quatre quartiers. La chemise rompue laissait voir sa poitrine glabre. Le corps du défunt décrivait, à même le plancher de sa ville natale, une attitude de superbe foudroiement.

Des circonstances tout à fait surprenantes, de nature à orienter dans des directions imprévues la sagacité des physiciens et des philosophes, entouraient positivement ce suicide. Un agent de police défendait qu'on les approchât. Personne, d'ailleurs, ne semblait y tenir beaucoup... De quelles circonstances s'agissait-il? Eh bien, voilà... Sur le pavé, il y avait, à côté du défunt, deux jambes de femme, nues, un peu brunes, très harmonieuses, longuement pleines. Tranchées au ras de l'aine, du sang mauve les bordait. Mais attendez! Attendez! Il y avait aussi un grand crucifix, d'une matière dorée, fragile comme de l'oublie. Le Christ y riait, incontestablement. Il y avait encore un sabre de marine, tranchant comme un failli rasoir, d'une lourdeur telle qu'il fallut deux hommes pour l'embarquer dans la camionnette de la mairie. Sur l'éventaire du boucher Garnison, parmi les escalopes, on découvrit une grosse émeraude taillée en dodécaèdre. Une des assistantes, rentrant chez elle et déballant son filet à provisions, ne fut pas peu surprise d'en voir tomber une étoile de mer que la mathématique rigueur des lignes ne gardait pas de vibrer au contact de la main. Enfin, entre les pierres de la chaussée, des lettres hébraïques, en bois de cèdre, s'étaient logées. On récupéra, peu à peu, tout un alphabet, où ne manquait que la lettre *alpiar*, dérobée peut-être par un amateur.

Le docteur Maurice Poux procéda à l'autopsie du désespéré. Le cerveau, le foie et le cœur avaient éclaté. L'éminent praticien enregistra en outre une luxation du pied droit et une foulure du poignet gauche.

Quant aux membres féminins et aux symboliques objets, fils de la sagesse haletante et du désir concentré, que le brutal trépas du rêveur avait mis au jour, on les répartit entre la morgue et le musée de la Ferté, à l'exclusion du sabre que la mère du poète, affligée mais toujours grandiose, remit à Mme Angèle, laquelle, me sachant très porté sur les miracles, m'en fit don, et de l'émeraude, que la marquise reçut. Négociée à Amsterdam, l'émeraude procura une longue série de tartes aux pommes et de lièvres béarnaise à la frangipane. Parfois, la marquise, à l'issue d'un ample repas, convenait, le godet de fine dans sa forte main, qu'après tout son fils, sur le tard, avait mordu aux affaires.

Elle était bonne catholique et ne doutait pas qu'elle dût le rejoindre derrière les nuées.

ACTE VIII

Éternels, le pouvoir, c'est-à-dire la connaissance, et le plaisir, toujours me hanta le rêve énorme de les pratiquer. Vous le savez... Cette hantise constituait la seule marque, bien douloureuse, du choix, obscurément évident, que le destin avait fait de moi. Oui, pour marcher à la tête des hommes, pour les représenter, aux conseils suprêmes, parmi les dieux, les anges et peut-être les bêtes, j'étais marqué. L'étais-je par le hasard, par la statistique ou par la personnelle prédilection d'une magistrale entité? Ou bien dois-je croire que j'appartenais, que j'appartiens à la rare lignée des plus grands humains et que mon âme est celle d'un unique personnage couché sur les siècles et sur les peuples et ressuscitant, à diverses époques, sous un nom et sous un masque chaque fois nouveau? Qu'importe!... Le goût, la nostalgie, la certitude de mon éminence géniale ne cessèrent jamais de me tenir, de me tourmenter, même au cours de mes périodes les plus démissionnaires, et, aussi, ma fureur des femmes, cuisante, vigilante, et si mal apaisée, si peu... N'allez pas me dire que je suis marié, ni me faire dire qu'il m'arriva, par-ci, par-là, de dépenser cinquante francs avec une professionnelle. Quelle consolation ces épanchements trop prévus peuvent-ils apporter au soupirant total du sexe féminin, à celui qui ressent comme une spoliation l'existence de chaque femme jeune, belle et fardée sur laquelle il manque de droits? Je souffrais, je saignais de ne pas disposer, comme n'importe quel homme, d'une abondance d'occasions obliques, parfumées et soyeuses à base de cousines, de femmes de chambre, d'amies de la maison, de demoiselles d'honneur dans le petit coin des mariages, de passantes, de manucures, de dactylographes. Au désagrément de mon général veuvage s'ajoutait celui de ne point parvenir à résoudre le problème que ce veuvage même me proposait. Bien que mes confidents m'affirmassent que ces femmes, toutes ces femmes qui ne me venaient pas, qui ne pleuvaient pas, le défaut de mon véritable vœu de les voir me venir et me pleuvoir se situait à l'origine de leur abstention, et qu'on n'attrape les mouches avec du vinaigre pas plus que les poules en refusant d'apprendre à danser et à conduire les automobiles, et qu'on ne m'aimera jamais si je n'aime pas, ni ne me caressera si, moi, je ne caresse, je préférais croire qu'un ensemble de signes négatifs et prohibitifs, à la surface de ma personne morale et physique, pourtant si molle, si disponible, si ouverte, écartait, de moi, les femmes, et leur interdisait de me prendre en considération. Ces petites rouées, qui, alors, en savaient autant que moi, et même plus, comprenaient sans difficulté que j'étais réservé pour d'autres aventures et combinaisons que les voluptueuses. Elles se comportaient comme si mon indice de réfraction égalait celui de l'air, du temps, de l'espace, de Dieu même et que, par conséquent, elles ne me voyaient plus à force de me voir trop. Épargné, respecté, abandonné, j'eusse pu me féliciter d'être ainsi pris pour Dieu, c'est-à-dire pour l'homme par excellence, si je n'avais, en même temps, nourri, cruel et vivace serpent ! Le désir de devenir cet autre homme par excellence, le mâle séducteur.

Il me semble improbable que quelqu'un puisse être requis et persécuté par ce désir aussi terriblement que je le fus. Avoir des femmes en nombre suffisant pour que je ne pâtisse jamais de chaînes trop singulières et que mon tempérament d'artiste pût s'épanouir dans une indispensable variété de grains de peau et de courbes excitantes, cette ambitieuse exigence recevait, de ma préoccupation limitrophe, concurrente, mystique et suprême, une ombre ou une lumière riche de vibrations si nobles et si émouvantes, que, souvent, je me demandais si ce n'était pas la seconde moitié de mon idée fixe, la charnelle, l'érotique, qui renfermait la source de la beauté et la promesse du salut.

L'année dernière, je me trouvais en Hollande, ou, plus exactement, je m'y cherchais, sur une plage dont je tairai le nom parce qu'après tout ma vie m'appartient. Et puis, il suffirait peut-être que vous alliez sur cette plage et que, là, vous leviez les yeux au ciel, pour que se reproduisissent, mais à votre profit, les phénomènes dont je fus favorisé. Que deviendrai-je, alors, moi, moi dont la seule spécialité est de m'entendre, ou de m'être entendu, avec le ciel, si n'importe qui peut voir dans le ciel les brillantes familles siéger, avec, parfois, derrière elles, ou devant, une horizontale nuée ?

Elles ne m'apparurent pas tout de suite, ces familles. D'abord elles ne furent que des taches coloriées. L'intensité sensorielle du pourpre et de l'orangé qui les composaient avec un peu de vert pour lier ensemble ces deux tons ne les retenait pas de se comporter à la manière des phantasmes rétiniens en dérapant sans cesse sur le fond de l'air poli et bleuté pour se retrouver, la seconde d'après, intactes à leur emplacement initial. Peu à peu, elles se précipitent dans leur aspect et regagnent en fixité. Un matin, vers les dix heures, dix heures dix, alors que je me promenais sur la plage, elle-même pourpre et orangée ainsi que la mer dont rien, pour mes yeux, ne la distinguait, mon souci d'entrer en communication avec ce qui nous inspire et nous dépasse se vit comblé. Soit que la perpétuité de ma prière informe mais fervente eût emporté toutes les résistances métaphysiques, soit que l'âme exceptionnelle qui m'habitait se fût franchement réveillée en moi-même après s'être bornée, pendant tant d'années, à m'infliger ses mystérieuses pesanteurs, soit que mon ascétisme involontaire eût fini par obtenir sa rémunération, l'instant triomphal rayonna. Il donnait enfin un sens à ma vie qui, censément plus inutile que toute autre vie ici-bas, celle des schipozodes, par exemple, ou des ammacharides, avait cependant attendu, supputé, appelé, justifié et peut-être créé le miracle.

Les taches colorées étaient rangées, parallèlement à l'horizon, sur des lignes régulières. Leur intervalle décroissait à mesure que ces lignes se rapprochaient du sommet du ciel. Les taches, apparemment disposées sans grand ordre sur ces parallèles, se répartissaient, au contraire, suivant un canevas rigoureux dans la direction que je me risquerai à qualifier de verticale. Une telle expression ne traduit qu'assez mal ce curvage, ce modelé, le vertigineux, l'inconnu de la page où ces visions s'inscrivaient. Dans l'ensemble, le réseau de leur semis s'apparentait, autant qu'il m'en souvienne, à une mosaïque de losanges d'inégale...

Brusquement, alors que mes yeux, trop sensibles à la lumière, s'efforçaient de comprendre ces présences suspendues au-dessus de la mer et des sables, elles s'éclairèrent d'un seul coup dans leur prodigieuse réalité. D'un seul coup, en même temps, disparut ma transe oculaire. Je pus fixer, avec une patience de roi des aigles, ces constellations mieux que solaires.

J'avais, devant moi, un nombre incalculable, mais tout entier contenu par le champ de mon regard, de « tableaux vivants ». Chacun d'eux se composait de trois ou quatre personnages, ou, plus exactement, de trois personnages et de leur esprit collectif, auquel incombait un rôle de liaison et d'assomption. Tandis que la position et l'attitude des trois personnages principaux ne changeait guère d'un groupe à l'autre, ce quatrième personnage, dans chacun des groupes, s'appuyait ou s'accolait à tel ou tel de ses compagnons. Tous avaient des robes à petits plis, qui laissaient nues leurs poitrines, verdâtres. Très porté sur le détail pittoresque, j'avais tout de suite cherché, mais en vain, à distinguer entre leurs doigts ou sur leur corps quelque indice, quelque accessoire, livre, lis, glaive, télescope, tatouage ou vaccin, qui me permît de tenter de les localiser. Dans n'importe lequel de ces groupes à la fois flous et précis, humides et brillants, où le pourpre, l'orangé et le vert se juxtaposaient en se chevauchant quelque peu, un des personnages, exerçant une sorte de fonction présidentielle, occupait un trône invisible, avec ses acolytes autour de lui et derrière lui si étroitement qu'aucun jour ne régnait entre eux, aucun morceau d'atmosphère ultérieure. Ils se présentaient comme soudés ensemble par la plus subtile compacité. Chacun de ces groupes, bien équilibrés, agréablement construits et peu remuants, tenait à l'aise dans un espace qui superposait ou mélangeait à notre espace son extensible lucidité. Aucun d'eux ne pâtissait de la proximité de ses congénères. On pouvait en choisir un et l'examiner à loisir, sans, pourtant, perdre les autres de vue, la troupe illimitée des autres. Chacun de ces groupes représentait, exprimait un dieu, une essence, une vertu, une réponse de composés en ses éléments ou principes. Il me suffisait de souhaiter contempler, afin de le posséder dans sa totale révélation,

Jupiter, ou Bouddha, ou Dante, ou Jésus-Christ, ou le mot de la mort, ou le mot de la vie, ou le temps, celui qui nous fournit l'étoffe des jours et des pas aussi bien que celui de dimanche prochain, ou le polygone régulier et sa profonde signification, ou le passé, ou l'avenir, ou tel instant, ou tel segment de l'avenir ou du passé, de l'avenir ou du passé en général ou de ceux d'une créature donnée, pour qu'aussitôt mes yeux, là-haut, sans que j'eusse besoin de me tordre le col ni de me démancher la sorbonne, rencontrassent, dans un certain endroit du ciel de l'étendue absconse, le groupe correspondant à mon souhait. Il m'attendait en souriant. Je le regardais... Je le regardais à peine, et, déjà, *je savais*. Par des cheminements que je ne tenterai pas d'expliquer ou de retracer, j'absorbais, je pompais Bouddha, ou Jésus, ou le polygone régulier, ou le temps, ou la langue annamite, ou le chiffre sept, ou la date de naissance du passant le plus rapproché du trois cent vingtième réverbère, sur le trottoir de gauche, en allant du sud vers le nord, dans la quarante-sixième Avenue, à New York, et bien d'autres, bien d'autres portions de la connaissance, car chaque réponse, chaque dé que j'obtenais augmentait les possibilités de ma curiosité. Le procédé de contact optique adopté par les puissances supérieures pour dilater à l'infini mon intelligence était d'une souplesse, d'une commodité admirables.

De même que, des trois billes du billard, où cependant, elle occupe une place, ou une série de places, déterminée, il nous suffit d'un coup d'œil pour apprendre laquelle est la rouge, de même il me suffisait de lever très légèrement les yeux vers le haut pour rencontrer immédiatement le groupe exquis, unique, que je devais interroger dans tel ou tel cas. Je m'excuse d'insister... Je redoute tant qu'on ne saisisse pas très bien la grandiose simplicité de cette méthode. Même à l'hôtel, dans le vestibule ou dans ma chambre, en dépit des plafonds et des lampes électriques que, circonstance notable, je ne cessais pas d'apercevoir au moment de mes consultations célestes (non moins, d'ailleurs, que, quand celles-ci avaient lieu à l'extérieur, les étoiles ou les nuages), je levais les yeux, avec le ferme propos de rejoindre mes « témoins ». Et, bienveillant et harmonieux pullulement à même le ciel idéal qui est au ciel terrestre comme au ciel terrestre le dôme de Saint-Pierre, ou réciproquement, mes « témoins » me chargeaient, m'imprégnaient de science.

Bien que nulle assistance directe et positive ne m'eût été promise par mes « témoins », les notions que, grâce à eux, je pouvais si facilement acquérir auraient pu faire de moi le plus puissant des hommes. Mais les chances monstrueuses qui m'étaient offertes dépassaient trop vivement la mesure de notre terre et de nos sociétés pour que je songeasse à les exploiter, sinon platoniquement. Le sentiment même de mon intérêt, joint à mon affectueuse pitié pour notre monde barbare, proclamait en moi que si je voulais ne pas changer, ne pas mourir, il convenait que je m'abstinsse d'imposer à mes habitudes et à mes comportements de décisives modifications. Et je souriais avec amertume... Quand on n'a rien, on n'a rien. Et quand on a trop, on n'a toujours rien... Seigneur virtuel de cette terre et des autres, capable de gagner à toutes les loteries, de percer à jour toutes les énigmes, de connaître toutes les recettes du bien et du mal, je demeurais, pratiquement, le même, sous le vieux pli de mon vêtement et de ma conscience, mari d'une créature rébarbative et père d'enfants insupportables.

Pour n'être pas exactement à mes côtés ou sur mes talons, puisque, afin d'avoir toute ma liberté d'action auprès des femmes au joli temps des vacances, je les avais, elle et eux, laissés à Paris, mon épouse et mes petits ne m'en escortaient pas moins, fantômes d'émail et de poix. Sans avoir même réussi à dire deux mots d'amour à une marchande de journaux, j'arpentais, moi, les plages de ma neurasthénie et de ma solitude, écorché par les cris joyeux de la jeunesse et le cœur malade et enflé de constater que, la pension payée, il ne me restait que l'argent du retour. Ajoutez qu'il me fallait faire le faraud sur le sable avec mon chapeau melon, mes souliers de l'hiver, mon complet du bureau, faute de pouvoir m'acheter l'équipement idoine aux jeux balnéaires. Maintenant, certes, la richesse, en principe, m'appartenait, mais j'évitais, comme un peu suspect, un peu bas, et, qui sait? dangereux, de questionner le groupe compétent de « témoins », de courir ensuite au casino et de jouer le chiffre qu'ils m'indiqueraient, par exemple le 9, à seule fin de me procurer la monnaie nécessaire pour m'essayer à contenter mon appétit de fausses fiancées. A quoi donc me servait le talisman mental dont je disposais au-delà de toutes mes espérances et de celles de l'humanité, au-delà même, et de combien de kilomètres comptés par milliards et par milliards! des facultés humaines d'absorption? A la rigueur, j'aurais pu donner des séances de calcul rapide, la plus ardue, la plus chinoise des questions mathématiques pouvant être, par moi, résolue très précisément en un clin d'œil. Mais si je décidais de m'embarquer dans les utilisations rentables, je devais aller plus loin, devenir un prophète, un pape... Prophète? Pape? Une telle éventualité m'écœurait. Aussi différent de mes frères les hommes qu'un petit berger des fourmis qu'il surplombe, c'est pour le coup que j'eusse été seul! Homme chez les hommes, fourmi chez les fourmis, dieu chez les dieux, de tels états sont acceptables. Mais jouer les augustes, les phénomènes, quelle dérision! De toute façon, je n'aurai jamais de femmes, du moins dans les circonstances qui seules m'eussent importé, au tournant de la vie terrestre et quotidienne, sur le solide terrain de la coutume approuvée où toutes les aubaines causent, doivent causer tant, tant de bonheur... Une voisine de table qui vous fait du pied, une lycéenne qui vous tombe dessus dans un tas de foin, la bonne de l'hôtel qui vient frapper à votre porte à trois heures du matin parce qu'elle a peur, ou qu'elle n'a pas peur, une voyageuse des premières, dans le métro, qui ouvre sa fourrure, et elle est à poil, voilà les bonnes surprises que l'argent ne procure pas!

(On remarquera que, dans ces imaginations, c'est à la femme que je laissais le soin de faire les premiers pas, mon ahurissement devant les mystères de la femme ayant toujours été aussi colossal que celui que m'infligent les mystères de Dieu, avec la différence qu'au bord de ceux-ci je fus toujours débordant de vaillance exploratrice et d'une authentique volonté de prospection.)

Avec mélancolie, un soir, vers les six heures, je suivais un chemin de sable. Des bouleaux et de jeunes pins, de plus en plus nombreux, annonçaient la forêt prochaine et sa noire humidité. Le chemin, à mesure qu'il s'enfonçait vers l'intérieur des terres, s'encaissait, et au sable, peu à peu, succédait une glèbe à gros grains. Des lèches de pluie la décoraient de bandes verdâtres. Habités par la bourgeoisie et les artistes, des pavillons défilaient lentement. Chacun, glorieux et bâti, rayonnait d'importance individuelle. Sa propre affirmation le couvrait d'une dure buée. Conçus par des architectes fous de transparence et de solitude, ces pavillons présentaient, au rez-de-chaussée, d'immenses fenêtres par où le regard saisissait, dans les intérieurs, les signes les plus aimables (mais, aussi, les plus irritants pour le paria qui chemine) des douces ingéniosités féminines, de ce luxe domestique qui prélude à l'harmonie raffinée des nuits amoureuses et qui la prolonge. Les tableaux, les fleurs, les bibelots, les buffets pareils à des éléphants d'enchantement, les rideaux couleur de la pourpre ou de l'orange et, parfois, un couple, nu, ou à peu près, et déjà attablé, avec, toujours, entre l'homme et la femme, un compotier de fruits, orangés et pourpre et hors de saison, vibraient dans une incandescence publique, exaspéraient ma jalousie, mon ancienne jalousie.

Je devinais bien qu'il ne me serait plus, désormais, très difficile de me procurer des femmes sveltes et ornées. Il me faudrait, au contraire, bientôt me défendre contre leurs pièges. C'était à la pensée de toutes mes jeunes années perdues, sans rémission, pour la bagatelle, la prépondérante bagatelle, que je tremblais de rage devant ces brillants théâtres de la félicité humaine. Je distinguais mal s'ils me narguaient encore ou si, déjà, ils me proposaient des devis et des modèles de compagnes et de mobiliers, juste au moment, saleté! où l'appel de mes sens et l'acidité de mon envie commençaient à s'affaiblir. Ce que l'on a, on ne le désire plus. On y est collé sans douleur ni gaîté. Celui-là seul, pour de bon, a, qui ne s'arrête pas de ne pas avoir ce qu'il a. De ses trésors les plus conquis s'il sait en outre se priver, par la force de la pensée, il se dépasse encore dans le plaisir avare.

Un peu de fièvre me prit. J'allongeai le pas. Jamais, me disais-je, jamais plus je n'aurai, jamais plus tu n'auras de maîtresses qui, il y a cinq ans, il y a dix ans, se fussent laissé déshabiller par toi, par moi, et qui, à tour de rôle, la nuit, m'eussent attendu, sur un banc, dans cette partie des Tuileries qu'on ne ferme jamais et où, l'été, du boulevard Charcutier, je me rendais, seul, en taxi, (voilà où passait l'argent du ménage!) avec l'espoir que, moi aussi, quelqu'une m'attendait, mais aucune ne m'attendait, que ma détresse, que l'obscure vue des couples figés, dans les bancs, par l'amour, taillés au bleu de la nuit immobile, et seulement trahis par la tache claire de la gabardine de l'amant, apportée exprès et jetée, en travers, sur les cuisses fondues. *Jamais plus je n'aurai de maîtresse autrefois.* C'est pour me consoler d'une si longue pénitence que les dieux, aujourd'hui, s'intéressent à moi, et, peut-être, pour me récompenser du service involontaire que je leur rendis en ne me prodiguant pas dans les épisodes amoureux. L'intensité, la profondeur, l'exubérance, lyriques et magiques, de mes transports, y eussent, en effet, été telles que le cirque du monde en eût tremblé sur ses bases, et adieu les dieux, adieu les acrobates qui, pour les spectateurs de ce cirque, font la pyramide!

Les pavillons devenaient plus rares. Je conversais, maintenant, avec le spectre télépathique de mon camarade Philippe qui nourrit à mon égard une admiration réticente et m'accorde un dévouement hargneux. Je le supposais à mes côtés afin de l'ébahir, et tant qu'il suffoquât, par la juxtaposition, sur mes lèvres, de propos tatillons et vulgaires et de démonstrations d'une érudition et d'une clarté inouïes. De celles-ci, un bref regard vers mes célestes « témoins », toujours à leur poste, assurait, à peu de frais, la plénitude et le déroulement.

J'étais parvenu devant un pavillon relativement isolé tout illuminé, à l'intérieur de ses vitrages, comme un tramway, par les premières lampes du soir. (C'est curieux, ce que l'on allume de bonne heure, en Hollande!) Cette brillante preuve du retour des intimités clôturées me pinça désagréablement. Ainsi, quand j'étais enfant, les jours de Carnaval, à Nice, coupé de mes parents par la foule, je ne commençais à m'émouvoir et à pleurer qu'en apercevant le premier éclairage nocturne.

Je m'approchais de la fenêtre. Faite d'un prodigieux rectangle d'une eau limpide comme celle des huîtres, elle régnait, à pic, sur le bord du chemin. Entre un éventuel trimardeur et la vivante salle dont elle constituait une des parois elle suspendait un écran qui mettait en vedette et, cristal d'une loupe féerique, accentuait les désirables particularités contenues dans quelques mètres cubes d'espace riche et plaisant. Au fond de la salle que j'épiais, il y avait, bien entendu, une femme. Vêtue d'une simple et droite robe de couleur beige que serrait à la taille une ceinture de cuir pourpre, elle me tournait le dos. Elle s'adonnait à je ne sais quelle besogne délicatement ménagère, disposer des zinnias dans un bidon laqué, contempler, aux murs, un Pasticci ou un Bredoïloff de la bonne époque, ou mieux, dans une glace, admirer ses dents. Inconnue, inconnue, ah ! je te connais bien... Tu es celle qui ne veut pas me connaître... D'elle me séparaient toute l'épaisseur d'une malédiction ancienne et la froide, la rigoureuse constance, à mon endroit, de cette indifférence féminine que je n'avais jamais su battre en brèche, et non pas seulement ce mince vitrage sur lequel mes doigts se risquaient à tambouriner, mais si discrètement ! un petit mouvement d'impatience... Me livrant à une manifestation si audacieuse, je ne perdais pas de vue l'existence de mes « témoins », à la sagesse desquels j'eusse à toute vitesse recouru dans le cas d'un problème urgent posé par les circonstances.

Il ne me fallait rien moins que la notion de leur troupe tutélaire, et de l'espèce de valeur marchande où je me sentais élevé par leur sympathie, pour que je demeurasse là, sans souci des amants, des maris, des chiens, surtout, grands comme des veaux, de tous les propriétaires, gardiens et défenseurs de ces soixante misérables kilogs de chair fade à proximité de quoi m'immobilisait le poids du désir, d'un désir qui n'était peut-être plus que commémoratif et simulé. ... Les cheveux étaient blonds. Je les présumais rèches et épais. Avec une irritation pleine de lassitude, je pensai aux hommes qui, dans leur carrière, ont eu suffisamment de chevelures de femme pour pouvoir déclarer qu'ils préfèrent telle ou telle. Je tambourinai un peu plus fort. (Décidément, j'étais lancé.) La femme se retourna... Elle aperçut tout de suite, collé à la vitre, mon visage crayeux et dilaté. J'eus peur pour elle, mais comment la rassurer, sinon en prenant la fuite, une fois de plus? Sans doute comprit-elle qu'avec moi il fallait se hâter. Elle traversa la pièce à l'aide de ses longues jambes, mon Dieu! et, tout de suite, fut contre moi, de l'autre côté du vitrage. Je reculai. Sans doute avait-elle actionné quelque mécanisme et ce vitrage avait-il glissé latéralement, à la vitesse d'un rapide, sans plus de bruit qu'une goutte d'aquarelle autour du poignet d'une jeune fille car, franchissant la basse murette de briques, ma maîtresse, ma possible maîtresse, me rejoignit presque au milieu du chemin, jusqu'où j'avais reculé.

Je songeai à lui montrer mes papiers, mon passeport. Mais elle me tendit la main en me demandant comment j'allais. Docile, je répondis, et dans le sens prévu par les usages. « L'air, conclut-elle, est excellent ici. » Et nous nous mîmes à marcher côte à côte, attelés ensemble à une conversation d'asticots de choix... La nuit ne se décidait pas à tomber. Même on eût cru que le jour s'efforçait de recommencer. Le pourpre et l'orangé remouillaient sous le badigeon violacé. Nous suivions un chemin élevé et désert. Je me racontais à la femme. Elle m'écoutait avec déférence. J'aurais dû la prendre dans mes bras, mais sa personne présentait décidément un caractère trop scolaire, trop salubre, trop piscine, trop œuvre sociale, et ses magnifiques souliers d'acajou, fabriqués dans des prisons d'ingénieurs, ne me semblaient pas faits pour assister à des scènes d'alanguissement. En somme, j'avais la partie trop belle. La gagner, comme favori des dieux, comme l'oiseau fifi récoltant sa provende entre les dents de l'alligator, c'eût été me perdre définitivement à mes yeux. Je consacrais une moitié de mon esprit à une modeste entreprise de séduction verbale, mais je pressais la restante moitié de me fournir en bonnes raisons et justifications de ma réserve et de ma couillonnerie.

Je finis par lui décrire mes « témoins ». Elle reçut cette confidence sans manifester la moindre surprise mais sans se départir des aspects d'une intelligente attention. Nous nous quittâmes sur la grande route de Leyde. Elle prendrait l'autobus pour rentrer chez elle. Avant de m'éloigner, je lui mis la main sur la tête, avec une désinvolture sacerdotale qui ne me donnait pas à moi-même le change, ni à personne. Demeuré seul, je flairai cette main, qui avait tout de même frôlé une brassée de crépitantes céréales au sommet d'un de ces archanges mutilés, d'un de ces étuis en forme de fourche : une femme. Elle en gardait une odeur autre, légère, doucement vinaigrée et dissoute bientôt. Je crachai dans ma main et je levai les yeux.

Dans le ciel de ma nuit, mes « témoins », en souriant, me regardaient. Chaque groupe regorgeait d'éclatante et suave élucidation. Un peuple immense de puissances et de pensées symbolisées par ces familles amicales emplissait le ciel accompli. Jamais ces vigilances ne m'avaient été si proches, ni si perceptibles leur relief. Leurs visages, par milliers et par milliers, sécrétaient, à mon intention, un vaporeux miroitement qui me bénissait, m'instruisait, m'exaltait, me guérissait.

Dès le lendemain, à la même heure, dans un faubourg d'Amsterdam confectionné au moyen de ruelles, de jardins, de maisons de cinq étages avec une seule fenêtre à chaque étage, j'étais rejoint, chez le père Mathias, sous une hutte de chaume qu'on pouvait, à volonté, fermer d'un circulaire rideau en toile de sac, par une jeune étudiante rencontrée, au cours de l'après-midi, devant un magasin de nacres et coraux. Vêtue de châles ou de blouses noirs, crissants et taillés en carré, dont la mastication supputée me faisait froid aux incisives, elle sentait le poivre, la menthe, et peut-être, un peu, la cerise mûre. Son visage asymétrique, légèrement allongé, comportait de caustiques fossettes.

Pour un oui, pour un non (mais, plutôt, pour un oui) des dents bombées se dévoilaient. Sur l'arête de chacune d'elles tournait une molette de lumière. Je lui avais donné rendez-vous sans grand espoir et, de fait, je l'attendis tout en savourant dans ses abominables finesses le brouet de l'attente inutile, ce plat qui, lors des premières dégustations, au début de ma vie d'homme, me noyait l'âme, me faisait éclater le cœur. M'ayant été, depuis, servi tant de fois, dans les stations du métro parisien et jusqu'au pied de la colonne de la Bastille, il avait fini par devenir un goûter familial, un substantiel rata, l'un de ces précieux aliments de ma méditation. Dans ma hutte, chez le père Mathias, j'éprouvais, même, une sorte de satisfaction à me retrouver le même, à jamais le même, devant mon café au lait, mon crayon, mon calepin, alors que la fumée de ma cigarette sans prétention montait, du cendrier, droite comme la bride du cheval immobile dont le cavalier, tué, repose sur la plaine, lié à sa monture par cette ligne droite subtilement tracée contre le ciel de novembre. Je me représentais qu'après tout je pouvais tranquillement remuer les jambes, enlever et remettre, à ma guise, mon veston, sans avoir à me soucier d'une compagnie excitante, exigeante. Soudain, elle était venue...

Nue dans l'espace de lin noir et grumeleux qui fournissait ses vêtements à la fois impondérables et incompréhensibles, elle fut sur moi comme la pluie sur un terroir si longuement sec que, de l'excès et de la perfection mêmes de sa sécheresse, une miraculeuse ondée devait un jour naître et perler. Femelle ardente et savante, elle m'embrassa, au risque de tout casser. Sa tête, sans dégoût, dans la mienne plongea, que ses mains, câlines et autoritaires, emprisonnaient exactement. Elle me laissa souffler et revint à la charge. Il lui poussait de toutes parts des jambes et des bras. Cette passante verticale devenait, dans la hutte, un buisson, un polype, une prolifération traversée de genoux blancs hors du bas noir (était-elle en deuil ?) comme de pâles fruits à demi-sortis de leur gousse, et d'angles fulgurants de chair lunaire aussi perçants que le feuillage vernissé des arbrisseaux exotiques ou que le fer des lances. Elle exerça sur moi toutes les sorcelleries de la volupté. Ses seins apparaissaient, disparaissaient aussi prompts à percer des boutonnières dans ma substance qu'habiles à se dissimuler sous la noire voilure qui râpait mes pauvres doigts. Parfois, elle mettait sa tête sur mon épaule, et sa face se faisait tragique et résipiscente. Elle levait vers moi des yeux immenses, tristes et profonds, et je croyais venu le moment de parler philosophie, de cacher sous des grands noms le sentiment de la noce que nous faisions, mais, déjà, quelque zone imprévue de son corps se mettait, de nouveau, à l'ouvrage, et la faunesse radieuse jaillissait de la bachelière.

La trépidation scientifique de cette garce semblait me communiquer sans cesse de nouvelles forces. Autour de moi comme une ceinture électrique, sur mes reins comme une peau de chat, elle combattait victorieusement l'épuisement qu'elle provoquait. Parfois, ma main, qui croyait la saisir, glissait entre des pans d'étoffe noire, là même où j'eusse juré que prospérait son corps aux densités brûlantes. Mon geste traversait le vide. Aussitôt, je la sentais tout contre moi, où je ne l'attendais pas, dure comme un garçon. Ces jeux durèrent longtemps. Ils me laissèrent moulu et bêtement fier. Mes cuisses, d'avoir supporté l'improbable poids de ce démon, du démon, me faisaient mal. Elle me quitta sur une poignée de main, non sans m'avoir fait cadeau d'un crayon et d'un petit mouchoir de dentelles.

Seul, j'allumai une cigarette, d'un geste bien senti, plein d'une rude componction. Puis je me mis à regarder toutes les femmes avec un air complice et supérieur. Si, d'aventure, l'une d'elles faisait mine de s'en offusquer, je touchais, dans ma poche, le crayon et la petite membrane du mouchoir et, à l'adresse de la récalcitrante, de l'ignorante, je haussai les épaules avec pitié.

Je rentrai à Paris le 4 septembre. L'une de mes premières préoccupations fut de me mettre en quête de mes amis afin de les informer de tout ce qui m'était advenu. Je n'étais pas, dans ce besoin d'épanchement socratique, mû par la vulgaire et puérile ambition de briller à leurs yeux, mais bien par le contentement que je ressentais de disposer, cette fois, d'un lot vraiment intéressant d'histoires et de considérations. Dans les locaux de l'entreprise de camionnage qui appartient à son père, rue de Crimée, j'atteignis, d'abord, Philippe C...

Nous nous installâmes dans un grenier à fourrage, sous le vaste toit d'un sombre hangar. Les derniers chevaux de Paris, portant le vallon de leur dos, se tenaient debout dans leurs chambrettes dessinées par deux planches suspendues à des chaînes. Leurs beaux yeux noirs de Bordelaises et leurs chevelures de Suédoises ne les retenaient pas d'être dignes et purs.

A notre habitude, c'est moi qui parlait, qui plaidait. Le plan général de nos entretiens se résumait à un long effort, de ma part, en vue de persuader Philippe, de lui arracher une formule d'adhésion. Cette fois, il s'agissait d'un récit vécu, dont toutes les circonstances étaient encore très fraîches à ma mémoire. L'air dubitatif et facétieux de mon difficile interlocuteur me blessait au vif, m'inclinait à une précipitation haletante où se bousculaient les redites et les détails. La petite figure de Philippe se présentait de côté, répugnante à force de sarcastique précision et de matérielle ladrerie. Une certaine vibration sur la ligne de ce profil suffisait à me faire comprendre les divers moments de la réjouissance intérieure et peu charitable de ce jeune homme spirituel en présence du spectacle comique qu'il tirait de mon exubérance narrative. Alors je l'adjurais de me prendre au sérieux. Hors d'haleine, je m'arrêtai, pauvre marteau qui trouve un clou plus têtu que lui.

J'attendais si visiblement de Philippe un geste quelconque, même négatif, d'intérêt, de participation que, contre tout son naturel le plus profond, se taire, il ricana et, en quatre mots, me fit comprendre qu'il tenait tout ceci pour un bobard d'ordre littéraire dont j'aurais essayé l'effet sur lui, bonne pâte! Quoique prévu, ce jugement me mit hors de moi. Je recommençai mon récit, en insistant sur mon acquisition de l'omniscience. Il demeurait méfiant. Familier des ouvrages des médecins médiévaux, zélé amateur de la Kabbale, laborieux étudiant de l'occulte, voyageur quotidien de ce métro qui court sous la grande route de la culture et de la mystique officielles, il avait, en moi, sous la main, une créature merveilleuse qui le suppliait de l'entendre, et lui, pressé de retourner dans les bibliothèques chercher, à grand renfort de fiches et de bulletins verts ou blancs, un ou deux misérables grains de poussière raflés, par les rabbins et les mauvais moines, à la surface de cette pure et immaculée pierre d'azur que je portais sous le couvercle de ma tête, il se bouchait de toutes parts!

– Ils parlent français, tes dieux?

– Idiot! Ils parlent sans parler. Je t'ai dit qu'ils communiquaient avec moi par les voies d'une complicité inexplicable. Dès que j'ai besoin d'interroger un de leurs groupes, il est là. Et ce qu'il a à me faire savoir, je le sais dans la seconde, et plus vite encore.

– Sacré journaliste! Tu l'as fait breveter, ce truc?

– Écoute, Philippulet, tu me cours sérieusement sur l'haricot. J'en ai assez. Jouons câbles sur tarte! Abattons tous les trèfles et tous les monarques. Je peux, du verbe pouvoir – j'espère que tu comprends ce langage – je peux t'administrer la preuve, séance tenante, de l'authenticité de mes commerces surnaturels. Pose-moi une question. N'importe laquelle. Mais, pour faciliter le contrôle, il vaudrait mieux qu'elle eût trait à des quantités ou à des événements vérifiables. Tente l'expérience. Allez! Vas-y!

– Inutile. Tu te dégonflerais.

– Je me dégonflerais, moi? Ah! celle-la! Toi, mon vieux!...

– Eh bien, mon petit père, dis-moi... dis-moi quand je mourrai.

Sans me donner le temps de délibérer avec moi-même, car j'eusse sans doute refusé de satisfaire une curiosité si périlleuse et, alors, il n'aurait pas manqué de me traiter de sauteur et plus jamais il n'aurait collaboré à la démonstration de mes talents, je levai les yeux. Le peuple infini des familles divines m'apparut. Elles étaient un peu pâles, un peu brumeuses, comme vues à travers une vitre sale. Je mis cette légère impureté sur le compte des phénomènes vaso-dilatateurs auxquels la colère soumettait mon organisme. Sans hésiter, je discernai, parmi les myriades de groupes analogues, celui qui savait, celui qui « était » la date de la mort terrestre de Philippe Choir. (Voilà qui est dit. Ce petit jeu des initiales me barbait.) Ce groupe voisinait, en apparence, avec une belle toile d'araignée, sous une des poutres brunes de l'écurie. Il me suffit de le regarder pour être envahi par la certitude que Philippe Choir mourrait exactement dans un an et demi. A tue-tête, je criai : « Dans un an et demi ! Tu mourras dans un an et demi ! » Les chevaux tournèrent vers moi leurs faces innocentes et sévères.

Dans un an et demi ! Cet enfant épineux mourrait, au mois de mars, dans un an et demi ! Il serait, sans doute, tout pareil à ce qu'il était aujourd'hui, avec la même saisissante brièveté entre son nez et sa bouche, et fait comme un tire-bouchon désinfecté à la confiture de groseilles. Le courage me manqua pour interroger les radieuses populations de l'éther relativement aux circonstances de ce futur et juvénile trépas. Si bon, moi, si lâche, j'étais sur le point de renier mes « témoins », de lui conseiller de ne pas se frapper, d'en prendre et d'en laisser, de voir venir. Il pâlissait. Une contraction léporide avait tiré en arrière le coin de ses yeux et ses narines du même modèle que celles de Gambetta. Soudain, les rougeurs lui revinrent. Après un de ses gloussements pareils à l'entrechoc de deux feuilles de zinc passées à l'encre rouge, il affirma : « Tu es fou ! » Il eut le tort d'ajouter : « Ma ligne de vie me donne jusqu'à cinquante-neuf ans. Regarde ! » Il me mit sous les yeux sa main sèche et hygiénique. Qu'il persistât à douter ne pouvait que prolonger mon irritation. Mais qu'il osât opposer à l'autorité de mes silencieuses voix son incertaine chiromancie, qu'il osât même les placer sur un même plan, celui de l'information fantastique, l'aiguillon d'une si sacrilège insolence me porta aux pires extrémités de la dialectique. Je hurlai : « Dans un an et demi ! Je le jure sur la tête de mes gosses ! » Aussitôt, le cœur me fit mal. Sur la tête de mes gosses... Quelle imprudence ! Mes gosses... Irène, touffe de plumes chaudes... Louise, tout l'ambre, tout le miel et toute l'eau du monde... S'il ne mourrait pas, elles mourraient. Tel était le mécanisme de mon serment. Et s'il mourrait, ce petit imbécile, j'aurai le pénible regret d'avoir peut-être rendu sa mort obligatoire en en faisant la condition de la vie de mes filles. Je fus tenté de m'adresser à mes « témoins » pour obtenir d'eux l'assurance de n'avoir à supporter aucune responsabilité dans la disparition prématurée de Philippe Choir. Je préférai, toutefois, m'abstenir de les embringuer dans mes petites histoires personnelles.

– Alors, c'est toujours dans un an et demi que je casse ma pipe ?

– Descendons.

La terre était à deux mètres, deux mètres cinquante. Philippe sauta allègrement. Moi, gros et pesant, j'hésitais. Je le priai de me procurer une échelle. En sifflotant, il m'en apporta une. Je n'osais pas me coller, de dos, contre elle, et puis, me retourner, face aux barreaux, et tâter, du pied, les degrés (moi qui, pourtant, à Antibes, du temps de Joséphin Isnard, « calais » du rempart, haut de trente-trois mètres, en m'aidant des clous noirs et longs, pareils à ceux de la croix du Christ, scellés dans la pierre par les maçons de Vauban !). Je lui demandai de me fournir une autre échelle. Il me menaça de me planter là. Je le suppliai. Je l'injuriai. Enfin, sa petite figure toute contractée par le mépris, il jeta, contre les rebords de mon plancher, une espèce de squelette de gigantesque hareng, l'échelle à un seul montant bien connue des personnes qui ont été au Japon. Un pied sur une échelle, un pied sur l'autre échelle, je commençai une piteuse descente, mais je ne tardai pas à m'embrouiller, et je m'affalai en criant, les deux échelles sur mon dos et un tendon claqué.

Amer, morose, et presque irrité contre mes « témoins », et puisant, dans cette irritation, la preuve la plus sûre de leur attachement, car je n'éprouverai jamais de haine et d'éloignement qu'envers les êtres qui me recherchent, je déplorais que la seule expérience où j'avais engagé mes dominations comportait les mêmes caractères que toutes mes activités jusqu'ici, à savoir, ceux de l'inutilité, de la balourdise. Je ne m'ouvris pas à ma femme de mes connivences divines. Je luttai contre mon prurit de lui décrire ces instigateurs colorés qui s'affirmaient, maintenant, avec une docilité automatique, une netteté officielle, après n'avoir été, si longtemps, que d'indistincts remuements dans le barbotage de mon sang prétentieux. Elle aurait bien été capable de me reprocher de leur laisser prendre le pas sur elle, sur la famille, sur les affections naturelles, et qui sait à quelles rixes conjugales ces battements de bec nous eussent conduits, pour qu'à la fin un morceau de boudin noir, comme dans le vieux conte des trois souhaits, fût venu se suspendre au bout de son nez ou du mien, à jamais. En outre, me laissant aller aux confidences les plus profondes, comment me fussé-je retenu de lui faire part de mes aventures des Pays-Bas, un bonhomme marié étant ainsi fait que de rien de lui-même, y compris ses bonnes fortunes ou leur description, il ne peut frustrer son épouse, cette conque centrale, rustique et résistante où toutes les humeurs du mari doivent ruisseler, même encombrée d'images louches et corrosives. Mais comment eût-elle pris mes deux « maîtresses » (comme elle eût affreusement dit) la blonde et la brune? « Tu aimes la variété. » Je l'entendais déjà. « Coureur! » Coureur, moi, si embarrassé, si las, avec une de mes guêtres bouclée à l'aide d'une épingle-nourrice, le sous-pied ayant sauté, et mes poches toujours pleines de journaux, de lexiques, de crevettes cuites...

Je ne pouvais pas, non, je ne pourrai pas ne pas rapporter à ma femme, dût-elle me la flanquer à la tête, l'intégralité de ma recette de visions et de chocs ramenée des plages septentrionales, et singulièrement ma pharamineuse camaraderie avec les dieux. Hélas! si j'avais été si godiche que de lui verser la monnaie mentale dont je me sentais enrichi, j'aurais désormais échoué à en tirer les moyens d'une escapade personnelle, d'un caprice satisfait en douce. Il eût fallu partager.

Si je déblatère volontiers contre mon devoir, je l'accomplis dans toute son étendue. Aucun doute, il fallait partager. Il fallait que je confie mon secret à ma femme, non pas à ma femme vivante et solide, et cependant à une de ses évocations ou émanations plus sensible, plus tangible que cette image d'elle que je transporte, en tout lieu, dans mon cœur et sous ma peau. A mi-chemin entre ma femme et le néant une telle entité existait, qui vivait, qui bougeait, qui avait son front, qui avait ses yeux et, par-dessus le marché, une petite moustache en brosse. Son père, son propre père, le sévère Monsieur R..., mon beau-père à moi.

Il m'impressionnait beaucoup. La violence de ses ressemblances de tout ordre avec Édith (ma femme) m'inclinait à croire qu'il était plein de honte à la pensée que, par filiale procuration, sous une forme à peine déviée, il vivait avec moi sur un pied tout à fait excessif d'intimité physique. En sa présence, ma voix s'étranglait, je baissais les yeux, et je constatais qu'il était aussi troublé que moi, grands et gros hommes réunis par la forme pâle et ténébreuse qui sort de l'un et qui absorbe l'autre.

Je me rendis à son bureau, à l'état-major de la place, comme on court chez le dentiste, chez la sage-femme. Devant lui, je me mis à balbutier fiévreusement. Je parlais, de ceci, et puis de cela. J'en arrivai à lui dire que nous ne nous voyions pas suffisamment, que nous avions tort, que nous devions essayer de nous connaître mieux, qu'il avait tout à y gagner, et moi aussi, naturellement. Je pataugeais. Il me regardait avec stupéfaction. Nos rapports avaient toujours été corrects, et nous avions l'un pour l'autre de l'estime. Notre réserve réciproque provenait en grande partie de la grande dissemblance de nos éducations, de nos préoccupations intellectuelles. Il me regardait, fixement, mais ses mains s'agitaient, en proie à un énervement qui reproduisait exactement le mien et qui rappelait à merveille celui, parfois, de ma femme. Je constatais, avec une équivoque répulsion, que les yeux de mon beau-père étaient cernés de bistre, tout comme ceux d'Édith. « Je ne vous ai pas raconté mes vacances, hé! hé! Ah! si vous saviez! » Et me voilà qui me mets à vider mon sac. Fréquemment, il regardait derrière lui, par-dessus son nez, comme s'il redoutait que quelqu'un, une ordonnance, un général, nous épiât. Je lui fis part de mes amitiés aériennes et des grâces étranges qu'elles m'accordèrent. Je lui révélai que j'étais devenu le plus savant des hommes, qu'il n'était rien que je ne puisse découvrir, pénétrer, subjuguer.

Mathématiques, astronomique, linguistique, physiologie, statistique, théologie, cordonnerie, je possédais toutes les branches de la connaissance. A mesure que je vantais mes aptitudes glorieuses et sacrées, le visage du commandant s'enflait d'un sang qui bouillait, et ses mains tremblaient de plus en plus fort. Mon insistance à lui entonner une stupide histoire, ici, dans ce bureau où il ne nourrissait d'autre ambition que de correspondre exactement à sa fonction, agissait sur lui comme une injure. L'exubérance, l'incontinence où je m'épanouissais, présentement, sous le couvert des liens du sang, ou, plutôt des liqueurs séminales, qui m'attachaient à lui par la traverse d'Édith, offusquait, en même temps, ses paternelles pudeurs. Les attitudes de son âme ne m'échappaient pas, et ma honte et mon trouble augmentaient. « Si vous les voyiez, ces belles familles, avec leurs drapements tuyautés, leurs poitrines plates, vertes et nues, où un trait de pourpre dessine le contour des pectoraux ! Je peux tout leur demander, vous savez... Le nombre des chars d'assaut dont dispose l'Uruguay, le plan de ravitaillement de la troisième armée chilienne dans le cas d'une invasion araucane des États scandinaves, l'âge, la stature et la généalogie du plus jeune ou du plus ancien des gendarmes de la légion de Besançon... » Je choisissais des sujets susceptibles d'émouvoir en lui l'homme de métier, mais cette sollicitude ne le décidait pas. Il ne me répondait pas. Peut-être l'eût-il fait s'il eut su comment m'appeler, mais il n'était jamais parvenu à articuler, parlant à ma personne, mon prénom ou mon nom, ces désagréables indices de l'adultération, de la bifurcation de sa propre souche, ces détestables témoignages de la militante féminité de sa petite Édith.

Ce manque d'un vocatif usuel jouait certainement un rôle important dans la gaucherie et l'insuffisance habituelles de nos relations. Pour des raisons identiques, il m'était, d'ordinaire, désagréable de lui adresser la parole. Aujourd'hui, je trouvais le joint : « Marcel ! (Vous permettez que je vous appelle Marcel ?) Marcel, mettez-moi à l'épreuve. Posez-moi une question. Posez-m'en une, Marcel ! Celle que vous voudrez, Marcel ! J'y répondrai. Une question que vous possédez à fond et dont vous puissiez établir séance tenante que j'y ai répondu comme il faut. Allez-y... La stratégie, l'armement, l'intendance, les chevaux... Je suis celui qui sait tout. Marcel! Mon petit Marcel... » Quand je l'avais appelé Marcel, il avait bleui. Le brusque recul de sa chaise modula, contre le parquet, l'aigre bémol des innocences sollicitées. Maintenant, il suait. Moi, j'étais debout. Ma gesticulation pétrissait l'air, en envoyait de grands lambeaux à la figure de l'officier. Je haletais : « Une question! Une petite question! Vous verrez. Vous allez voir. Ne le faites pas pour moi. Faites-le pour elles, pour les familles célestes. Nous pouvons en avoir besoin. Ne les indisposons pas. »

Soudain, je sursautai. Son organe retentissant venait de fonctionner...

– Brunehaut et Frédégonde!

– Quoi?

– Parlez-moi de Brunehaut et Frédégonde!

Brunehaut et Frédégonde. Où avait-il été chercher une question aussi saugrenue, aussi puérile. Il se croyait au certificat d'études, ce brave homme. Comment! Il pouvait se procurer, à peu de frais, les clartés les plus utiles à sa culture, à sa carrière, à son pays, et il m'interrogeait sur Brunehaut et Frédégonde! Cette paire de longs prénoms, avec ses assonances suggestives, me rappela défavorablement mes deux conquêtes de l'été, et je haussai les épaules.

– Ce n'est pas sérieux. Brunehaut et Frédégonde. Ça ne présente aucun intérêt. Tout le monde connaît ça. Vous ne vous êtes pas esquinté le tempérament.

Tout en protestant, je m'efforçais de rassembler, dans ma tête, les éléments d'une réponse satisfaisante... Un cheval... Une femme traînée par un cheval... Mais laquelle des deux... Frédégonde, je crois... Et si c'était Brunehaut? Du temps des Francs... Les Francs ramenaient en chignon, sur le sommet de la tête, leurs cheveux roux. Ils maniaient la framée... Ils venaient de Franconie... Lothaire... Clotaire... Ce n'est pas cela qu'on veut savoir... Les rois fainéants... Non, ce qu'on veut savoir, ce que les dieux savent et ce que, sans doute, ils vont m'apprendre, c'est la date de la mort et celle de la naissance de l'une et de l'autre de ces princesses, leurs statures, leurs maladies, leurs amours, leur ascendance, leur descendance, leur situation exacte dans l'Histoire, la couleur de leur peau, la farine de leur âme, la composition de leurs dessous, la langue qu'elles parlaient, et tout, et tout, et l'odeur de leurs dents, le nombre de leurs cils...

– Eh bien! Quand vous déciderez-vous?

– Mais, mon cher beau-père, je vais vous répondre. Une seconde.

Je regarde en haut, d'un seul coup, comme on se jette à la Seine. Le féroce éclat d'une lampe électrique me bâtonne, à me les faire péter, les globes oculaires. Mon regard dévie. Je cherche. Les angles saumâtres des murs administratifs se révèlent à moi, et les placards où des languettes de papier tendues par des anses de ficelle rouge profèrent, écrits en ronde, le nom des capitaines et des sergents-majors.

Où sont mes dieux?

Où sont-ils? Partis... Perdus... Cette Brunehaut et cette Frédégonde, si je ne les avais pas connues et touchées, en Hollande, elles ou leurs réincarnations, ou leurs vivantes analogies, si je n'avais pas rompu le jeûne érotique que confirment, qu'exaspèrent les taciturnes et monotones ténèbres du mariage, ce jeûne dont une tradition que n'illustre guère, dans notre pays, que le célibat des prêtres, semble signifier qu'il procure la précieuse compensation spirituelle, je continuerais à voir mes dieux, à les recevoir dans mon sein. Je les verrais encore, et dans mon sein les recevrais, si je ne m'étais pas servi, pour tenter d'éblouir et d'asservir une créature, en l'espèce le jeune Choir, d'une puissance dont seule une âme mal délivrée de la terre et de l'enfer pouvait songer à tirer parti, si peu que ce fût, dans le commun des jours.

Mes dieux ne sont plus là.

Reviendront-ils jamais?

Reviendrez-vous jamais, mes sublimes amis, mes maîtres, mes véritables pères, sculptés dans la transparence de l'ineffable, jades inflexibles et appétissants, que sécrète et polit l'océan de ma soif, de ma soif de vous, ô détenteurs, ô véhicules des secrets éternels?...

ACTE IX

Au-delà des hommes de la police, à la porte de la chambre, de la chambre du prisonnier, Isabelle, la fille du gouverneur de l'hôtel, frappa, comme chaque matin depuis quinze ans. D'avance, elle imaginait les attitudes officielles, hargneuses, distantes que, quand il la verrait, prendrait son triste amant. Un peu plus tard, il deviendrait tout câlin. Il adorait qu'on l'adorât. Il ressentait pour les femmes, un goût profond. Auprès d'elles, cependant, représentées et masquées par Isabelle, le desservaient son infantilisme organisateur, sa manie de la jérémiade contentieuse et, aussi, les plaintes qu'il faisait sans cesse sur la modicité de sa force, non la masculine, mais la musculaire. Il y avait en outre sa constante peur, accrue par les années, de s'enrhumer, de se froisser un nerf, de se déranger le grand hypoglosse, ou le petit.

La réponse tardait. Isabelle, d'un doigt plus osseux, insista. Quelque irritation creusa une fossette à l'angle de la bouche orgueilleuse et cinabre. Il ne vint pas, à la matinale et dévouée créature, l'idée d'appeler à la garde. Elle possédait une clef de cette chambre taciturne. Ayant posé à terre le plateau (raflé, jadis, à Borodino) qui supportait la tasse de chocolat sucré à l'encens, les journaux et le verre d'eau, elle entra, tendue et processionnaire, espèce de contrôleur magnétisé.

L'hôte sans égal, bel et bien, manquait. Inquiète comme la République, si celle-ci se fût trouvée là, Isabelle bondit sur le lit, le palpa. Les draps étaient encore froids... Un nouveau bond mit la belle contre la porte du cabinet de toilette. Du ventre, des seins et des cuisses, elle adhéra au bois, verdâtre et fileté d'or, marqué de l'initiale qui dessine, en trois traits (dont deux parallèles) tout le drame d'un caractère : surgir au monde, puis obliquement s'abaisser, pour s'élever ensuite, par surprise, ainsi qu'un mur noir et brillant, devant les poètes et les peuples.

Plus haut que la tête en arrière rejetée, les féminines, frémissantes mains, s'écarquillent et tambourinent « Chéri ! Chéri ! Tu m'entends ? C'est moi !... »

Crainte de trop vite apprendre le pire, Isabelle balançait à effacer la présente porte, qui ne comportait ni verrou intérieur ni serrure. Enfin elle empoigna l'œuf de faïence blanche où sa paume, d'abord, glissa. D'un coup de pied bas elle compléta l'ouverture. Autour de sa propre face elle plia l'un de ses bras, dévoilant l'algue saline de l'aisselle. Elle entendait ainsi se prémunir contre elle ne savait quel terrifiant cinéma. Et si, par extraordinaire, lui, facétieux, empressé la guettait, elle le conquerrait subito par la comestible spontanéité de la posture.

Elle perçut le bruit, éternel, d'un robinet qui perd. Elle ôta son bras de ses yeux. Vides et sèches apparurent la petite pièce et la baignoire. Il était parti sans se laver. C'était tout lui. Ces hommes ! Mais quoi ! Fallait-il donc admettre l'absence, la déchirante absence de ce coco-là, de ce cœur félon... Avec celle que, dans ses bons jours, il appelait la Seine, il n'aurait donc point partagé tout le secret de ses desseins. Il aurait, pour les accomplir, attendu qu'après bien des dialogues elle-même eût renoncé pour lui à ces romantiques et politiques espérances dont elle le pressait et dont, censément, il était las. Ces espérances, leur première rencontre avec la réalité devait être cette fuite qu'Isabelle constatait maintenant avec une amertume où son amoureux dépit rejoignait une insupportable, une administrative rancune de gardien de prison bienveillant et dupé.

Parcourue de petits fleuves d'électricité, la femme inspecta du regard, furieuse et méticuleuse, les locaux. La chambre ne prenait jour que par un vasistas grillagé. Il n'aurait pu livrer passage qu'à une bouillie d'homme débité à la louche. La porte donnait sur un couloir tapissé d'une luminosité bleue et compacte. S'y tenaient tout le temps des types des renseignements généraux, déguisés en grognards à l'aide de fausses moustaches et de baudriers en peau d'Espagnole. Sauf à s'enfuir en compagnie du personnage confié à leur vigilance, ils ne se seraient certes pas prêtés à une évasion qui, manquée, leur eût valu des gros ennuis.

Ces policiers, qu'Isabelle, son plateau à la main, venait de voir, ils avaient pris leur garde à minuit. Lorsque, vers minuit dix, quittant le héros, elle avait traversé leur belote, ils l'avaient saluée, respectueux, égrillards. Entre les deux passages de la visiteuse, dont le souple brouhaha les ébouriffait, leur faction s'était assurément déroulée sans incident. L'Ajax qui menait, jadis, les canons par troupeaux, s'était donc enfui par le cabinet de toilette.

Dans le cabinet de toilette, plus moderne que celui de Fontainebleau, il y avait bien une fenêtre, rectangulaire, mais très hautement située et de dimensions si modestes qu'on parvenait difficilement à marier le gros ventre de l'illustre aventurier et cette scabreuse issue.

Cependant, il n'y avait pas à chercher plus loin. C'est par là qu'il s'était en allé... asthmatique, essoufflé, la mèche tombant du mauvais côté, longue, alors, et affreuse comme une queue chinoise. A l'évoquer qui gravit, suant, cette muraille, troisième verticale ajoutée à la majuscule de son prénom, vers le carré de fromage de ciel pour s'y confondre avant de tomber et de s'étaler, de l'autre côté, dans le terrain de la réussite, la femme ne put retenir un bref sourire de tendresse et de mépris. Et puis elle éprouva du dégoût, comme à la révélation d'une surface inhumaine. Qu'une fois de plus, dicteur de codes et mangeur de brigades, mais molle nymphe au fil des rivières de Dieu, il eût cédé à la femelle faculté, transportée sur le plan historique, de la Période et du Retour, Isabelle ne l'oublierait jamais, même si elle devait pardonner. (Les femmes, on le sait, pardonnent mais n'oublient pas. Les hommes oublient mais ne pardonnent pas).

Quoi! Les livres ne lui manquaient pas, ni l'amour. Il savait coudre. Il apprenait le persan. Il lisait Sansoprijimi Hoya dans le texte. La forme même des plaines avait changé, où, quand il régnait au monde, tant de ruisseaux de sang coulèrent pour sa gloire et pour celle, aussi, de la belle idée. Innocenté par une très longue et très naturelle démission, il pouvait, sans inquiétude, pincer le lobe auriculaire des jeunes enfants de la lingère ou du cuisinier (peut-être même les deux ensemble). Son cénotaphe recevait chaque jour les pieux hommages de mille personnes.

Et voilà que, sa majesté gazeuse et dorée, sa posthume correction, toutes les viduités hautaines des effigies et des symboles où il se succédait en se résorbant et en se dilatant à la fois, il méditait, il commençait, aujourd'hui, de les réduire à néant en se précipitant vers les nouveaux, vers les vivants hasards de son arrivisme, mécaniquement!

Isabelle, quittés ses souliers, sauta sur le lucide ourlet de la baignoire. Érigée, cambrée et détective, du bout de ses doigts analogues, quant à leur profil, au bec rassemblé des ciseaux, elle vérifia que la fenêtre était ouverte, quoique apparemment fermée. (Elle se comprenait... Mais ces comptes de portes et de fenêtres commençaient à la fatiguer, d'autant qu'une terminologie complète et appropriée lui faisait défaut pour se désigner à elle-même, avec une suffisante variété, les diverses parties de la clôture, les espagnolettes, les gâches, les pênes, la feuillure, la dormante).

Ce n'était pas une petite victoire que l'homme le plus étonnant des manuels d'histoire avait remportée sur sa corpulence en parvenant à passer par ce jour de souffrance. Aucun officiel, jamais, n'avait pensé que le prodigieux Cendrillon songerait à s'éloigner de l'hôtel des Invalides par la paroi méridionale de son appartement. On avait donc négligé de faire garder sérieusement les abords du fénestron. Sans doute, aussi, estimait-on que l'exiguïté dudit fénestron, jointe à sa notable altitude au-dessus d'une planche de terreau plantée d'épineux rosiers Présidente Mugissier, le rendait impraticable.

Les agents de police, sur le trottoir de l'avenue de Tourville, si même, à l'origine, on les avait mis là, eux ou leurs aïeux, pour discrètement confirmer la claustration du grand homme, ils avaient, depuis belle lurette, oublié que c'était ce petit bout de vitre au-dessus de trois bons mètres de muraille qui exigeait, qui expliquait leur permanence.

Ils allaient, venaient, se racontaient des histoires. (Celle de l'agent Huif, par exemple. Huif et Thomas, lequel était, avant, à Saint-Avoye, sont pour faire un satyre. Huif, un balès! lance un coup de poing au satyre, le manque, et c'est Thomas qui prend, et qui tombe. Là-dessus, Huif, à coups de botte dans la gueule, et bien que le pauvre satyre, très gêné, s'efforce de le tirer en arrière par le ceinturon, continue d'endormir le collègue, sanglant, couché).

Isabelle réfléchit. L'évadé avait fort bien pu, même lourd, même bruyant, choir la nuit, entre les arbustes et, tenu pour un jardinier attardé, marcher vers le portail et, tranquille, sortir. L'énergumène! L'ingrat!

Où, maintenant, était-il? En petite tenue de colonel, la narine noirâtre, errait-il, sous la terre, des Pyramides à Austerlitz, de Wagram à Campoformio? Se refaisait-il dans quelque café? Tentait-il, déjà, de soulever la garnison de Vincennes? Prenait-il langue avec ces messieurs de la Bourse? S'était-il fait recevoir par le cardinal?

A vomir!

Et s'il était mort?

Fixant, de toute sa douleur et de toute sa convoitise, la porte du cabinet de toilette maculée par les mains grasses et grises du locataire dissipé, Isabelle prétend y dessiner le profil et le relief absents. « Je veux, dit-elle, que tu reviennes, toi qui tenais mes rênes... » Elle projette, sur l'écran rectangulaire, l'image de lui qu'elle porte en elle, mais il n'y a rien à tirer de cette figue spectrale. Elle préfère inventer et reprendre le fugitif au moment où doucement, tout doucement, il surgit au bord d'une avenue, comme un gros rat debout et défroqué, monstre composé d'un ventre et d'un front. Il se risque, peut-être, à héler un taxi? La tête, alors, du chauffeur! Non... Le chauffeur ne dut faire aucune tête... N'importe qui de raisonnable ne pouvait prendre ce passant attardé que pour un acteur, un acteur pressé de rentrer chez lui, sans s'être changé ni démaquillé, après qu'il a représenté Napoléon.

Peut-être, devant les yeux un peu trop gros, devant le nez

point exactement aquilin, d'aucuns, qui croient s'y connaître, jugeraient que cet acteur n'est pas l'homme du rôle ! La verrue sur le front, surtout, les choquerait, que nulle chronique ne rapporte, et pourtant...

Isabelle s'assit sur le lit. Quand son papa fut nommé gouverneur de l'hôtel, après avoir brillamment administré la Martinique, elle avait quinze ans. Loin des limpidités touffues du ciel tropical, Paris lui sembla de mauvais augure. Présidant à des espaces aplatis où la flânerie des visiteurs Cook et des blessés de la grande guerre conférait un accent de villégiature sanitaire et de banalité touristique, le dôme lui pesa. Sous lui elle ne tira aucune jouissance de la proximité de tant de poudreuses reliques. Les hostilités qui venaient d'achever leur chimique fracas rapetissaient jusqu'au dérisoire les franges, les hongroises, la graine d'épinard des armées du premier Empire et, pour la garde à cheval, les quatre-vingt-seize boutons d'or de la pelisse sur les mannequins. Par la suite, entre les filles et les fils d'officiers supérieurs, de conseillers municipaux, de députés et de garagistes, sous les premières lunettes d'écaille, elle rayonna, au débouché de l'âge ingrat, comme un coup de soleil vertical dans la mer.

Les hommes sont faits pour les femmes, qui sont faites pour eux. Vu d'un peu loin, ce dispositif, aussi simple qu'un coup de tranchet dans de la couenne, peut laisser froid. Mais qui sait s'il n'est pas le signe du royaume séparé qui tend à se recoudre ? Les yeux fermés, le géant l'a belle de prendre, entre deux doigts, au hasard, un homme, une femme, un homme, une femme, un peu partout, dans les gares, dans les métros, et de répartir dans des cellules ces couples improvisés – la quinquagénaire et le lycéen, le nègre et la suédoise, le diabétique et la dompteuse, la vice-présidente et le soutier malabar, la belle fille et le joli garçon et, bien entendu, la prostituée et le séminariste. Ensuite, le géant, avec ses copains, parie, comme aux courses. Il s'agit de savoir quelle cellule (les numéros des cellules ayant été choisis par les joueurs) sera la première où s'accompliront les gestes de l'amour. En fait, l'homme, ou la femme, croit qu'il se débrouille dans la liberté. Qu'il le croie, il en est ainsi. Le monde, comme un tigre, se couche aux pieds nus de celle qui est une maîtresse, ou de celui qui, bien mieux! règne sur cette maîtresse. Isabelle eut deux ou trois hommes, avec lesquels, peut-être, ne fit-elle que s'embrasser, mais les galants ont plus de mains que les dieux hindoux tandis que, pour se défendre, les femmes n'en ont que deux, prises dans celles de l'autre. Stop.

La trentaine vint. Le mariage ne se dessinait pas, ne se décidait pas, dans le marc de café du temps. On devenait maniaque. On se teignait en blond, par système. On couchait la tête au nord. On se mettait le menton sur la paume afin de regarder le ciel.

Là-dessus, le père, le héros de Verdun, mourut. La mort est d'une exactitude surprenante. Elle ne se trompe jamais d'une minute. Elle pique la durée juste à l'endroit où le chemin qui va vers l'avenir devient, dans l'autre sens, celui qui va vers le passé. Tout ensemble elle se consomme, s'annonce, se vérifie. Le père mourut donc, mais non sans avoir murmuré : « Tu vas... aller... au bout du couloir des Cuirasses d'Or... Tu trouveras des hommes... Tu leur diras... Betterave et Canonnier... C'est le mot... Ils te laisseront passer... Tu verras une porte... Une carte de visite clouée... Tu la liras... Tu resteras calme... Tu me promets que tu resteras calme... Tu frapperas... Tu entreras... Tu diras... à celui qui... t'apparaîtra... tu lui diras que j'étais son gardien, oui... mais que mon cœur était son esclave... Va. »

Dans la chambre, au bout du couloir des Cuirasses d'Or,

celui qui apparut à Isabelle siégeait derrière un guéridon de marqueterie, le torse nu dans un gilet de flanelle. Une ample capote était en travers de ses cuisses. Il portait des caleçons de toile épaisse. Il la regarda fixement. Il louchait légèrement. Fasciné par cette asymétrie, on perdait pied. La migraine optique vous achevait.

Vaillante, Isabelle s'acquitta de sa commission. Il la dévisageait, ni mélancolique ni gai. La Providence et les hommes l'avaient formé de logarithmes, d'anecdotes et de fumants monceaux. Soudain...

Soudain, tassé, trapu, le nombril entre les tétons, pape de lune bourré de bricks blancs et noirs et de papiers timbrés, il dit : « Merci » et il sourit, pour ajouter : « Approchez, mon enfant. Approchez. N'ayez nulle crainte... »

S'ouvrirent les boutes d'une métaphysique joie à base de sortilèges vaniteux. Isabelle se connut inondée et capturée par une plantation d'ailes, mâles et femelles. Fossettes se creusaient dans la joue du génie assis dont les yeux couleur de vieux sou étincelaient avec économie et certitude au sein d'une brume sèche qui fût l'humidité du marbre. Truelle qu'on cognât sur du bronze, et si creuse, et si frêle, enrouée, enroulée des lointaines écumes de la mer, la voix montait du fond des tombes de l'archange.

La jeune fille tremblait de ravissement, quoique, dans l'atmosphère, une pointe d'ail fétide et macabre la préoccupât. Une campagne de Russie lui coula jusqu'au bas du ventre où s'ébauchèrent les crispantes racines des futures félicités. Les paumes ouvertes et offertes comme pour repousser l'ami déjà trop reçu, elle voulut reculer. Le mouvement de ses jambes, indociles et dociles, la décréta, bientôt, près, tout près de celui qui, l'un de ses coudes sur un Bottin, feignait de pincer, dans le vide, entre son petit pouce et son petit index, le lobe de la troupe fidèle.

Elle fut engagée, officiellement, comme secrétaire de l'Empereur. Quinze ans passèrent. Quinze ans. Ce fut l'idylle la plus épuisante, mais de celles dont une femme ne saurait mésestimer la distinction honorifique, la chatouillante rareté – même si elle en arrive, un jour, à ne plus se dissimuler que, dans le couple, elle consista, elle exista plus que l'autre.

Depuis quelque temps, elle se voyait les veines des jambes. Restait-elle debout, ses chevilles enflaient. La vieillesse, prend, de très loin, sa source dans les cheveux épais, dans l'odorante peau. La théorique magnificence de ses impalpables amours consolait Isabelle qu'elle fut, çà et là grêlée par une maturité dont elle espérait bien que son illustrissime complice ne tirerait nul ombrage mais, au contraire, qu'il la révérerait comme l'annonce de la véritable épousaille, celle qu'accorde l'étendue côte à côte dans les linceuls du silence et de la véritable paix.

Demain, les clairons sonneront, les flingots, les mortiers cracheront. Demain, de nouveau, la guerre. Elle hausse les épaules. Elle allume une cigarette.

ÉPILOGUE

Les grands magasins du Doux Tarif

Trois escaliers comme un X avec un troisième en diagonale, le tout enturbanné d'un toboggan. Sur les escaliers, des paliers. A chaque palier un téléphone. Téléphone blanc. Téléphone rouge. Téléphone vert.

Au premier plan figure un beau mannequin athlétique, au visage un peu violet, qui sourit, la main à demi fermée, en forme de gueule-de-loup. De l'autre côté, un poste d'incendie tel qu'il s'en trouve dans les grands bazars, avec le long tuyau blanchâtre lové dans un bâti de fer rouge et la hache au membre rouge.

Une large pancarte mentionne : « Chaussettes. Cravates. Rayon hommes ». Une pancarte, avec une flèche, indique BAR. La pendule est ronde tout au-dessus du système des escaliers. De temps en temps, un machiniste en cotte bleue vient verser, d'un bidon, du temps (le mot « temps » est sur le bidon), dans la pendule.

Les aiguilles de la pendule vont, bien entendu, plus vite que celles d'une pendule véritable. Tous les quarts d'heure, une goutte de temps tombe de la pendule.

Mademoiselle Irène, en robe noire de vendeuse, décolletée en carré et les jambes qui plaisent, traîne, dans sa main des flots de cravates. Sans trêve elle monte, descend, remonte, redescend, et puis enfin remonte jusqu'au sommet du toboggan qui la cueille et la ramène, phrrout! en bas.

A chaque téléphone, elle s'arrête et téléphone.

Dès qu'elle atteint telle ou telle des extrémités de l'un ou l'autre escalier, une sonnerie l'appelle ailleurs. Alors elle démarre, au pas de course. Haletantes rapidités. Elans heurtés.

Parfois, cependant, sur le plateau proprement dit ou, peut-être, au hasard des degrés parcourus, elle s'arrête à vendre ses cravates. Nous ne voyons pas les chalands. Nous entendons le boniment et nous regardons la fille.

Irène. – La pure soie fait plus d'usage. Pure soie artificielle, bien entendu. vous ne voudriez pas... Je vous conseille le rouge, si c'est pour un mariage. Le rouge fait plus tragique, plus ardent. Le bleu aussi est de circonstance, en plus sentimental. On peut se marier tout en ayant du sentiment, ça n'empêche pas. Garçon d'honneur seulement? Pour les garçons d'honneur, c'est le vert qui s'impose, le vert avec des lunes blanches. Les garçons d'honneur, les témoins dans les procès à décharge et les amateurs de courses de lévriers se jettent dessus. Le vert, par malheur, devient de plus en plus difficile à réassortir. Songez, Monsieur, que, pour avoir un vert comme celui-ci – vert mélusine, parfaitement – on est obligé, c'est comme je vous le dis, on est obligé de mettre à bouillir de la chlorophylle de seringa dans de l'acide sulfurique, et l'acide sulfurique, ne m'en parlez pas, pour en trouver, surtout depuis les accords de Montevideo. Ah! ces accords de Montevideo. Permettez-moi. *(Elle fait, dans l'escalier, une régate.)* Le brin de droite sur le brin de gauche, toujours. *(Elle griffonne sur son bloc.)* Par ici, la caisse. Au revoir, Monsieur.

Escalier. Téléphone blanc.

Allo, Jean. C'est toi, Jean? A sept heures. Oui, naturellement... Mais non, voyons, ce n'est pas ça... Oh! Il m'a invitée un jour à dîner... Pour un malheureux bœuf braisé, qu'était plutôt bouilli, je te le dis, et à l'eau, qu'elles étaient, les carottes, tu vas pas me faire des salades... Jean... Jean... Non... Je te le jure... C'est ma tante... Il faut que je reste auprès d'elle. Elle a son ventre qui gonfle, qui gonfle. L'alimentation déficiente, il a dit, le médecin. Qu'est-ce qu'il veut que je lui donne à bouffer? Je peux pas la nourrir d'homards et d'écrevisses. Je peux pas non plus l'envoyer dinguer. C'est la sœur à maman, rends-toi compte. Quand j'étais petite, elle m'apprenait les quatre règles. Maintenant, elle a soixante-trois ans... Non... tu en as, des idées! C'est ça... Demain... Oui, nous le ferons... Oui, je te promets, nous le ferons... Oui, toute la journée... Oui, nous le ferons toute la journée. Je te quitte, Jean. Un tout gros, tout chaud pour toi. *(Baiser).*

Escalier.

Client.

Une cravate, monsieur? Choisissez celle-là. Elle est bien. Pour se pendre? Oh! Je ne crois pas. On a beau dire, la fibrane ne vaut pas la corde. Vous auriez avantage à voir aux sports et jouets. Une plaisanterie? Oh! J'avais bien compris. Cette violette? En effet, s'il s'agit d'un examen. Les examinateurs aiment beaucoup les cravates violettes. Ça crée une ambiance. Quatre cent quarante quatre-vingt-quinze. Oui, nous avons des frais énormes, surtout que notre directeur a eu des ennuis avec dame Thémis... Dame Thémis, les balances, la justice... Il est en taule... Pour le ravoir, on nous retient une soulte sur la guelte, qu'on nous restituera sur les assurances sociales au prorata de notre rendement sur le chiffre trimestriel, sans tenir compte de notre remise contractuelle sur les articles textiles ménage.

Vous serez docteur. Au revoir, Monsieur. *(Deux marches d'escalier).* Non, impossible. J'ai mon fiancé. Je vous en prie. N'insistez pas. *(Escalier).* S'il fallait tous les écouter... Je ne sais pas ce qu'ils y trouvent... Depuis le temps qu'ils vont dedans...

Téléphone. – Allo!... Allo!... Tante? C'est toi? Et ton ventre? Il gonfle toujours? J'entends mal. On commence à rentrer les chariots. Qu'est-ce que tu dis? Il n'est pas encore au plafond, mais l'édredon est pour toucher?... Tant que c'est que l'édredon, y a de l'espoir. Faut tenir bon. Tu as bien pris ton hydrocarbure? Le médecin t'a dit chaque demi-heure. Oui. T'inquiète pas. J'arriverai tout de suite. En passant, je prendrai le hareng, le boudin. Oui, tu peux manger du boudin. *(Haussant la voix).* Oui, du boudin. Ce qu'il faut éviter, c'est les sauces poivrées *(Haussant la voix).* Poivrées! Pauvre tante! Fais-toi courage. *(Hors du téléphone).* Ça n'existe pas, les quatre règles. Je ne connais qu'une règle, une seule. *(Reprenant le téléphone).* Rien... A propos, je t'ai acheté un pot de chambre extensible, en aluminium concentré, avec fond rabattable, vidoir en ébonite et petit godet latéral pour le dentier.

Toboggan.

Client.

Une cravate noire, système Disraëli, s'agrafant par-derrière, support élastique, doublure molleton synthétique... Vous la passez, pour commencer, sous vos ailes. Sous les ailes de votre col, bien entendu. Dur ou mou, c'est la même chose. La ganse faite, vous n'avez qu'à presser au centre en tirant sur les deux pans. Vous serez tout étonné, le matin, de la retrouver aussi parfaite, aussi coquette que, le soir, vous l'aurez laissée. Monsieur est croupier? Garçon de café? Notaire apostolique? Président du Conseil? Je donne ma langue au chat. Appariteur... J'espère! Appariteur à la Conférence universelle! Vous en avez, de la veine, de les voir, de les entendre, les grands Sept. C'est vous qui leur préparez l'encre et le buvard? Il leur arrive de s'engueuler? Que voulez-vous! Ils n'ont pas le travail facile. Trois cent vingt francs. Je vais vous enlever l'étiquette.

Escalier. Le corps d'Irène s'affaisse de plus en plus. Elle traîne ses cravates. Fracas de chariots. Sonneries. Téléphone.

Allo, Docteur? Ma tante ne va pas très bien. Son ventre gonfle à tout casser. Quoi?... Précisément... C'est ce que je lui ai dit. Moi? Oh! Moi... Ça va... Ça marche... Le soir, ça tire un peu. Il faut bien avoir quelque chose. Un pneumo, bien sûr, c'est normal. Si on a des poumons, c'est pour avoir des pneumos. Ce serait trop beau. Hier, tout de même, j'ai craché un peu de sang. Oh! Non... Je ne m'en fais pas. Je voulais aussi vous voir pour... *(Rire).* Non... Plus bas... Là aussi, beaucoup de femmes sont dans mon cas. Ici, au magasin, j'en connais au moins trente. Lucette, par exemple, une du sous-sol, aux arrosoirs. Une vraie fontaine, la pauvre! Y en a qui disent que c'est la saccharine qui serait cause...

Escalier. Elle monte et descend à quatre pattes presque. Tonnerre des chariots. Six heures à la pendule... Le machiniste en bleu frappe, à l'aide d'une gaule ferrée, sur la pendule, comme on le fait, aux grandes gares, sur la roue des locomotives. Puis, d'un plumeau soigneux, il époussette le mannequin, qu'il change de place. Il reçoit, dans ses bras, mademoiselle Irène dévalée par le toboggan.

Irène au machiniste. – Bonsoir, Anatole. Faut pas que j'oublie mon boudin et mon hareng.

Elle tourne en courant, les genoux bas, et sort. Le gardien Anatole, resté seul, tire un journal de sa poche, le déplie, met ses lunettes, commence à lire. Soudain, il froisse le journal, regarde de tout côté s'il est bien seul. Il va chercher sa gaule et commence, tout seul, à faire l'exercice.

Anatole. – Une... Deux... Une... Deux... Mi-tour! Oite!... Vous n'êtes pas difficile, mon garçon. Y avait donc pas de gonzesses, sur le trottoir, dans ton patelin de naissance, sacré cambroussard, pour que tu voies comment ça pivotait, au commandement. Allons! Au temps! Mitour!... Oite!... Un peu de... crim! aïonnette! maintenant... Garde à vous! Au temps! Garde à vous! En tête pointez! En garde contre la cavalerie! Les mains en dedans, pétard de Dieu! Et s'il te foutait un coup de sabre sur les doigts, le grand Austriaco de l'autre bord, à qui c'est que t'irais pleurer! *(Il pose sa gaule, se rassied.)* A r'viendra, va, la belle époque de la hongroise, de la hongroise et de la dragonne et des capucines. A r'viendra, Natole, a r'viendra un jour.

TABLEAU II

Une longue table avec tapis vert. Autour de la table, au nombre de sept, les membres de la Conférence universelle. Deux soldats habillés de blanc, coiffés de heaumes, tout grumeleux de grenades, montent la garde de part et d'autre de la fenêtre aux volets clos qui se trouve au fond de la scène.

L'appariteur à l'énorme cravate noire, sans arrêt, circule, vaporisant le crâne des orateurs, transportant des papiers, attrapant et tuant des mouches au vol, tendant le crachoir à l'un ou l'autre. Il porte un baudrier de dictionnaires. Toutes les deux minutes, les soldats échangent leurs emplacements respectifs, tout en faisant avec leurs armes d'étranges mouvements précis.

Le président (tenue de ville, avec un grand cordon moiré en bandoulière) se lève et parle. A sa droite, une cloche pend à une potence.

Le président. – Mes bons complices, nous ouvrons aujourd'hui notre deux cent-trente-huitième séance. Je n'ai pas à vous rappeler, je pense, l'objet de notre réunion. Il nous appartient de délimiter les aires territoriales respectives des sept nations souveraines qui subsistent sur le globe... *(Remous)*. Quoi? Qu'y a-t-il?... qui subsistent sur le globe, maintenant que se trouvent réalisées les aspirations de toutes les autres. *(Mimique)*. Aspirations par aspirateur breveté... *(Rire général)*. En dépit de bien des embûches, de bien des fatigues, notre bonne volonté demeure intacte. Forcément, il ne peut être que malaisé de faire coïncider des intérêts aussi différents que ceux des pêcheurs de morue salée de la péninsule polaire *(l'un des membres se lève et salue)* et ceux des cultivateurs d'aubergines à haute fréquence de la région des grands fleuves. *(Un autre membre se lève et salue)*. Mais, avec de la patience et quel qu'ait pu être le prolongement imprévu de cette session... notez, messieurs, que les caves de ce palais comportent des stocks tout à fait... tout à fait... *(mimique friande)* de caneton aux groseilles et de ragoût concentré. Par conséquent, de ce côté...

Le délégué numéro 3, turban d'oripeaux canari, se lève et crie, volubile, agité. – Azaminia beloutchira gog natali magougou zoli!

L'appariteur feuillette un des dictionnaires qu'il prélève sur son baudrier. – L'honorable représentant numéro 3 demande que lui soient traduites ces deux dernières phrases qui ne font pas partie de l'allocution officielle.

Le président. – Baraque! Baraque! Si l'on se met à tout traduire, jamais nous n'en sortirons. *(Il consulte sa montre bracelet.)* Nous avons déjà perdu douze minutes quatre secondes.

Le délégué numéro 3, *hurlant.* – Ramana dola zougoudou cristi!

Le président. – Baraque de cerf-volant de plume d'os! Qu'est-ce qu'il veut!

L'appariteur. – J'ai l'impression qu'il insiste.

Le président, s'épongeant, fait signe à l'appariteur. L'appariteur manipule les dictionnaires qu'il extrait de son baudrier. Tourné vers le délégué numéro 3, *il articule, tout en faisant comme s'il mangeait* : Borbori glouglouta zdibendi natali.

Le délégué numéro 3. – Po! Po! Zdibandi, malavar natali joujoutou... joujoutou...

Le délégué numéro 3. – Joujoutou ne colle pas du tout. Monsieur le président avait parlé de caneton aux groseilles. Caneton aux groseilles s'interprète, dans notre glorieuse langue, par « Pipiti ».

L'appariteur montre le dictionnaire. – Joujoutou...

Le délégué numéro 3. – Pipiti!

L'appariteur. – Joujoutou!

Le délégué numéro 3. – Pipiti!

Le président. – Mais, baraque de cerf-volant de plume d'os de crachat noir! Où vous croyez-vous? A la Sorbonne? Aux langues orientales?

Le délégué numéro 3. – Monsieur le président, mon pays a donné à l'humanité la plus illustre des épopées mystiques. C'est chez nous, voici dix-huit siècles, que fut inventée la tronçonnette hydraulique et le clou à trois têtes. Quarante heures me seraient nécessaires pour dénombrer nos prophètes et nos savants. Quarante heures. J'estime donc...

Le président tire un centimètre de tailleur de son veston et met en joue le numéro 3. – Mais ce n'est pas de ça qu'il s'agit, baraque de mes cornouilles!

Le numéro 3 *se rassied.*

Le numéro 4 *se lève.* – J'approuve entièrement les paroles du président. Nous n'arriverons à rien si, pour un oui, pour un non, chacun des bons complices entreprend la louange de sa patrie. Comment? Je dois, cependant, relever, dans l'intervention par ailleurs remarquable, comment? de notre bon complice, une affirmation qui, si elle figurait dans nos procès-verbaux sans avoir fait l'objet d'une mise au point de ma part, semblerait avoir emporté l'approbation unanime. Notre bon complice a prétendu sa patrie avoir donné à l'humanité la plus illustre des épopées mystiques, comment? *(Changeant de ton.)* Un moment, complice! un moment. *(Montant sur son tabouret.)* C'est avec une indicible émotion que je proteste. Mon peuple, haïa! Mon noble peuple, haïa! Mon très noble peuple, haïa! haïa! haïa! Mon très-très no-noble peuple, comment! voici exactement trois mille deux cent quarante ans, a donné à l'humanité, haïa! caçaïa! papaïa! ce livre immortel, ce livre entre les livres, ce poème en quarante-quatre chants dont le nom vibre au cœur de tout être qui pense... *(Il récite.)*

Lorsque le géant brun, nourri par les forêts,
Plongea ses pieds pesants dans les profonds marais,
La belle Rikiki...

Le numéro 3 *tire de la queue de son turban un couteau qu'il fait mine de lancer sur son confrère. L'appariteur, à temps, retient le geste. Le président se lève en criant :* Assis! Assis!

L'incident est clos. Je déclare, d'avance, que tous les incidents sont clos. Il faut en finir. Mes amis, mes petits chats, mes tout petits crapauds, nous ne sommes pas ici pour nous lancer des pointes.

Il salue, la main au cœur, le numéro 3 *qui salue, lui, en se baisant le poing.*

Le président. – Si nous n'aboutissons pas, c'est la guerre. *(Les délégués cachent leurs yeux sous leurs bras.)* Et, cette fois, vous le savez, mes chevreaux! ce n'est pas à coups de presse-purée, foutre non, qu'i s'tabasseront, les p'tits gars. Nous sommes sur une sale pente, j'aime mieux vous le dire. Au bout de cette pente, l'espèce humaine tout entière, y compris les gamins agiles qui montent sans payer sur le tram, à Lisbonne, et les gardiens à gantelet survolté dans le dix-huitième sous-sol des grandes banques des capitales peaux-rouges, l'espèce humaine tout entière. *(Il se soulève sur une fesse.)* Pfufff!

L'appariteur consulte ses dictionnaires. – Pfufff...? Pfufff...? J'y suis : Pfufff!

Le président. – Oui, pfufff... En conséquence, il convient que nous nous efforcions de nous comporter, non seulement avec méthode mais aussi, et surtout, avec le propos sincère et total d'éliminer de nos pensées et de nos plus intimes réactions jusqu'au moindre vestige d'une rivalité qui, si elle en arrivait à prendre corps dans un conflit belliqueux, signifierait, je le répète, notre fin à tous.

Le numéro 6. – Je propose un triple ban pour le président.

Le triple ban est battu. Le président salue à la ronde, envoie des baisers. Il poursuit. La dernière fut gratinée. Quarante-quatre millions de morts, trente-quatre villes détruites, la famine à l'Est, la peste au couchant, le béri-béri partout. J'ai là des rapports. Des rapports qui se tiennent. Du chic boulot de flic bien cuit. Hé bien! Les gens commencent à dire zut. Des jeunes filles de dix-sept ans, dans le seizième arrondissement, ont revomi du poulet Soubise. Dans le seizième arrondissement! Du poulet Soubise! *(Sensation.)* A tout prix, pour une période aussi largement calculée que possible, il faut laisser dormir le fourneau. Il faut attendre que le monde se soit refait un peu de blanc d'œuf et que nos savants respectifs aient trouvé les sauts de carpe, les blindages, les antitoxiques qui permettront de pallier l'excessive efficacité des panoplies dont nous disposons. Une autre fois, je vous chanterai *Stormy Weather. (Il fredonne.)* Aujourd'hui, je dois vous persuader de la nécessité d'aboutir. Trois mois... Nous sommes ici depuis trois mois... Nous ne sommes parvenus à rien... Pouvons-nous, je vous le demande, pouvons-nous considérer comme un résultat précieux le fait que nous avons sifflé quarante-quatre hectolitres de pinard, tant Bourgogne que Champagne, mastiqué douze tonnes de gruyère et réglé la question de l'îlot des Renards en décidant de l'envoyer par le fond, comme un vieux torpilleur.

Le numéro 5. – L'îlot des Renards appartient au sol de mon faterland. Jusqu'à la fin des jours du monde, nous pleurerons ce fragment getrennt.

Le délégué numéro 2. – De quoi? De quoi? *(Mimique de combat de boxe.)* L'îlot des Renards, votre faterland? Il nous appartient depuis qu'on est nous. Je te donne rendez-vous à la sortie, espèce de truand baveux, janissaire dégonflard, grande cigogne de ma gaufrette! En attendant, je peux te rancarder l'adresse d'un entrepreneur de béquilles.

Le président. – Du calme! Du calme! Bref, nous sommes d'accord? Il faut nous mettre d'accord. Diligentes, compétentes, nos commissions définiront les domaines respectifs des sept États souverains de la future confédération terrestre. Mes bons complices, vous avez, dans l'ensemble, prodigué les plus indiscutables témoignages d'un véritable esprit de conciliation. Les forces agrégatives et cimentatoires paraissent, tout compte fait, l'emporter sur la poussée disjoncteuse et démolitrice. Nous allons mettre aux voix l'adoption du très étudié, très équitable et très satisfaisant projet d'aménagement économique et politique du globe terrestre.

L'appariteur sort, pour revenir avec un globe terrestre qu'il pose au milieu de la table. Toutes les mains se tendent vers le globe.

Le président. – Là... Là... nous y sommes... Là... Doucement... Il n'est pas mal, n'est-ce pas? Les frontières sont rouge vif afin qu'on les distingue mieux. Ne passez pas les mains dessus. C'est encore frais.

Le numéro 1. – Je désire poser une question.

Tout le monde se rassied.

Le président. – Concis?

Le numéro 1. – Concis. La largeur des bandes rouges doit-elle être déduite des terrains circonscrits par ces mêmes bandes? Tudieu! On n'a pas pleuré la couleur. Du minium en pagaille. Là, par exemple, le bord de la bande déborde... *(Protestations.)* Permettez... Je dis bien. Le rouge déborde. Il empiète sur mon terrain.

Le président. – Foutaises de détail! Bricoles à côté! Nous nous occupons de diplomatie, non de peinture.

Le numéro 1. – Les diplomates sont des peintres. L'Angleterre a connu la guerre des deux rouges.

Le numéro 7. – Des deux roses, vous voulez dire.

Le numéro 1. – Rouges, roses, quelle différence? Napoléon, rappelez-vous, réclamait des croquis. Et cet autre type, dont le nom m'échappe, le peintre en bâtiment, qu'on l'appelait...

Le président. – Dubuffet...

Le numéro 1. – ... il nous démontra qu'un pinceau trop nourri peut, sans malice, au fil du trait, se décharger. Je proteste et je reproteste. On ne nous refera pas le coup de la Stoubridja.

Le président. – Bien... Bien... On va essayer de gratter ça.

L'appariteur se précipite sur le globe.

Le numéro 1. – Ne vous fatiguez pas. Ronde, primo, elle n'est pas.

Le président. – Elle n'est pas ronde? Quoi?

Le numéro 1. – Je descends dans le cirque. J'affronte les lions. Mes bons complices, la rotondité de la terre constitue une calembredaine supramédiévale dont la physique nucléaire a fait justice. Des savants de chez moi, louange à eux! mirent au point une réduction concrète de notre planète sustentatoire, laquelle affecte, vous allez vous en rendre compte, laquelle affecte la forme d'un diabolo, diabolicus.

Il tire, de sous le tapis vert de la table, un globe terrestre en forme de diabolo, deux cônes se rejoignant par les sommets. Le tenant à bout de bras, il fait le tour de la table et s'immobilise face au public.

Le numéro 6. – Cousin, vous êtes fichant. Alors, comme ça, vous croyez que vous allez nous enfoncer les billes, nous étoiler la feuille? Votre diabolo, c'est de la pommade rouillée, c'est la barbe au menton de ma grand-mère, conneau! Nous, on a mieux... Physique archinucléaire! Pourquoi pas Boileau-Despréaux? *(Il bonimente.)* De-man-dez le globe terrestre anti et quanti-euclidien, le seul conforme aux plus récentes études sur la notion transversalo-longitudinaire du temps. Demandez le globe terrestre papapa... papa... papapapa... parallèli.

Le numéro 4. – La belle Rikiki... La belle Rikiki...

Le numéro 6. – De-mandez, n'hésitez pas, ce soir ce sera

trop tard, demandez le globe terrestre à quatre coins, qui tient couché, qui tient debout, qu'on peut fixer au mur et poser n'importe où. Là ne se bornent pas les avantages qu'il présente. Vous remarquerez, Mesdames et Messieurs, qu'un de ses plans est mobile, monté sur charnières de métal, fabrication extra soignée, et qu'ainsi ce globe rectangulaire constitue un véritable petit cercueil portatif pour les voyages, les pique-nique...

Les autres délégués. – Ce n'est pas de jeu. Out! Out! Blatavoï ndossogor chtou... Chtoutou! Chtoutou! La science n'est pas une propriété privée. *(Le président manie avec force sa cloche. Soudain, le battant se détache. La cloche devient silencieuse. Alors, tout le monde se tait. Le président essaie de parler mais il semble avoir perdu la langue. Tous, les yeux tendus, chuchotent, balbutient. L'appariteur tire un sifflet de sa cravate et siffle. Tout, de plus belle, repart).* Chtoutou! Chtoutou! Tinh vinh tanh chotang! – Ti vengué lou cuou coum'un mouloun dé cacaï. – Was? Qu'est-ce que vous dites? – Chotang! – Paltoquet! – Crocodile! – Monsieur, il m'a traité de crocodile. – Pouiquoui... Prrrh... Mrrrh... La belle Rikiki...

Le numéro 5 tire, du tapis, un globe terrestre en forme de lanterne vénitienne cylindrique et plissée. – Basta, Signori! La terre, elle est là! Nos académies ont élaboré cette représentaion fulgurante et définitive. Il leur a fallu balancer par-dessus bord toutes les routines, toutes les superstitions, toutes les lourdes souvenances qui obèrent l'indépendance et la fructuosité d'une recherche véritable. Mes bons complices, je vous en réponds, la terre est là. Mais, suivez-moi bien! C'est sur la paroi intérieure que nous existons, que nous glarouillons, avec nos cuirassés, nos aérotaxis... Oui... C'est là-dedans, le ciel, les nuages, les villages, les amandiers... Dans la tripe!... Dans la lanterne!

Le président, excédé, se couche sur le parquet et se met à ronfler. L'appariteur le bourre de coups de pied, mais on le modère.

Le numéro 7. – Vous ne vous sentez pas bien? Où souffrez-vous, président?

Le président. – Où suis-je? D'où sortent ces gueules rougeâtres?

Le numéro 7. – Vous présidez la Conférence universelle. Ce n'est pas le moment de faire la sieste.

Le président. – Moi, la sieste? *(Il se met sur son séant).* Ah! Ah! Non... J'ai seulement besoin que vous m'écoutiez comme de braves enfants. Chacun de vous semble se recommander d'une conception particulière de la réalité terrestre. Muy bien! Le mieux donc serait que, sagement, posément, nous confrontions ces diverses conceptions...

Le numéro 7. – Beaucoup de con, tout ça...

Le président. – ... afin de nous accorder sur une formule mitigée. Ceux qui n'ont pas encore exposé leur opinion cosmologique vont pouvoir le faire mais, je vous en prie, méthode! bienséance! sincérité!

Tous. – Méthode! Bienséance! Sincérité!

Le numéro 3 extrait, de sa robe, une jambe de femme, en plâtre. Les yeux fermés, il la caresse, langoureux.

Le numéro 7 met son monocle et examine la blanche jambe avec intérêt.

Le numéro 3. – Kavala pouss pouss mi fara chkava dalouï mounia guibolla r passirah ouranioum pavass.

L'appariteur traduit. – La terre n'excite les hommes que pour autant que d'une jambe de femme elle a la suavité.

Le numéro 3. – La jambe de femme, c'est la verge de Dieu.

Le numéro 7 tripote, égrillard, la jambe. Le numéro 3 lui donne un coup sur les mains, qu'aussitôt le numéro 7 cache sous la queue de son habit.

Le président. – La parole est à notre bon complice, l'honorable représentant de la grande république charbonneuse.

Le numéro 2. – Mon peuple est un peuple sérieux. Je vous avoue, non sans fierté, que nous n'avons pas, nous, songé à faire construire une amusette manipulable. Notre parlement, néanmoins, ne négligera pas la question. La terre peut continuer, quelque temps encore, à faire la ronde. Mais certaines rectifications d'ordre mathématique doivent être intégrées à nos débats. C'est ainsi que le pôle Nord, contrairement à la version jusqu'ici officielle, ne se situe pas au pôle Nord, mais en Afrique, oui, mes chers complices, en Afrique, Afrika, et très exactement... très exactement... un moment, j'ai un papier... très exactement...

Le président. – Vous déposerez, par écrit, votre rapport entre les mains de l'appariteur. En attendant, vous la supportez ronde, n'est-ce pas?

Le numéro 2. – Euh... Un peu enflée à droite, tout de même.

Le président. – A droite? A droite de quoi? Une sphère n'a ni droite ni gauche. La parole est à notre bon complice l'honorable représentant de la république des mille bambous.

Le numéro 4. – Tinh vinh coan majong sanh panh badong forang chan chan hôtel Ritz (*il fredonne « Les Yeux Noirs »*) sdang pajong cherry brandy figarella. *(Prévenant l'empressement de l'appariteur.)* Je peux me traduire moi-même. Nous optons, théoriquement, pour la rotondité. Théoriquement. *(Il se pince le dessous de l'œil.)* Mais nous savons que la terre peut s'ouvrir par le milieu, comme une orange... Attendez... *(Il déclame.)*

La belle Bikini contre sa joue orange
Posa ses doigts. Les dragons vinrent de la fange.

Le président fonce sur sa cloche.

Le numéro 4. – Je perçois comme un bruit de cloches.

Le président. – Revenez à la terre!

Le numéro 4. – La terre peut s'ouvrir par le milieu comme une orange, si bien que l'on obtient deux circonférences superposables, l'une de principe amer, *tic*, l'autre de principe sucré, *tac*... Ronde elle soit, quoi! mais coupable! Qu'on puisse la couper en deux!

Le président. – La parole est à notre honorable complice, le ministre plénipotentiaire de l'Etat-C'est-Toi.

Le numéro 7. – Messieurs, je ne sais si mon pays, qui manque de puissance effective a, par contre, quelque droit à figurer parmi ceux dont la valeur découle de leur antiquité. Sommes-nous antiques vraiment? Nous avons coutume, en tout cas, de considérer notre pays comme un vieux pays. Peut-être, hélas! n'est-il qu'un pays vieux. Moi-même, en tout cas, je suis un vieil homme. Cette jambe de jeune fille, car c'est bien, n'est-ce pas, d'une jambe de jeune fille qu'il s'agit? Ah! les jeunes filles! J'en connaissais une, Janine... cette jambe de jeune fille vient de m'en fournir la preuve silencieuse et déchirante. Elle ne m'a rien dit. C'est la première fois. Par conséquent...

Le numéro 1 *lui parle à l'oreille.*

Le numéro 7 *fait un geste de refus.* – Non... Non... Même si le sérum de votre professeur me la restituait, la gaillarde vigueur de ma virile adolescence, je crois que je la repousserais. Mauvais signe, Messieurs, mauvais signe. Que, chez un homme, le désir, à un certain moment, périsse, il le faut bien, pour assurer la relève des êtres, le cortège plaintif des générations. Mais que, chez ce même homme, périsse en outre le désir du désir, voilà qui est alarmant, n'est-il pas vrai? Messieurs, nous n'allons pas discuter laquelle, de la vieillesse et de la sagesse, procède de l'autre. Je me reconnais sage en me découvrant vieux. Mes jointures craquent. Mon appareil dentaire me fausse compagnie. Octobre! Octobre! Mais, ne vous y trompez pas, ces incidents physiques vont loin. Ils me donnent, d'une manière intime et concrète, le ton de l'esprit de mes compatriotes. Cet esprit, chez nous, associe ou superpose à l'audace vitale indispensable à tout groupement humain, je ne sais quel scepticisme dont certains aspects nourrirent notre littérature nationale d'une veine à tout prendre point tellement frivole. Les témoignages de méfiance à l'égard de la terre et même de la vie épars dans cette littérature, se vérifient, au degré en quelque sorte solide, dans nos quatre-vingts départements, par un malaise bricolailleur, un chaos à la journée, un pli de truquage, un goût de sarcasme, et un amour de ce qui ne serait pas l'amour. Ces signes, pour moi...

Le président. – Abrégez, mon vieux. Nous attendons de vous une formule tangible.

Le numéro 7. – Vous désirez, Monsieur le Président, une formule tangible. *(Il tire une cigarette d'un étui d'argent. Il l'allume d'une allumette frottée contre sa semelle.)*

Le président. – Nous ne sommes pas ici dans un salon mondain. Formule!

Tous. – Formule!

Le numéro 7. – Ma formule? Hé bien! Vous l'avez.

Le président. – Quoi?

Tous. – Sbo? Va la? Farammi ba la Scouchiva! Intolérable provocation. A la porte! Raous!

L'appariteur enlève son habit et retrousse ses manches.

Le numéro 7. – Vous ne saisissez pas. Cette fumée? Cette fumée de cigarette? La cigarette est en elle-même une pourriture indécente à quoi les hommes et les femmes se suspendent publiquement comme à leur soumission corporelle et à leur similitude foncière, leur similitude, je veux dire, dans la détresse. Cette fumée, elle est ma réponse. Ma réponse n'est que fumée. Déjà, vous vous disposez à ne pas en tenir compte. (*L'appariteur commence à pousser le numéro 7 par les épaules*). Mais cette fumée, en tant que doctrine, ne manque pas de gravité. Outre qu'elle symbolise suffisamment l'insaisissable fluidité de la durée et la précarité de toute connaissance, elle me paraît donner de la terre et, quand nous disons de la terre, nous voulons dire, n'est-ce pas, la race humaine, une image... *(L'appariteur le vide dehors à coups de pompe dans les miches.)*

Le président. – Reprenons. Reprenons.

Le numéro 7 *(reparaissant un instant).* – ... La terre, l'humanité, c'est de la fumée.

Tous les délégués hurlent sur lui. L'appariteur prend une chaise et la brandit par un pied. Il poursuit le numéro 7 *dans la coulisse et revient, essuyant, dans sa cravate, le pied de la chaise. Cependant, de la coulisse, provient toujours une épaisse fumée. La fumée de ce grand incendie qui commence.*

Le président. – Méthode. Politesse. Clairvoyance. Mes bons complices, nous allons établir, sans désemparer, la moyenne des diverses interprétations proposées. Retenons, tout d'abord, que la sphère, l'hypothèse de la sphéricité de la terre a obtenu trois voix sur sept, ce qui crée, en sa faveur, un préjugé numérotable par quinze virgule trois si, toutefois, la base logarithmique choisie est cent, conformément au comput décimal Poincaré-Mendelssohn.

Le numéro 3. – Stouviac lambodé mollarah tsoin-tsoin abadom.

Le numéro 4. – Ming phang papafar trug mong fang Baramatchisky célèbre champion d'échecs.

Le numéro 6 *s'empare du globe.* – Il suffira de lui rentrer dedans mon petit caisson carré.

Baroufle général. – Cylindrique et plissée. – Je crois l'avoir démontré. – Je vais vous foutre mon poing dans la gueule. – Smerdiakof! – Landru! – Spectre du docteur Petiot!

Le président. – Complices! Congénères! Concombres! Les hommes et les femmes comptent sur nous. Réfléchissez, je vous en conjure. Il y a des toitures, des maisons, des chambres. Il y a des jeunes filles avec de la peau tendre. Il y a, dans les écoles, des hommes qui commencent. De petits hommes avec des billes dans leurs poches. Arrêtez tous. Arrêtez tous, ou bien la guerre recommence!

Comble du chahut. Tous vocifèrent. – Glou... Terre... Dieu... Les hommes... Sdobag... Tinh ganh... Good morning... Fogor... Salaud... Voulez-vous répéter? Salaud bis... Je le tiens... Lâche-le... Va te faire électro-fraiser... La belle Rikiki, où qu'elle est, que je la... Mu... Mu...

Surgissent des poings brandis. Toute la bande, escaladant la table, s'accumule sur le globe. Le président, nerveux, arpente la scène. L'appariteur siffle. Tout le monde reste immobile. Puis les délégués, en silence, descendent de la table. Le globe a disparu.

Les délégués se rangent, face au public, derrière la table. Le président prend sa tête dans ses mains. Les soldats tournent en sens inverse l'un de l'autre, autour de la table, et sortent. L'appariteur va prendre un balai dans la coulisse et commence à balayer. La fumée arrive de plus en plus épaisse. L'appariteur ramasse un objet, qu'il remet au président.

L'appariteur. – J'ai trouvé ça.

Le président. – Qu'est-ce que c'est?

L'appariteur. – Le Panthéon, il me semble.

Le président manifeste son indifférence. Le rideau tombe. Rideau de fumée.

TABLEAU III

Irène danse, au dancing de La BOULE NOIRE *sur une musique swing. Son cavalier n'est que présumé. Mais elle se comporte comme s'il était, pour de bon, entre ses bras. Elle chante, ou plutôt, elle « dit » :*

Je t'ai chéri un peu beaucoup,
Mais c'était dur, mais c'était fou,
C'était un peu fou de croire, vraiment,
Que ça pouvait marcher, la terre,
La terre, la tante, le boulot, l'amant,
Que ça pouvait toujours marcher malgré la guerre,
Malgré la guerre assise derrière chaque banc,
Malgré la saucisse chaque jour plus chère,
Malgré toi, qui ne m'aimes guère.
Tais toi, Jean.

Je t'ai chéri. C'était ton dû.
On s'est aimés, comme on a pu.
On a fait co, co, comme font les gens.
On se lécha dans une piaule.
L'épaule, la bouche, les ongles, les dents,
Il a fallu qu'on trouve ça charmeur et drôle
Malgré le tintouin de n'avoir jamais d'argent,
Malgré la pluie et le soleil sur la tôle,
Malgré mon mal sous mon épaule.
Tant pis, Jean.

Sur la musique swing se greffe un brouhaha de voix éperdument. Effet réalisé par deux disques différents jouant en même temps.

Maintenant, ça tourne encor mal.
C'était prévu. C'était fatal.
Ça recommence, le pong-ping, le teuf-teuf,
Le badaboum et l'œil terrible.
Mon Louvre, Montmartre, Pont-Royal, Pont-Neuf,
Il va falloir couper les ponts. Déjà le crible
Résonne, déjà le sol tremble comme un bœuf.
Déjà cette fumée horrible.
Adieu, Jean.

Je ne m'entends pas. Je ne m'entends plus. Cette musique fait un bruit. D'accord, samedi prochain. Samedi prochain, si nous sommes encore là. Qui sait où nous serons, samedi prochain.

La fumée accourt par volutes de plus en plus épaisses. La musique se prend les pieds dans la fumée. Des particules de musique se manifestent en éclatant, çà et là, comme des châtaignes au feu. L'on entend, de nouveau, des roulements ferrés. Tombe un rideau noir. Un coq chante. Puis des bruits de cataracte. Passent des lambeaux d'information radiophonique. Le rideau se lève sur le magasin détruit.

TABLEAU IV

Un obus est enfoncé dans l'horloge. Les escaliers sont démolis. Irène, un coup violet sur l'œil, les cheveux dans la figure, rampe dans les décombres. Sur elle grouillent les cravates. Près d'elle, intact, sourit le mannequin.

TABLEAU V

Musique « céleste » qui ressemblerait à la voix du vent.

Les Dominateurs du grand cosmos sont debout, drapés d'étoffe pâle, dans un strict décor gris que ne rompt nul visage et pas un étendard.

Les Dominateurs ont des profils ovoïdes busqués, pareils à celui du grillon, mais pleins d'un silencieux aboiement altier. Un aileron bleu perle retrousse leur épaule. Tel d'entre eux est orange, tel autre vert, tel autre encore marron. Ils marchent sans arrêt ou, plutôt, se déplacent. Car l'on ne voit genou pliant ni pied levé.

Le Dominateur Anéténos, grand et brillant, est d'un dessin analogue à celui des êtres humains. Sa substance paraît d'une armure pustuleuse à rayonnements.

La musique « céleste » en rafales détimbrées annonce, ébauche les paroles des Dominateurs.

Anéténos. – Moi, préposé au roulement des étendues, je vous déclare, et vous le savez comme moi, vous le savez sans tête et même sans mémoire, que, par mes soins, la race humaine fut détruite. Est en moi la félicité que la race humaine est détruite. En moi n'est pas la gloire mais la félicité. Je suis le serviteur et le Dominateur du roulement des étendues larges du monde. Je suis puissance et je suis connaissance. Je m'appelle Anéténos. Laissez-moi répéter mon nom. En moi est la félicité d'avoir détruit la race humaine. J'ai débattu avec vous, longtemps... *(Au cours de sa promenade, il vient au contact du Dominateur vert pâle et se courbe devant lui.)* O Himiniari, avec vous, longtemps je me suis querellé. Vous, vous préfériez, ô Himiniari, ô Dominateur et serviteur des couleurs planétaires et des valeurs similaires, vous préfériez, vous, que fût conservée la race humaine car, selon vous, la race humaine disparaissant, la violette disparaissait, la violette qui tremble autour des étoiles.

Himiniari (visage mauve, drapé vert). – La souffrance des hommes alimentait la violette des étoiles, la vitesse des nébuleuses, la liaison de l'éternelle pensée.

Anéténos. – Moi, je vous ai supplié de consentir que prennent fin du même coup la race humaine et la souffrance de cette race.

Himiniari. – Comment seront assurées désormais la violette des étoiles, la vitesse des nébuleuses, la liaison?...

Anéténos. – Vous le savez. Je vous l'ai dit plus d'une fois. Nous tirerons tout ça de la profonde chimie des gisements glycérogènes de Neptune, du carbone polyédrique de Mars...

Himiniari. – La souffrance humaine était d'une exceptionnelle qualité. Le carbone et le roc vous claqueront au nez. Si vous avez tué les hommes, pas d'histoires! C'est par amour.

Tous. – Amour! Amour! Alerte aux gaz!

Himiniari. – Amour... Plus bas que nous. Amour... Plus haut que nous... Amour... Défense de fumer. Vous vous engagez sur une voie... Je serais vous, j'aurais peur. Araca remo Satan.

Tous. – Satan!... Satan!... Malsain retour!...

Anéténos. – Les hommes... Les hommes... Les hommes... Peut-être suis-je sur leur voie. Depuis le temps que je les vois, toujours pareils, toujours divers, j'ai rêvé qu'enfin je les perds, que je ravage leurs enfers. Oui, pour que les astres soient verts, pour que les nébuleuses glissent peut-être faut-il ces supplices, les dentistes, le sacrifice et, aussi, pour alimenter le comble de la pureté. Je conçois. Je conçois. Mais quelle ligne affreuse leur souffrance creuse en moi. Ces pauvres gens dans la berceuse, dans la berceuse de leur sang, leur sang mouillé, leur sang perçant. Non! Non! c'est bien que, cent pour cent, ils soient morts...

Himiniari. – Ils sont morts, très bien, mais demain, si la violette des lunes se flétrit, si, de l'énergie, les cataractes balbutient, si tout va mal, ce sera vous, ce sera vous qui répondrez pour les réservoirs chavirés, pour les mensonges consentis, pour les azimuts engloutis. Les hommes, c'était nécessaire. Les vignerons et la colère, les billets doux près des portails...

Anéténos. – Taisez-vous!

Himiniari. – ... les mains qui rampent sous les robes, les petits sacs pleins de microbes, les colonnes de la candeur et les spirales de l'odeur...

Anéténos. – Oh! Taisez-vous!

Himiniari. – ... les rendez-vous en Géorgie, en Crimée, au Massachusetts, les rendez-vous entre la femme et le dadais, « ma chérie, mon amour, ma vie », et les jambes qui crient comme des chats soudain compris, et le bien et le mal, ces pôles de l'Arménie et de la Gaule, ces constitutifs aliments du suprême comportement, votre eczéma les supprima, votre amour, oui, votre eczéma, votre lépreuse jalousie de n'avoir pas, en Tunisie, ou à Paris, rue de Moscou, les gros orteils, le nez, le cou, cette banane, cette pomme. Vous souffriez de n'être pas homme.

Anéténos. – Je suis un Serviteur et un Dominateur.

Himiniari. – Vous souffriez de ne pas avoir ce sternum blanc, cet anus noir, ces poils, ce tibia, ce ventre au bas de quoi l'œuf se concentre. Vous êtes très grand parmi nous.

Tous (désignant Anéténos). – Mais vous désirez les genoux.

Himiniari. – Parmi nous vous êtes très fort.

Tous. – Mais vous brûliez d'avoir un corps.

Himiniari. – Parmi nous vous étiez très sûr.

Tous. – Mais vous pensiez au membre dur.

Anéténos. – Si j'aime les hommes, c'est que... *(un silence).*

Himiniari. – Quoi, Messire! Qu'alliez-vous dire? Plus haut que nous, plus bas que nous, l'amour, la formidable humeur... Qu'alliez-vous dire de l'amour qui fût juste, bon et sensible, puisque vous régnez au-delà de l'herbe où la pulpe méchante s'exaspère pour une fleur et s'épaissit dans la douleur suave de la nuit qui chante?

Anéténos. – Silence à tous! Je n'aime rien. Je ne suis qu'un Dominateur nageant dans l'ordre qui nous baigne. Je règne au rayon où je règne. Nulle pitié ne me porta hors du carré de mon état. Silence à tous! Je suis intègre. Regardez. La lumière est belle autour des astres.

Au fond, en effet, d'étincelantes trajectoires entrecroisent leur éclat.

Himiniari. – Par bonheur, la souffrance des hommes n'est pas encore tout à fait dissipée.

TABLEAU VI

Paysage désolé de crevaison terrestre. La ruine s'enchevêtre aux ruines. Un canon toussote. Un chien hurle. Ce paysage, peint ou photographique, se partage avec lenteur, non sans qu'il se raccorde au décor qu'il va dévoiler, celui du DOUX TARIF *où Irène, unique rescapé, continue à vivre au plein de l'écroulement varié. Elle atteint le mannequin, le palpe et, petit à petit, s'élève le long de lui.*

Irène, au mannequin. – Vous êtes vivant? Répondez-moi! Vous êtes vivant? Moi, je suis restée quatre jours là-dessous. Vous êtes vivant ou vous n'êtes pas vivant? *(Le mannequin tombe. Elle tombe avec. Elle essaie de le remettre debout.)* C'est le mannequin. C'est le comble! Heureusement, le téléphone a tenu bon. *(Elle ramasse l'appareil comparable à un bilboquet. Elle fait des numéros. Déchirant et granuleux fracas du mécanisme).* Allô! Les pompiers? Allô Les brancardiers Allô! Allô! Allô, Jean! Allô! Allô! Londres! Allô! New York! Le *Rockfeller* à New York. *(Au mannequin).* J'avais une copine qui était partie pour l'Amérique avec un marchand de ficelle en gros. Elle m'avait dit qu'elle habiterait le *Rockfeller* et qu'à ce *Rockfeller*, il y avait du haut en bas des tas de fenêtres. Sûr, elle se sont toutes rejointes, les fenêtres du *Rockfeller*. Et j'y pense, la conférence... La conférence universelle. Donnez-moi la conférence universelle, Mademoiselle! Mademoiselle! *(Un temps.)* Personne... Plus personne. Tout le monde est mort. Qu'est-ce qu'il faut que je fasse? Qu'est-ce qu'elle peut faire, une femme, une femme seule, quand tout le monde s'en est allé? *(De nouveau elle appelle au téléphone.)* Mademoiselle, allô, Mademoiselle! *(Elle laisse tomber le téléphone.)* Mademoiselle. Il n'y a que moi...

La voici, maintenant, qui se parle à elle-même.

– Mademoiselle, que faites-vous?

– Mademoiselle, je m'appelle.

– Et comment vous appelez-vous?

– Je m'appelle Mademoiselle.

– Pas de nom? Pas de particule?

– Pas de nom? Non. J'en ferais quoi?

Elle rit.

– Vous riez? Vous avez du vice.

Elle rit plus fort.

– Je ne ris pas. Je pleure.

– C'est drôle, j'aurais cru.

– Laissez-moi tranquille.

– Dites, ces quatre jours, qu'est-ce que vous avez fabriqué, au juste?

– Ne m'en parlez pas. D'abord, ma petite, pas de chichi, on va se dire tu.

– Ça me fait quelque chose...

– Si! Si! J'ai reçu sur la coloquinte des tas de fourbis en vrac de tous les côtés. Je me suis touchée...

– Oh! La vilaine!

– Tu es folle. Je me suis touchée. J'étais pas cassée. J'en suis restée comme deux ronds, je te le dis. *(Elle remue ses membres.)*

– Bref, l'alouette volette!

– Et puis?

– Et puis? Et puis le puits.

– Quel puits?

– Le vide. Le grand désert. Ça me rappelle un film que

j'ai vu, avec Pierre Blanchar. Ça se passait dans la neige, au Sahara. Où qu'il peut être, Pierre Blanchar? J'ai regardé dehors par une espèce de trou. Ah! tu peux pas te figurer... Plus rien, ma grosse... Y a que ce coin où me voilà qui tienne en l'air. Ailleurs, partout, zéro. *(Elle regarde au loin.)* Montmartre, c'est la butte, maintenant, pour de bon, une butte toute noire avec un arbre mort dessus. Et Montrouge, là-bas, c'est rouge. C'est tout rouge et c'est la montagne. Ah! Je suis fraîche.

– Le bar est tout à côté. Vous trouverez, pardon! tu trouveras par là quelque chose à bouffer.

– Ça, par exemple, je m'en fous! Ce que j'ai besoin, c'est des gens. Des gens pour respirer, pour me frotter, pour que je vive.

– Tu t'as.

– Quoi, « tuta »?

– Tu as toi. C'est toujours ça.

– Moi? Mais je suis pas les gens. Je suis pas les autres. Je suis le contraire des autres.

– Tu étais une autre pour les autres. Sois une autre pour toi puisque toi fut une autre.

Elle considère son pied.

Pied, tu es qui? Tu es mon pied? Pied de femme... Barbiche de bouc... Fragile, fragile instrument. Piano. *(Elle pianote son pied.)* Ré, sol, la, si, ré, sol, la, si, do... Mais je triche. Il n'y a que cinq notes... Crotte! *(Elle jette son pied loin d'elle.)* Quel jour sommes-nous? « Sommes-nous? » Quel jour suis-je, plutôt?

« Quel jour suis-je? » Ça doit être du chilien. Je n'en peux plus. Dors, pauvre peau. Dors, noisette. Dors crapulette. Irène, dors.

Se succèdent, sur un rythme rapide, des moments obscurs,

d'autres lumineux – les nuits, les journées. Quand vient la lumière, Irène se dresse. Quand l'ombre vient, Irène se couche. A chaque levée, elle est plus farouche, plus sauvage. A la fin, les clairs et les noirs défilent si rapidement que, presque, ils mordent l'un sur l'autre. Et puis voici que naît une journée encore. Irène parle au mannequin.

Irène. – Regarde-moi. Regarde-moi bien. Des yeux tu as. C'est le moment. Des yeux. Des doigts. Qu'est-ce que tu attends? Tu as cette femme. *(Elle caresse le mannequin.)* Je suis chaude sur toi. J'ai des nichons, tu sens? J'ai ce ventre. Il te va? Ces bras pur sucre, ces cuisses aux petites pommes. Touche. Regarde. Consomme. Viens. Viens dans la vie. Viens. Je suis la vie. Viens. C'est moi l'unique. C'est moi l'unique et ça devra finir. Ça devra finir, tant de solitude. La fin du monde doit finir. Nous sommes chez nous, chéri. Viens dans moi. Je suis la vie. Je suis la chair, les jambes, la femme. Arrête-toi. Je t'en supplie, arrête-toi. Arrête-toi de ne jamais de toi-même m'entreprendre, de ne jamais m'entreprendre de toi-même où c'est que je pense. Tu n'es quand même pas un salopard, chéri. Depuis que je te fais, chaque jour, ta cravate, tu aurais pu, avec ta belle gueule, tu aurais pu t'en occuper, de ta poule, tu aurais pu me le rendre, mon bécot *(elle l'embrasse avec fougue)* mon pauvre bécot. *(Elle s'essuie les lèvres.)* Toujours ce goût de peinture. *(Elle promène, autour d'elle, son regard.)* Seule... Des boîtes de conserves, du porto. Dehors, le film du désert... Seule avec cette poupée. *(Au mannequin, avec colère.)* Ne me regarde pas. Ne me regarde plus. *(Elle tourne le dos au public.)* Ils sont bâtis exactement comme des hommes. C'était une idée du directeur général. Pour la tenue de l'entrejambe, qu'il disait. *(Elle lèche le veston du mannequin.)* Il faut qu'on me serve des hommes. Je tourne. Je cherche. Apportez-moi un homme nu. Une femme me poursuit. Une femme, comme une bête, me poursuit. Cette femme est sur moi. Cette femme, c'est moi. Mannequin! Mannequin! Au secours, mannequin. *(Elle se cramponne, en sanglotant, au mannequin.)* Je suis dans la gueule de cette femme. Je ne peux pas ne pas être cette femme. *(Elle est contre le mannequin.)*

TABLEAU VII

Chez les Dominateurs du Cosmos.

Tonalité livide. Des rails de couleurs diverses occupent la paroi du fond. Les Dominateurs vont et viennent avec célérité. Des accents noirs figurent dans leur sobre et splendide apparence.

Himiniari. – Les planètes ne voguent plus dans la couleur de leur vertu. Je ne l'avais que trop prévu. La violette des étoiles n'existe plus. D'autres dommages vont surgir. L'ordre souffre. L'ordre total ne mérite pas de souffrir. L'ordre total souffre de ce que la souffrance choisie qui se conserve dans les cages thoraciques, dans la gourde du cœur, dans la fragile vessie de la vessie, l'irremplaçable, la divine souffrance des hommes, vous l'avez tuée, étouffée...

Les Dominateurs se mettent à marcher courbés, d'une manière hésitante, titubante. Le Dominateur Anététos demeure immobile au centre de cette chaconne entrecroisée qui affecte des allures de plus en plus menaçantes. De superbrillantes épées apparaissent dans les mains des Dominateurs.

Tous.

Malheur à qui casse le rythme.
Déjà d'autres ont essayé.
Toujours l'outrage fut payé.
Pour le désordre opte le crime.
Celui qui se trompe a menti.
Exclure qui songe à s'exclure!
Croire que, c'est ne croire pas.
La violette a disparu
de la couronne des étoiles.
La vitesse des nébuleuses
tomba de quatorze degrés.

Himiniari, vers Anéténos. – Révolté, c'est à vous, c'est à vous de réparer l'ordre, à vous de le ressusciter, de ressusciter l'homme, oui, l'homme, dans sa chair et dans sa souffrance, dans sa beauté, dans ses molaires, dans sa tombe, dans sa colère, dans sa chambre où le lit fait peur, dans sa bataille et dans son cœur pour que, de nouveau, les étoiles flambent comme il faut qu'elles flambent pour la pensée autoritaire et pour la loi.

Les pointes des épées étincelantes et bleues cernent le Dominateur Anéténos.

Anéténos. – Je ne fus révolté que contre la souffrance. La souffrance est pour le souffrant. Je ne fus révolté que contre tant de peine. La peine est pour la race humaine. Je ne fus révolté que contre la durée. Nous, mes amis! nous n'éprouvons pas la durée.

Les épées, peu à peu, s'abaissent vers le sol.

Anéténos. – J'ai eu pitié de ceux qui supportent la durée.

Les épées se relèvent.

Himiniari. – Vous aviez envie d'être un homme. Pitié ne

veut rien dire ici. Vous parlez la langue des hommes. Faites que reviennent les hommes. Restituez leurs amourettes, leurs guerrerettes, l'arthrite de leurs gencives, leur peinture, leur écriture, la bonne fleur de leur atrocité.

Anéténos. – Les hommes... Les pauvres enfants... Recommencer...

Himiniari. – Faites que reviennent les hommes. *(Courts circuits sur le grand tableau du fond.)* Le trouble s'affirme. La pensée suprême se fatigue. Faites que reviennent les hommes!

Anéténos. – Recommencer?... Les pauvres, les pauvres enfants...

Dans un grincement de gémissements, à travers quoi l'on entend crier « maman », dévale un écran cinématographique. Des scènes rapides se succèdent, empruntées à des films de rixe et de baisers. Toujours se poursuit le pathétique brouhaha des murmures crieurs. Une dernière scène, tournée ad hoc, *montre, sur une route, dans un décor de collines sans agrément, une sorte de berline royale peinant au pas de ses trois couples de chevaux. Soudain, une jeune princesse, dans la bouffante difficulté de ses paniers, sort de la voiture et s'enfuit, courant. Un homme gros, vêtu de noir, avec du blanc à son plastron, à ses manchettes, la poursuit, la saisit, prétend la ramener. La femme se débat. Chacun force de son côté. Les postillons rigolent, débouchent des flacons. L'homme en noir, tirant de sa culotte un long pistolet, fait feu sur la jeune fille.*

Puis, de nouveau, le site des Dominateurs.

Anéténos. – Voyez, Messires, voyez leur vie. Cet homme était le père de cette fille. Il l'a tuée afin qu'elle ne puisse le dénoncer pour un attentat précédent. Il ira tout de même aux galères ramer.

Tous. – O sou-que! O sou-que!

Himiniari. – Vous consentîtes le désastre. Guérissez l'univers troublé. Rendez la violette aux astres. Rassurez la légalité.

Anéténos. – Les pauvres enfants...

Himiniari. – Vous avez déréglé la source de la puissance démontrée. Il faut, pour gémir et pour mordre, que revienne l'humanité. Il faut que les hommes, c'est l'ordre, reviennent pour l'éternité.

Anéténos, d'un geste, écarte le cercle menaçant des lames. Il parvient, au bord de la scène, devant le public. Soudain, il se retourne vers ses confrères.

Anéténos. – J'accepte... Je m'incline... Mais comment vais-je faire? Ils sont morts, maintenant... Tous les hommes sont morts...

Himiniari. – Vous savez bien qu'il reste encore cette femme. *(Il colle son œil à une petite ouverture.)* Elle est en train de...

Anéténos. – Oui... Cette femme... Pauvre femme... Mais qu'attendre du ventre solitaire d'une femme?

Himiniari. – Je m'étais efforcé de préserver un mâle. Mais vous avez su vous y prendre, mon cher ami! Vous n'y êtes pas allé de main morte. Tous les mâles ont trépassé.

Anéténos. – Regardez... Je vous en prie... Regardez bien.

Himiniari. – Attendez... Là-bas, il me semble... Dans une île du Pacifique... Du Pacifique, comme ils disent... Je vois bouger un homme.

Anéténos. – Il faut qu'il vive!

Himiniari. – Il faut qu'il vive mais il n'en peut plus. Il crache une glaire rouge. *(Mimique angoissée des Dominateurs.)* Il est d'ailleurs vieux – comme ils disent. Vous l'entendez?

On perçoit, lointaine, une voix, plaintive, aux limites du râle. – Assa... Assa - a Assa - a - assa. Assa - ï. I. I. Ioa. Assa. Assa - a...

Himiniari. – Il est mort dans sa barbe blanche. Il n'y a plus que cette femme. Cette femme Irène nommée.

Anéténos. – Que peut-on faire avec une femme?

Himiniari. – Que peut-on faire avec une femme? Comme si vous ne le saviez pas, vous qui vous acharnâtes à vous incarner, comme si vous n'aviez, perfide, perspicace, composé ce massacre, arrangé ce ravage afin, ô malheureux! qu'elles devinssent inévitables, vos noces avec la lourde matière criante.

Anéténos. – Vous voulez dire que moi-même, Serviteur et Dominateur, il faut que, par les voies serpentines de la création, j'abdique l'absolu de ma lucidité et que je me transforme dans un homme...

Himiniari (non sans ironie). – Les hommes... Les pauvres enfants...

Anéténos. – ... pour féconder cette femme, Irène...

Himiniari. – Irène! La joie est en vous... La joie et la peur sont en vous... Déjà vous êtes un homme. Déjà vous êtes cette racaille... Irène! Racaille, vous!

Tous. – Racaille, racaille, vous!

Anéténos. – Si l'ordre...

Himiniari. – Silence! Vous allez trottiner hors de la toute intelligence. Vous allez participer du cirage des alvéoles, de la salive des mollusques, de la pesanteur des talons. Vous allez connaître, et non plus cette fois par la mathématique ouverte de l'esprit, mais par la crampe grise et par la griffe opaque, ce qu'elle est, au juste, cette souffrance analogue à l'échine d'une main. Que la main soit retournée, la jouissance apparaît. L'une exige l'autre. L'une dépend de l'autre. Ah! vous l'avez flairée de loin, l'efficace rosée d'une paume de femme. Mais prenez garde! Prenez garde! L'humanité, par vos soins, peut, robuste, renaître, et dominer l'erreur. Que l'humanité parvienne à vivre sans souffrir, les forces utilitaires que sa souffrance procurait proviendront désormais de sa sérénité. Mais prenez garde! Prenez garde! Tout espoir de ce genre serait détruit pour elle si, lorsque vous ne serez plus rien qu'un homme sexuel debout devant la femme, plus rien qu'un corps de glandes qui vibre tout tendu, vous acceptiez que la femme vous enseignât la science par les chemins de la volupté. Prenez garde.

Anéténos. – Adieu, grands êtres impassibles.

Les Dominateurs que, maintenant, le public voit de dos, poussent Anéténos vers le fond. Anéténos disparaît. Himiniari vient au premier plan. D'une voix dolente, il interroge les autres.

Himiniari. – Que fait-il?

– Il progresse aux labyrinthes de phosphore instigateur.

Himiniari. – Que fait-il?

– Il séjourne aux vestiaires de l'organisme vénérien.

Himiniari. – Que fait-il?

– Il accomplit les gestes de l'accomplissement incarnateur.

Odeur de soufre... Odeur de soufre et de blessure.

Himiniari. – Il se charge du masque d'os. Il endosse un gilet de viande. Il attache à lui la tête de serpent du sexe. *(Les Dominateurs miment la terreur, l'attirance.)* Il boit le sang qu'un jour il saignera.

Un Dominateur. – Il perd les chiffres de la puissance. Il laisse fuir sa connaissance.

Un Dominateur. – Il pisse sa lumière.

Un Dominateur. – Il sue sa subtilité.

Un Dominateur. – Les convulsions... Les métamorphoses...

Bruits de glissements métalliques.

Himiniari se drape, se mure, se fige. Les Dominateurs, étendant le bras et dansant courbés, évoluent de plus en plus vite.

Parfois ils se courbent en arrière, et puis replongent en avant, froments quand le vent souffle, chevaux apprivoisés. Leurs mouvements tendent à délirer. Les Dominateurs virevoltent sur la pointe d'un pied. Puis, la gueule levée, ils hurlent l'opprobre et le désir.

TABLEAU VIII

Le magasin du Doux Tarif

Irène est accoutrée en impératrice de music-hall. Elle porte, au chignon, des plumes d'autruche roses. Une perruque, avec l'étiquette, pend sur son épaule. Elle semble avoir mis tout ce qu'elle a pu rafler dans les décombres comme écharpes de strass, étoles d'ameublement. Elle est parsemée d'oiseaux empaillés. Ses souliers sont dépareillés, l'un d'or, bien sûr, l'autre d'argent. Sa robe, faite de plusieurs amarrées par des cordelières, traîne longuement. Irène tient, d'une main, une crosse d'évêque, avec l'étiquette et, de l'autre, un ski. Autour d'elle, sur le parquet, des boîtes de conserves vides, des bouteilles.

Irène déclame :

Depuis combien de nuits et depuis combien d'ères
Te tiens-tu là, debout, statue en liberté,
Photo sans photographe et sans hebdomadaires,
Victoire sans soldats, vierge à pas tripoter...

Tout ce qui traînait dans les décombres, je me le suis foutu dessus. J'ai ramoné les restants du rayon modes et même cette hampe qui avait oublié de brûler avec le comptoir des fournitures ecclésiastiques. *(Elle prend un ton commercial.)*

Fournitures ecclésiastiques et judiciaires, képis, sabretaches, scaphandres, plumeaux mécaniques, bâtons lumineux, coupe-papier, articles d'hygiène, troisième étage. *(Elle se campe avec superbe.)* Quarante bouteilles de porto qu'elle s'était tapées à elle toute seule, la survivante « maison », et douze boîtes de petits pois. J'ai fini la dernière hier. Je vais me bouffer moi-même en commençant par le cerveau. C'est là-dedans qu'elle volette, l'alouette. Tiens bon! Je l'aurai.

Elle déclame :

Je suis toutes les grandes villes du passé,
Ninive, Bourg-la-Reine, Andromaque, Sodome...
Les villes mortes sont des femmes qu'ont plus d'homme.
Faut en être où j'en suis pour savoir ce que c'est.

Les vaches! Ils m'ont même pas laissé de quoi lire. Tout le secteur librairie, pof! nettoyé. J'ai pu repêcher qu'un roman, une ânerie pour les retraités. (*Elle met le pied sur le livre.*) « La Pomme, sa culture, ses maladies », par Édouard Martinsec, vétérinaire à Mortagne. Vous parlez, de tous les milliards de journaux et de livres qui paraissaient de tous les côtés, du temps qu'il y avait de l'autobus et de la personne, ce qui subsiste, pardon! c'est ça, un bouquin sur le cidre, cent quarante pages, Passavent et Compagnie, éditeurs. Je l'ai relu quatre fois.

(Déclamant.)

J'aimais le cinéma, l'eau chaude et qu'il soit grand,
Qu'il me tienne dans ses biceps, contre son foie,
Lui, le vainqueur des nuits, l'appareil de ma joie,
Mon homme, mon garçon, mon sujet, mon tyran.

J'aimais me le sentir plus proche que ma poche.
Nous dansions à la « Boule Noire », Jean! Reviens...

Ses doigts étaient plus gros et plus forts que les miens,
Mais sa chair brillait sur mon cœur comme une broche.

Il me couvrait d'un tas de rossignols vécus.
(*Elle arrache les oiseaux naturalisés qui la décorent.*)
Il m'entourait de baudriers de complaisance.
(*Elle déchire ses écharpes.*)
Il était mon aigrette. Il était ma présence.
(*Elle brise sa plume.*)
Je vis, je suis, je parle et je n'existe plus.

Elle laisse tomber la crosse et le ski. Elle s'agenouille, défaite, pitoyable. Émerge sa jambe nue. Elle baise sa jambe et puis crache dessus. Sa main, devant elle, parcourt le parquet. Elle prend le livre. Elle lit : « L'arboriculteur devra veiller à garantir les jeunes pommiers de la redoutable invasion du ver staphylaire qui, généralement, se développe à la suite de l'abandon, dans le verger, d'une pomme à demi mangée par une personne atteinte d'une carie dentaire de nature septicémique. » (*Elle jette le livre.*)

Moi, ça m'est égal. Je bous, là-dedans. (*Elle commence à se dépouiller de ses vêtements.*) Ce que je déguste, alors, comme solitude! (*Elle fait une grimace farouche et se tourne vers le mannequin.*) Mais toi... Toi... Sale abruti!... Si tu crois que tu vas t'en tirer peinard avec ta gomina passée au pinceau, tu te trompes drôlement, c'est moi qui te le dis. C'est facile, d'être en bois, c'est facile, avec, sur le dos, un costard de première, à peine quinze pour cent de coton. C'est facile. C'est trop facile. C'est trop facile de se tenir, comme un pantin, au port d'armes près d'une fille, sans rien y faire. Tu te crois d'avoir un jeu superbe, mais je t'en réserve une, moi! (*Elle va prendre la hache du poste d'incendie. Elle brandit la hache au-dessus de la tête du mannequin.)* Je vais t'apprendre. *(Mais sans qu'elle ait frappé, ses bras retombent. La femme se met à pleurer.)*

Depuis que je te caresse, mannequin! depuis que je te pourlèche, jamais... Jamais rien n'est venu... Pas ça de chaleur... Pas un millimètre d'amour... Je suis belle, pourtant. Il y avait des types qui me faisaient du plat. Les cravates, pour eux, c'était une entrée. Et le chef de rayon, un jour, il m'a fait venir dans le cagibi de l'encaustique et il m'a prise par les poignets et il m'a dit : « Mademoiselle Irène... » J'entendais sonner son dentier. Si j'avais su. Je me serais donnée à lui, si j'avais su. Ils m'auraient eue, les cravateurs, si j'avais su. Tous ceux qui en auraient voulu, ils m'auraient eue, si j'avais su. C'est si bon... La douceur, la raideur, la raison du monde. *(Elle pleure sur l'épaule du mannequin.)* Si j'avais su... Tous les hommes... Je me serais tapé tous les hommes, tous, tous. *(Elle s'écarte un peu.)* Je vais me pendre avec mes cravates.

Le mannequin se retourne et la regarde. Elle recule. Il avance. Elle s'arrête. Il avance. Elle avance. Il recule. Le tuyau d'incendie, brusquement déroulé, rampe vers eux. Danse tentatrice. Le mannequin est raide, emprunté. Peu à peu, il s'émeut. Il la touche. Il pousse des sons informes. A sa voix, on reconnaît en lui Anéténos.

Il étreint la femme. Ils dansent l'amour. Puis il grogne et gémit.

Irène. – C'est boire que tu veux? Il doit y avoir un reste, là. La bouteille.

Anéténos prend la bouteille, la tourne, la vide. Le vin tombe. Anéténos se jette sur le sol pour laper le liquide.

Irène. – Voyez-moi ce petit cochon! Avec ton mètre quatre-vingt-cinq tu n'es qu'un petit cochon. Un tout gentil petit cochon de plein amour, sucré d'amour. Pour boire, on fait couler le porto dans un verre. Évidemment, il ne sait rien. Ce matin encore, c'était du peuplier. Pauvre chou! Il va falloir tout lui apprendre, tout.

Le tuyau du poste d'incendie se déroule, rampe, se dresse vers l'oreille de la femme, et s'exprime avec la voix d'Himiniari.

Himiniari. – Verse-lui la connaissance avec la volupté, adroitement.

Irène. – Quoi?

Himiniari. – Les lèvres sont des oreilles plus sensibles que les oreilles. Fais qu'il t'écoute avec ses lèvres.

Irène. – Ah! Le bon tuyau! *(Vers Anéténos.)* Viens ici. Viens chéri. *(Elle se saisit du livre.) La Pomme*. Regarde. C'est écrit. Répète. *La Pomme. (Il repousse le livre et il caresse la femme.)* Oui, mon amour. Oui, mon petit. Mais il faut... Il faut savoir... Regarde-moi bien. Observe mes lèvres. Fais comme moi. Fais bien comme moi. Po... *(Ils s'embrassent.)*

Anéténos. – Pom-me.

Irène. – Tu vois. C'est magnifique!

Anéténos. – Pomme.

Baiser.

Irène. – Tu sais parler. Tu sais lire.

Elle se pend à son cou.

Anéténos. – La pom-me. La pom-me.

Il s'écarte pensif. Elle s'approche. Il la repousse. Il répète : « La pomme. La pomme. »

Irène. – Eh bien, quoi! La pomme.

Le tuyau se met à rire. Anéténos pousse un gémissement. Il se jette sur la femme et commence à la frapper.

BONSOIR

Dans la collection Les Cahiers Rouges

Joseph d'Arbaud	42	*La Bête du Vaccarès*
Jacques Audiberti	187	*L'Opéra du monde*
Marguerite Audoux	79	*L'Atelier de Marie-Claire*
Marguerite Audoux	78	*Marie-Claire*
Marcel Aymé	23	*Clérambard*
Charles Baudelaire	172	*Lettres inédites aux siens*
Béatrix Beck	92	*La Décharge*
Béatrix Beck	93	*Josée dite Nancy*
Julien Benda	127	*La Trahison des clercs*
Emmanuel Berl	166	*Méditation sur un amour défunt*
Emmanuel Berl	80	*Rachel et autres grâces*
Princesse Bibesco	115	*Catherine-Paris*
Ambrose Bierce	47	*Histoires impossibles*
Ambrose Bierce	68	*Morts violentes*
André Breton, Lise Deharme, Julien Gracq, Jean Tardieu	52	*Farouche à quatre feuilles*
Charles Bukowski	164	*Au sud de nulle part*
Charles Bukowski	108	*L'amour est un chien de l'enfer t.1*
Charles Bukowski	121	*L'amour est un chien de l'enfer t.2*
Charles Bukowski	60	*Le Postier*
Charles Bukowski	153	*Souvenirs d'un pas grand-chose*
Erskine Caldwell	17	*Une lampe, le soir...*
Henri Calet	161	*Contre l'oubli*
Henri Calet	169	*Le Croquant indiscret*
Blaise Cendrars	01	*Moravagine*
Blaise Cendrars	120	*Rhum*
Blaise Cendrars	72	*La Vie dangereuse*
André Chamson	61	*L'Auberge de l'abîme*
Jacques Chardonne	18	*Claire*
Jacques Chardonne	39	*Lettres à Roger Nimier*
Jacques Chardonne	101	*Les Varais*
Jacques Chardonne	32	*Vivre à Madère*
Alphonse de Châteaubriant	49	*La Brière*
Bruce Chatwin	77	*En Patagonie*
Bruce Chatwin	171	*Les Jumeaux de Black Hill*
Hugo Claus	74	*La Chasse aux canards*
Jean Cocteau	88	*La Corrida du 1er Mai*
Jean Cocteau	116	*Les Enfants terribles*

Jean Cocteau	09	*Journal d'un inconnu*
Jean Cocteau	114	*Lettre aux Américains*
Jean Cocteau	173	*La Machine infernale*
Jean Cocteau	33	*Portraits-souvenir*
Vincenzo Consolo	125	*Le Sourire du marin inconnu*
Salvador Dali	107	*Les Cocus du vieil art moderne*
Léon Daudet	29	*Les Morticoles*
Joseph Delteil	15	*Choléra*
Joseph Delteil	69	*Les Poilus*
Joseph Delteil	16	*Sur le fleuve Amour*
André Dhôtel	27	*Le Ciel du faubourg*
Charles Dickens	145	*De grandes espérances*
Umberto Eco	175	*La Guerre du faux*
Ferreira de Castro	95	*Forêt vierge*
Carlo Emilio Gadda	140	*Le Château d'Udine*
Gabriel García Márquez	174	*Chronique d'une mort annoncée*
Gabriel García Márquez	132	*Des feuilles dans la bourrasque*
Gabriel García Márquez	137	*Des yeux de chien bleu*
Gabriel García Márquez	123	*Les Funérailles de la Grande Mémé*
Gabriel García Márquez	124	*L'Incroyable et triste histoire de la candide Erendira*
Gabriel García Márquez	138	*La Mala Hora*
Gabriel García Márquez	130	*Pas de lettre pour le colonel*
Gauguin	156	*Lettres à sa femme et à ses amis*
Maurice Genevoix	02	*La Boîte à pêche*
Natalia Ginzburg	139	*Les Mots de la tribu*
Jean Giono	179	*Colline*
Jean Giono	34	*Mort d'un personnage*
Jean Giono	71	*Naissance de l'Odyssée*
Jean Giono	155	*Regain*
Jean Giraudoux	46	*Bella*
Jean Giraudoux	181	*La Menteuse*
Jean Giraudoux	103	*Siegfried et le Limousin*
Ernst Glaeser	62	*Le Dernier Civil*
William Goyen	142	*Savannah*
Jean Guéhenno	117	*Changer la vie*
Louis Guilloux	134	*Angélina*
Louis Guilloux	76	*Dossier confidentiel*
Louis Guilloux	05	*La Maison du peuple*
Kléber Haedens	35	*Adios*
Kléber Haedens	89	*L'été finit sous les tilleuls*
Kléber Haedens	97	*Une histoire de la littérature française*
Knut Hamsun	53	*Vagabonds*
Joseph Heller	44	*Catch 22*
Louis Hémon	19	*Battling Malone, pugiliste*
Louis Hémon	55	*Monsieur Ripois et la Némésis*

Hermann Hesse	82	*Siddhartha*
Panaït Istrati	30	*Les Chardons du Baragan*
Pascal Jardin	102	*La Guerre à neuf ans*
Marcel Jouhandeau	170	*Élise architecte*
Ernst Jünger	157	*Le Contemplateur solitaire*
Franz Kafka	10	*Tentation au village*
Paul Klee	150	*Journal*
Jacques Laurent	41	*Le Petit Canard*
Le Golif	59	*Cahiers de Le Golif, dit Borgnefesse*
Paul Léautaud	126	*Bestiaire*
G. Lenotre	99	*La Révolution par ceux qui l'ont vue*
G. Lenotre	100	*Sous le bonnet rouge*
Primo Levi	85	*La Trêve*
Suzanne Lilar	131	*Le Couple*
Pierre Mac Orlan	11	*Marguerite de la nuit*
Vladimir Maïakovski	112	*Théâtre*
Norman Mailer	184	*Les Armées de la nuit*
Norman Mailer	81	*Pourquoi sommes-nous au Vietnam ?*
Norman Mailer	36	*Un rêve américain*
Curzio Malaparte	165	*Technique du coup d'État*
André Malraux	28	*La Tentation de l'Occident*
Thomas Mann	03	*Altesse royale*
Klaus Mann	177	*Mephisto*
Heinrich Mann	13	*Professeur Unrat (l'Ange bleu)*
Thomas Mann	25	*Sang réservé*
Klaus Mann	178	*Le Volcan*
François Mauriac	37	*Les Anges noirs*
François Mauriac	38	*La Pharisienne*
François Mauriac	176	*Thérèse Desqueyroux*
André Maurois	180	*Les Silences du Colonel Bramble*
Paul Morand	90	*Air indien*
Paul Morand	83	*Bouddha vivant*
Paul Morand	113	*Champions du monde*
Paul Morand	48	*L'Europe galante*
Paul Morand	04	*Lewis et Irène*
Paul Morand	67	*Magie noire*
Alvaro Mutis	167	*La Dernière Escale du tramp steamer*
Alvaro Mutis	163	*Ilona vient avec la pluie*
Alvaro Mutis	159	*La Neige de l'Amiral*
Vladimir Nabokov	06	*Chambre obscure*
Irène Némirovsky	122	*L'Affaire Courilof*
Irène Némirovsky	51	*Le Bal*
Irène Némirovsky	63	*David Golder*
Irène Némirovsky	87	*Les Mouches d'automne*
Paul Nizan	50	*Antoine Bloyé*

François Nourissier	07	*Un petit bourgeois*
René de Obaldia	08	*Le Centenaire*
René de Obaldia	151	*Innocentines*
Edouard Peisson	183	*Hans le marin*
Joseph Peyré	40	*L'Escadron blanc*
Joseph Peyré	152	*Matterhorn*
Joseph Peyré	98	*Sang et Lumières*
Charles-Louis Philippe	57	*Bubu de Montparnasse*
André Pieyre de Mandiargues	118	*Le Belvédère*
André Pieyre de Mandiargues	119	*Deuxième Belvédère*
André Pieyre de Mandiargues	26	*Feu de Braise*
Henry Poulaille	65	*Le Pain quotidien*
John Cowper Powys	96	*Camp retranché*
Charles-Ferdinand Ramuz	66	*Aline*
Charles-Ferdinand Ramuz	43	*Derborence*
Charles-Ferdinand Ramuz	104	*La Grande Peur dans la montagne*
Jean François Revel	75	*Sur Proust*
André de Richaud	22	*La Barette rouge*
André de Richaud	86	*La Douleur*
André de Richaud	20	*L'Étrange Visiteur*
Rainer-Maria Rilke	24	*Lettres à un jeune poète*
Marthe Robert	94	*L'Ancien et le Nouveau*
Mark Rutherford	111	*L'Autobiographie de Mark Rutherford*
Maurice Sachs	73	*Au temps du Boeuf sur le toit*
Vita Sackville-West	141	*Au temps du roi Edouard*
Leonardo Sciascia	128	*L'Affaire Moro*
Leonardo Sciascia	110	*Du côté des infidèles*
Leonardo Sciascia	109	*Pirandello et la Sicile*
Jorge Semprun	144	*Quel beau dimanche*
Victor Serge	58	*S'il est minuit dans le siècle*
Friedrich Sieburg	135	*Dieu est-il Français?*
Ignazio Silone	21	*Une poignée de mûres*
Philippe Soupault	70	*Poèmes et poésies*
André Suarès	136	*Vues sur l'Europe*
Pierre Teilhard de Chardin	168	*Écrits du temps de la guerre (1916-1919)*
Paul Theroux	182	*Voyage excentrique et ferroviaire autour du Royaume-Uni*
Roger Vailland	84	*Éloge du cardinal de Bernis*
Roger Vailland	147	*Les Mauvais coups*
Roger Vailland	154	*Un jeune homme seul*
Vincent Van Gogh	105	*Lettres à son frère Théo*
Vincent Van Gogh	148	*Lettres à Van Rappard*
Vercors	158	*Sylva*
Paul Verlaine	146	*Choix de poésies*
Jakob Wassermann	160	*Gaspard Hauser*

Cet ouvrage a été réalisé par la
SOCIÉTÉ NOUVELLE FIRMIN-DIDOT
Mesnil-sur-l'Estrée
pour le compte des Éditions Grasset
en octobre 1993

Imprimé en France
Dépôt légal : octobre 1993
N° d'édition : 9271 – N° d'impression : 25084
ISBN : 2-246-16902-X
ISSN : 0756-7170